वस्तुनिष्ठ सामान्य हिन्दी

यू.जी.सी., नेट, संघ लोक सेवा आयोग, राज्य लोक सेवा आयोग, बी.एड., डी.एड., पी.जी.टी., टी.जी.टी., अवर-प्रवर वर्ग, पुलिस, रेलवे आदि समस्त प्रतियोगिता परीक्षाओं के लिए उपयोगी एवं सर्वोत्कृष्ट पुस्तक।

डॉ. सच्चिदानन्द शुक्ल
एम.ए., पी.एच.डी., साहित्यरत्न (संस्कृत)

यूनीकॉर्न बुक्स

प्रकाशक
यूनीकॉर्न बुक्स

F-2/16, अंसारी रोड, दरियागंज, नई दिल्ली-110002
☎ 23275434, 23262683, 23250704 • Fax: 011-23257790
ई-मेल: info@unicornbooks.in • वेबसाइट: www.unicornbooks.in

शाखा : मुम्बई
23-25, जाओबा वाड़ी, ठाकुरद्वार, मुम्बई-400002
☎ 022-22010941, 022-22053387
ई-मेल: rapidex@bom5.vsnl.net.in

शोरूम
➤ **पी.एम., पब्लिकेशन्स,** दिल्ली
10-बी, नेताजी सुभाष मार्ग, दरियागंज, नई दिल्ली-110002
6686, खारी बावली, दिल्ली-110006

मुख्य वितरक
➤ **पुस्तक महल,** नई दिल्ली
J-3/16, दरियागंज, नई दिल्ली-110002
बेंगलुरु: ☎ 080-22234025
पटना: ☎ 0612-3294193

➤ **वी. एण्ड एस. पब्लिशर्स,** हैदराबाद
☎ 040-24737290

ISBN: 978-81-7806-298-3

वस्तुनिष्ठ सामान्य हिन्दी
संस्करण : 2012

भूमिका

प्रतियोगिता परीक्षाओं में वस्तुनिष्ठ हिन्दी के प्रश्नों के उत्तर हेतु मार्गदर्शन और ज्ञानवर्द्धन की दृष्टि से तथा परीक्षाओं के बदलते स्वरूप और हमेशा नये-नये प्रकार के पूछे जाने वाले प्रश्नों के वस्तुनिष्ठ हिन्दी से सम्बन्धित नये-नये साहित्य (पुस्तकों) की माँग बढ़ती जा रही है।

वस्तुतः वस्तुनिष्ठ परीक्षा-पद्धति द्वारा परीक्षार्थी की तर्क करने की बुद्धि, स्मरणशक्ति और उसके अध्ययन की गम्भीरता का उचित मूल्यांकन हो जाता है। इस पद्धति में कम समय में अधिकतम प्रश्न पूछे जाते हैं। इसलिए परीक्षार्थियों को सम्पूर्ण पाठ्यक्रम विधिवत् पढ़ना होता है, तभी वह सैकड़ों लघु प्रश्नों का उत्तर शीघ्रता से दे सकेगा (टिक या सही ✓ का निशान बना सकेगा)।

अतः वस्तुनिष्ठ परीक्षण, परीक्षा की वैज्ञानिक पद्धति है। इसमें परीक्षक व्यक्तिगत रूप से आत्मनिष्ठ होकर, परीक्षार्थी के अंक मनमाने ढंग से नहीं काट सकता। उसे परीक्षार्थी के द्वारा दिये गये उत्तरों का सही मूल्यांकन करना ही होता है। इसीलिए मूल्यांकन निष्पक्ष और उचित रूप से होता है। वस्तुनिष्ठ परीक्षा में परीक्षार्थियों को विशेष सूझ-बूझ और विषय की तैयारी की आवश्यकता होती है।

हिन्दी के वस्तुनिष्ठ परीक्षाओं के लिए हिन्दी भाषा और व्याकरण विषय से सम्बन्धित अनेक पुस्तकें उपलब्ध हैं। इधर सामान्य हिन्दी के अन्तर्गत साहित्य, काव्य शास्त्र और महत्त्वपूर्ण तथ्ययुक्त प्रश्न भी पूछे जा रहे हैं। अतः एक ऐसी पुस्तक की आवश्यकता थी, जिसमें भाषा, व्याकरण, साहित्य, साहित्य का इतिहास का समावेश हो।

इसी तथ्य को दृष्टि में रखते हुए तथा परीक्षार्थियों की सुविधा के लिए प्रत्येक विषय के अध्याय में उस विषय से सम्बन्धित संक्षिप्त परिचय तथा अभ्यास के लिए वस्तुनिष्ठ प्रश्न दिये गये हैं, जिनसे मिलान करके परीक्षार्थी सन्तुष्ट हो सके।

यह पुस्तक यू.जी.सी., नेट, संघ लोक सेवा आयोग, राज्य लोक सेवा आयोग, बी.एड., डी.एड., पी.जी.टी., टी.जी.टी., अवर-प्रवर वर्ग, पुलिस, रेलवे आदि अनेक परीक्षाओं को ध्यान में रखकर, विभिन्न परीक्षाओं में आये प्रश्नों का समावेश करते हुए लिखी गयी है, जिससे पुस्तक अधिक से अधिक उपयोगी सिद्ध हो सके।

पुस्तक उपर्युक्त मानदण्डों पर कितनी खरी और उपयोगी है, इसका निर्णय तो परीक्षार्थी और योग्य शिक्षक ही कर सकते हैं। पुस्तक के बारे में उपयोगी सुझावों का सदैव स्वागत रहेगा, जिससे आगामी संस्करण को और भी अधिक उपयोगी बनाया जा सके।

दीपपर्व संवत् 2067 **डॉ. सच्चिदानन्द शुक्ल**

सन् 2012

विषय-सूची

क्र.सं.	विषय	पृष्ट संख्या
1.	भाषा, शब्द और बोली	7
2.	हिन्दी साहित्य का इतिहास और साहित्यकार	19
3.	हिन्दी व्याकरण	66
4.	उपसर्ग	87
5.	प्रत्यय	92
6.	वर्ण-उच्चारण और वर्तनी	103
7.	सन्धि-प्रकरण	112
8.	समास	127
9.	मुहावरे और कहावतें/लोकोक्तियाँ	134
10.	अनेक शब्दों के स्थान पर एक शब्द	161
11.	पर्यायवाची शब्द	169
12.	विलोम या विपरीतार्थक	177
13.	युग्म या समोच्चरित शब्द	184
14.	समानार्थक शब्द और उनमें प्रयोग-भेद	193
15.	शब्द-शक्ति	200
16.	रस, छन्द और अलंकार	207

लेखक की अन्य पुस्तकें

- हिन्दी शब्दकोश
- संक्षिप्त हिन्दी शब्दकोश
- हिन्दी भाषा की आधुनिक प्रामाणिक वर्तनी

हिन्दी की उप-भाषाएँ

उत्तर-प्रदेश, उत्तरांचल, बिहार, झारखण्ड, मध्य-प्रदेश, छत्तीसगढ़, राजस्थान, दिल्ली, हरियाणा, हिमाचल प्रदेश तथा पंजाब को 'हिन्दी भाषा प्रदेश' कहते हैं। इन क्षेत्रों में हिन्दी की पाँच उप-भाषाएँ हैं, जिनके अन्तर्गत मुख्यत: निम्नलिखित बोलियाँ हैं–

(i) पश्चिमी हिन्दी- खड़ी बोली, ब्रजभाषा, हरियाणवी, बुन्देली, कन्नौजी।

(ii) पूर्वी हिन्दी- अवधी, बघेली, छत्तीसगढ़ी।

(iii) राजस्थानी- मारवाड़ी, जयपुरी, मेवाती, मालवी।

(iv) पहाड़ी- पश्चिमी पहाड़ी, कुमायूँनी-गढ़वाली।

(v) बिहारी- भोजपुरी, मगही, मैथिली।

हिन्दी का उद्‌भव और विकास

संस्कृत भाषा के दो रूप हैं- वैदिक संस्कृत और लौकिक संस्कृत। संस्कृतकालीन बोलचाल की भाषा परिवर्तित होकर *'पाली'* के रूप में विकसित हुई। पालि का मानक स्वरूप बौद्ध साहित्य में प्राप्त होता है। कालान्तर में 'पालि' की बोलचाल की भाषा विकसित होते हुए 'प्राकृत' के रूप में आयी। इस काल में शौरसेनी, पैशाची, ब्राचड़ महाराष्ट्री, मागधी और अर्द्धमागधी नामक क्षेत्रीय बोलियाँ विकसित हुईं। आगे चलकर प्राकृत की विभिन्न बोलियाँ विकसित होती हुई *'अपभ्रंश'* की बोलियों के रूप में आयीं।

अपभ्रंश और पुरानी हिन्दी के मध्य का काल *'संक्रान्ति-काल'* कहा गया है। *'संक्रान्ति काल'* को गुलेरीजी ने पुरानी हिन्दी कहा।

शौरसेनी अपभ्रंश से पश्चिमी हिन्दी, राजस्थानी, पहाड़ी और गुजराती भाषाओं का उद्‌भव हुआ। पैशाची अपभ्रंश से लहन्दा, पंजाबी तथा *'ब्राचड़'* अपभ्रंश से सिन्धी भाषा का उद्‌भव हुआ। *'मागधी'* अपभ्रंश से बिहारी, बांगला, उड़िया और असामिया भाषाओं की उत्पत्ति हुई है तथा *'अर्द्धमागधी'* अपभ्रंश से पूर्वी हिन्दी का उद्‌भव हुआ है।

खड़ी बोली और कौरवी का उद्‌भव *'शौरसेनी'* अपभ्रंश के उत्तरी रूप से हुआ। *'ब्रजभाषा'* का विकास उत्तरी शौरसेनी अपभ्रंश के पश्चिमी रूप से हुआ। बुन्देली का विकास शौरसेनी अपभ्रंश से हुआ तथा कन्नौजी का भी विकास शौरसेनी अपभ्रंश से ही हुआ।

अवधी का उद्‌भव अर्द्धमागधी अपभ्रंश से हुआ तथा बघेली का विकास अर्द्धमागधी के ही एक क्षेत्रीय रूप में हुआ। छत्तीसगढ़ी का उद्‌भव अर्द्धमागधी अपभ्रंश के दक्षिणी रूप से हुआ है।

'भोजपुरी' मागधी अपभ्रंश के पश्चिमी रूप से विकसित हुई है। *'मगही'* भी मागधी अपभ्रंश से विकसित हुई तथा *'मैथिली'* मागधी अपभ्रंश के मध्यवर्ती रूप से विकसित हुई है।

हिन्दी भाषा के विकास में सर्वप्रथम कोलकाता के फोर्ट विलियम कॉलेज का योगदान रहा। हिन्दी भाषा के व्यापक प्रचार का कार्य सर्वप्रथम दयानन्द सरस्वती ने किया। ईसाई मिशनरियों ने अपने धर्मप्रचार के लिए हिन्दी को ही अखिल भारतीय माध्यम बनाया। मुस्लिम साम्राज्य के विस्तार के साथ हिन्दी भाषा दक्षिण के राज्यों-आन्ध्रा, कर्नाटक आदि प्रदेशों में विस्तरित हुई।

संविधान के अनुच्छेद 343 के अनुसार संघ की राजभाषा हिन्दी और लिपि देवनागरी है।

◆◆◆

वस्तुनिष्ठ-प्रश्न

नीचे कुछ प्रश्न दिये जा रहे हैं। प्रत्येक के मूल स्रोत के सम्बन्ध में चार विकल्प दिये जा रहे हैं। सही विकल्प चुनकर सही (✓) का निशान लगायें।

1. भाषा की उत्पत्ति किस धातु से हुई है?
   (क) भाषा (ख) भाष् (ग) भाष्य (घ) भास

2. हिन्दी की उप-भाषाओं की संख्या है–
   (क) 5 (ख) 10 (ग) 15 (घ) 12

3. भारत की राजभाषा हिन्दी को कब स्वीकार किया गया?
   (क) 14 अगस्त, 1950 (ख) 14 सितम्बर, 1949
   (ग) 14 दिसम्बर, 1948 (घ) 14 नवम्बर, 1949

4. 'संघ की भाषा हिन्दी और लिपि देवनागरी होगी' यह संविधान की किस धारा में कहा गया है?
   (क) 343 (ख) 372 (ग) 350 (घ) 243

5. निम्नलिखित में कौन-सी लिपि हिन्दी भाषा की है?
   (क) अपभ्रंश (ख) देवनागरी (ग) रोमन (घ) संस्कृत

6. हिन्दी भाषा के बोलियों की मूल संख्या कितनी है?
   (क) 22 (ख) 25 (ग) 15 (घ) 18

7. 'मालवी' हिन्दी की किस उप-भाषा के अन्तर्गत आती है?
   (क) राजस्थानी (ख) बिहारी
   (ग) खड़ी बोली (घ) पूर्वी हिन्दी

8. 'छत्तीस गढ़ी' बोली किस हिन्दी के अन्तर्गत आती है?
   (क) पहाड़ी हिन्दी (ख) पश्चिमी हिन्दी
   (ग) पूर्वी हिन्दी (घ) बिहारी हिन्दी

9. नेपाली भाषा किस लिपि में लिखी जाती है?
   (क) ब्राह्मी (ख) देवनागरी (ग) खरोष्ठी (घ) पहाड़ी

10. 'राष्ट्र भाषा' निम्नलिखित में कौन-सी है?
    (क) सरकारी काम-काज की भाषा
    (ख) संविधान-स्वीकृत भाषा
    (ग) बहु संख्यक देशवासियों द्वारा प्रयोग की जाने वाली भाषा
    (घ) साहित्य-सृजन की भाषा

11. सरकारी पत्र की भाषा कैसी होनी चाहिए?
(क) साहित्यिक (ख) मुहावरेदार
(ग) विद्वत्तापूर्ण (घ) औपचारिक

12. निम्नलिखित में कौन-सी भाषा देवनागरी लिपि में लिखी जाती है?
(क) सिन्धी (ख) मराठी (ग) गुजराती (घ) उड़िया

13. खड़ी बोली किस हिन्दी क्षेत्र के अन्तर्गत आती है?
(क) पूर्वी हिन्दी (ख) बिहारी हिन्दी
(ग) पश्चिमी हिन्दी (घ) पहाड़ी हिन्दी

14. निम्नलिखित में कौन-सी लिपि अँग्रेजी भाषा की है?
(क) फ्रेंच (ख) इंगलिश (ग) रोमन (घ) ग्रीक

15. 'हिन्दी' शब्द की व्युत्पत्ति किस शब्द से हुई है?
(क) हिन्द से (ख) हिन्दू से
(ग) सिन्धु से (घ) इनमें से कोई नहीं

16. वह कौन-सी बोली है, जो मध्यकाल की सबसे समृद्ध भाषा थी?
(क) खड़ी बोली (ख) उर्दू
(ग) ब्रज (घ) अवधी

17. संविधान में हिन्दी को कौन-सा दर्जा दिया गया है?
(क) राष्ट्रभाषा (ख) राजभाषा
(ग) आर्यभाषा (घ) क और ख दोनों

18. निम्नलिखित में किस राज्य की राजभाषा हिन्दी नहीं है?
(क) उत्तर-प्रदेश (ख) बिहार
(ग) मध्य-प्रदेश (घ) पंजाब

19. भारत के किस पड़ोसी देश में देवनागरी की लिपि का प्रयोग प्रमुखता से होता है?
(क) भूटान (ख) नेपाल
(ग) बँगला देश (घ) इनमें से कोई नहीं

20. देवनागरी लिपि किस प्रकार की लिपि है?
(क) अक्षरात्मक (ख) संकेतात्मक
(ग) चित्रात्मक (घ) ध्वन्यात्मक

21. हिन्दी भाषा के प्रचार-प्रसार से कौन सम्बन्धित है?
(क) ईसाई मिशनरी (ख) स्वामी दयानन्द
(ग) महात्मा गाँधी (घ) उपर्युक्त सभी

22. किस राज्य की राजभाषा अँग्रेजी है?
(क) मिजोरम (ख) मणिपुर (ग) मेघालय (घ) उपर्युक्त सभी

23. देवनागरी को दक्षिण भारत में किस नाम से जाना जाता है?
(क) उत्तर नागरी (ख) ब्रह्म नागरी
(ग) देवनागरी (घ) नन्द नागरी

24. निम्नलिखित में तत्सम-तद्भव का कौन-सा युग्म सही है–
(क) अश्रु-आँसू (ख) भ्रमर-भौंरा
(ग) हाथ-हस्त (घ) हाथी-हस्ती

25. 'कृष्ण' किस प्रकार का शब्द है?
(क) तत्सम (ख) तद्भव (ग) देशज (घ) विदेशज

26. 'विशुन' किस प्रकार का शब्द है?
(क) तत्सम (ख) तद्भव (ग) देशज (घ) अर्द्ध तत्सम

27. आधुनिक भारतीय भाषाओं का विकास किस भाषा से हुआ?
(क) प्राकृत (ख) शौरसेनी (ग) मागधी (घ) अपभ्रंश

28. निम्नलिखित में से कौन-सी बोली अथवा भाषा हिन्दी के अन्तर्गत नहीं आती है?
(क) बाँगरू (ख) अवधी (ग) तेलुगु (घ) कन्नौजी

29. 'तत्सम' शब्दों का मूल स्रोत निम्नलिखित में से कौन-सी भाषा है?
(क) अपभ्रंश (ख) संस्कृत (ग) प्राकृत (घ) पालि

30. 'तद्भव' शब्दों का मूल स्रोत है–
(क) अपभ्रंश (ख) संस्कृत (ग) प्राकृत (घ) पालि

31. 'देशज' शब्दों का मूल स्रोत है–
(क) अपभ्रंश (ख) वैदिक
(ग) पुरानी हिन्दी (घ) इनमें से कोई नहीं

32. निम्नलिखित में कौन-सा शब्द 'देशज' है?
(क) कमीना (ख) आदमी (ग) भोंदू (घ) ख्याल

33. निम्नलिखित में कौन-सा शब्द 'तत्सम' नहीं है?
(क) काठ (ख) कक्षा (ग) पुष्प (घ) नक्षत्र

34. तम्बाकू किस भाषा का शब्द है?
(क) पुर्तगाली (ख) फ़ारसी (ग) तुर्की (घ) अरबी

35. 'कालीन' किस भाषा के अन्तर्गत आता है?
(क) अरबी (ख) तुर्की (ग) उर्दू (घ) फ़ारसी

36. 'सन्तरा' किस भाषा का शब्द है?
(क) पुर्तगाली (ख) संस्कृत (ग) तुर्की (घ) फ़ारसी

37. 'सेव' किस भाषा के अन्तर्गत आता है?
(क) संस्कृत (ख) तुर्की (ग) फ़ारसी (घ) अरबी

38. निम्नलिखित में कौन-सा शब्द 'संकर' है?
(क) आब दाना (ख) फीलखाना
(ग) जेल खाना (घ) रेल गाडी

39. 'भाषा' का सही अर्थ क्या है?
(क) मनोभावों को प्रकट करने वाला सांकेतिक शब्द समूह
(ख) शब्द और वाक्यों का समूह
(ग) शब्दों का लिखित रूप
(घ) ध्वनियों का उच्चारण

40. कौन-सी भाषा मानक भाषा नहीं मानी जाती है?
(क) अँग्रेजी (ख) उर्दू (ग) अवधी (घ) हिन्दी

41. बोली के सन्दर्भ में कौन-सा कथन गलत है?
(क) बोली में केवल मौखिक साहित्य-परम्परा होती है।
(ख) बोली ही विकसित होकर 'भाषा' बन जाती है।
(ग) एक भाषा की अनेक बोलियाँ हो सकती हैं।
(घ) 'बोली' भाषा की आधार शिला है

42. हिन्दी भाषा में 'ऑ' ध्वनि किस भाषा की देन है?
(क) फ्रेंच (ख) अँग्रेजी (ग) रोमन (घ) ग्रीक

43. 'गोवा' राज्य की सर्वमान्य भाषा कौन-सी है?
(क) मराठी (ख) अँग्रेजी (ग) कोंकणी (घ) पुर्तगाली

44. खड़ी बोली निम्नलिखित में कहाँ बोली जाती है?
(क) झाँसी (ख) कानपुर (ग) मेरठ (घ) अलीगढ़

45. शौरसेनी अपभ्रंश से किस उपभाषा का विकास हुआ?
(क) राजस्थानी (ख) पश्चिमी हिन्दी
(ग) पूर्वी हिन्दी (घ) पहाड़ी

46. अपभ्रंश के किस रूप से असमिया भाषा का विकास हुआ?
(क) पैशाची (ख) ब्राचड़ (ग) पहाड़ी (घ) मागधी

47. पूर्वी हिन्दी की बोली है–
(क) बाँगरू (ख) कन्नौजी (ग) बघेली (घ) बुन्देली

48. राजस्थानी उप-भाषा में कितनी बोलियाँ हैं?
(क) चार (ख) पाँच (ग) छः (घ) सात

49. पूर्वी हिन्दी का विकास अपभ्रंश के किस रूप से हुआ?
(क) मागधी (ख) अर्द्ध मागधी
(ग) केकय (घ) शौरसेनी

50. लहन्दा और पंजाबी अपभ्रंश के किस रूप से विकसित हुई हैं?
(क) ब्राचड़ (ख) मागधी (ग) पैशाची (घ) पहाड़ी

51. बुन्देली किस बोली की उप-बोली है?
(क) कन्नौजी (ख) ब्रज (ग) अवधी (घ) अन्तर्वेदी

52. निम्नलिखित में एक बोली पश्चिमी हिन्दी की नहीं है–
(क) ब्रजभाषा (ख) अवधी (ग) कन्नौजी (घ) खड़ी बोली

53. निम्नलिखित से सिन्धी भाषा का विकास हुआ है–
(क) ब्राचड़ (ख) केकय से
(ग) मागधी से (घ) शौरसेनी से

54. निम्नलिखित को सुमेलित कीजिये–

(क) भोजपुरी	1. पश्चिमी हिन्दी उप-भाषा
(ख) अवधी	2. पहाड़ी हिन्दी उप-भाषा
(ग) कुमाउँनी	3. पूर्वी हिन्दी उप-भाषा
(घ) खड़ी बोली	4. बिहारी हिन्दी उप-भाषा

55. हिन्दी की कुल कितनी बोलियाँ है?
(क) 16 (ख) 18 (ग) 20 (घ) 22

56. निम्नलिखित में कौन-सी बोली राजस्थान की नहीं है?
(क) मारवाड़ी (ख) बुन्देली (ग) मेवाती (घ) मालवी

57. राजस्थानी भाषा किस क्षेत्रीय अपभ्रंश से उत्पन्न हुई है?
(क) मागधी (ख) शौरसेनी (ग) महाराष्ट्री (घ) ब्राचड़

58. देवनागरी लिपि का विकास किस लिपि से हुआ है?
(क) खरोष्ठी (ख) ब्राह्मी
(ग) नाग लिपि (घ) हिब्रू

59. खड़ी बोली का उद्भव अपभ्रंश के किस रूप से हुआ?
(क) अर्द्ध मागधी (ख) मागधी
(ग) शौरसेनी का उत्तरी रूप (घ) ब्राचड़

60. भोजपुरी किस क्षेत्र में बोली जाती है?
(क) दरभंगा (ख) आजमगढ़ (ग) पटना (घ) पूर्णिया

61. खड़ी बोली का सर्वाधिक उपयुक्त प्राचीन नाम है–
(क) रेख्ता (ख) हिन्दवी (ग) देहलवी (घ) कौरवी

62. भाषा विज्ञान में प्रायः किन उप-भाषाओं को हिन्दी माना जाता है?
(क) पश्चिमी हिन्दी व पूर्वी हिन्दी
(ख) राजस्थानी व पहाड़ी
(ग) पश्चिमी हिन्दी व बिहारी
(घ) राजस्थानी व पूर्वी हिन्दी

नीचे कुछ शब्द दिये जा रहे हैं। वे किस मूल भाषा के शब्द हैं? दिये हुए चार विकल्पों में से किसी एक विकल्प पर ✓ (सही) का निशान लगाना है–

63. **आदमी** (क) फ़ारसी (ख) अरबी (ग) देशज (घ) तद्भव
64. **उम्मीदवार** (क) अरबी (ख) तुर्की (ग) फ़ारसी (घ) बंगला
65. **चश्मा** (क) अरबी (ख) फ़ारसी (ग) अँग्रेजी (घ) फ्रांसीसी
66. **मोना** (क) पुर्तगाली (ख) अरबी (ग) तुर्की (घ) फ़ारसी
67. **चाकू** (क) फ़ारसी (ख) अरबी (ग) तुर्की (घ) पश्तो
68. **इम्तिहान** (क) अरबी (ख) फ़ारसी (ग) तुर्की (घ) द्रविड
69. **सिफारिश** (क) फ़ारसी (ख) अरबी (ग) तुर्की (घ) मराठी
70. **तनख्वाह** (क) अरबी (ख) फ़ारसी (ग) पश्तो (घ) तुर्की
71. **औरत** (क) फ़ारसी (ख) देशज (ग) मराठी (घ) अरबी
72. **तोप** (क) तुर्की (ख) फ़ारसी (ग) अरबी (घ) अँग्रेजी
73. **लाश** (क) अरबी (ख) तुर्की (ग) फ़ारसी (घ) पश्तो
74. **तमगा** (क) अरबी (ख) फ्रांसीसी (ग) तुर्की (घ) फ़ारसी
75. **उर्दू** (क) तुर्की (ख) फ़ारसी (ग) देशज (घ) अरबी
76. **पठान** (क) अरबी (ख) पश्तो (ग) फ़ारसी (घ) तुर्की
77. **गुण्डा** (क) तुर्की (ख) अरबी (ग) पश्तो (घ) फ़ारसी
78. **मटरगश्ती** (क) फ़ारसी (ख) तुर्की (ग) अरबी (घ) पश्तो
79. **कमरा** (क) पुर्तगाली (ख) अँग्रेजी (ग) अरबी (घ) फ्रांसीसी

80. **पादरी** (क) अँग्रेजी (ख) फ्रांसीसी (ग) पुर्तगाली (घ) अरबी
81. **अँग्रेज** (क) फ्रांसीसी (ख) पुर्तगाली (ग) अरबी (घ) तुर्की
82. **कोट** (क) अँग्रेजी (ख) चीनी (ग) तुर्की (घ) तद्‌भव
83. **टिकट** (क) फ्रांसीसी (ख) अँग्रेजी (ग) तुर्की (घ) पुर्तगाली
84. **लालटेन** (क) पुर्तगाली (ख) फ्रांसीसी (ग) अँग्रेजी (घ) फ़ारसी
85. **बाड़ा** (क) मराठी (ख) गुजराती (ग) पश्तो (घ) देशज
86. **चाकू** (क) देशज (ख) अर्द्ध तत्सम (ग) मराठी (घ) फ़ारसी
87. **उपन्यास** (क) मराठी (ख) बंगला (ग) गुजराती (घ) तुर्की
88. **कमेटी** (क) फ्रांसीसी (ख) अँग्रजी (ग) पुर्तगाली (घ) जापानी
89. **चापलूस** (क) अरबी (ख) फ़ारसी (ग) तुर्की (घ) पश्तो
90. **आखर** (क) देशज (ख) अर्द्ध तत्सम (ग) तद्‌भव (घ) तत्सम
91. **अच्छा** (क) तद्‌भव (ख) तत्सम (ग) गुजराती (घ) अर्द्ध तत्सम
92. **कृष्ण** (क) तत्सम (ख) तद्‌भव (ग) अर्द्ध तत्सम (घ) गुजराती
93. **टट्टू** (क) तद्‌भव (ख) देशज (ग) फ़ारसी (घ) अर्द्ध तत्सम
94. **चम्पत** (क) देशज (ख) तुर्की (ग) अरबी (घ) फ़ारसी
95. **टर्राना** (क) मराठी (ख) देशज (ग) पुर्तगाली (घ) गुजराती
96. **रिक्शा** (क) अँग्रेजी (ख) गुजराती (ग) जापानी (घ) देशज
97. **छोले** (क) मराठी (ख) फ़ारसी (ग) द्रविड (घ) पंजाबी
98. **वोदका** (क) रूसी (ख) फ्रांसीसी (ग) देशज (घ) तुर्की
99. **पिल्ला** (क) तद्‌भव (ख) द्रविड (ग) देशज (घ) अर्द्ध तत्सम

उत्तरमाला

1-(ख) भाष्, 2-(क) 5, 3-(ख) 14 सितम्बर 1949, 4-(क) 343, 5-(ख) देवनागरी, 6-(घ) 18, 7-(घ) पूर्वी हिन्दी, 8-(ग) पूर्वी हिन्दी, 9-(ख) देवनागरी, 10-(ग) बहुसंख्यक देशवासियों द्वारा प्रयोग की जाने वाली भाषा, 11-(घ) औपचारिक, 12-(क) सिन्धी, 13-(ग) पश्चिमी हिन्दी, 14-(ग) रोमन, 15-(ग) सिन्धु से, 16-(ग) ब्रज, 17-(ख) राजभाषा 18-(घ) पंजाब, 19-(ख) नेपाल, 20-(क) अक्षरात्मक, 21-(घ) उपर्युक्त सभी, 22-(क) मिजोरम, 23-(घ) नन्द नागरी, 24-(ख) भ्रमर - भौंरा, 25-(क) तत्सम, 26-(घ) अर्द्ध तत्सम, 27-(घ) अपभ्रंश, 28-(ग) तेलुगु, 29-(ख) संस्कृत, 30-(ग) प्राकृत, 31-(घ) इनमें से कोई नहीं, 32-(ग) भोंदू, 33-(क) काठ, 34-(क) पुर्तगाली, 35-(ख) तुर्की, 36-(क) पुर्तगाली, 37-(ग) फ़ारसी, 38-(घ) रेलगाड़ी, 39-(क) मनोभावों

को प्रकट करने वाला सांकेतिक शब्द समूह, 40-(ग) अवधी, 41-(क) बोली में केवल मौखिक साहित्य परम्परा होती है, 42-(ख) अँग्रेजी, 43-(ग) कोंकणी, 44-(ग) मेरठ, 45-(ख) पश्चिमी हिन्दी, 46-(घ) मागधी, 47-(ग) बघेली, 48-(क) चार, 49-(ख) अर्द्ध मागधी, 50-(ग) पैशाची, 51-(ख) ब्रज, 52-(ख) अवधी, 53-(क) ब्राचड़, 54-(क)-4, (ख)-3, (ग)-2, (घ)-1, 55-(ख) 18, 56-(क) मारवाड़ी, 57-(ख) शौरसेनी, 58-(ख) ब्राह्मी, 59-(ग) शौरसेनी, 60-(ख) आजमगढ़, 61-(घ) कौरवी, 62-(क) पश्चिमी हिन्दी व पूर्वी हिन्दी। 61-(क) फ़ारसी, 62-(ग) फ़ारसी, 63-(ख) फ़ारसी, 64-(घ) फ़ारसी, 65-(क) फ़ारसी, 66-(क) अरबी, 67-(ख) अरबी, 68-(क) अरबी, 69-(घ) अरबी, 70-(क) तुर्की, 71-(ख) तुर्की, 72-(ग) तुर्की, 73-(क) तुर्की, 74-(ख) पश्तो, 75-(ग) पश्तो, 76-(घ) पश्तो, 77-(क) पुर्तगाली, 78-(ग) पुर्तगाली, 79-(क) फ्रांसीसी, 80-(क) अँग्रेजी, 81-(ख) अँग्रेजी, 82-(ग) अँग्रेजी, 83-(क) मराठी, 84-(घ) फ़ारसी, 85-(ख) बंगला, 86-(ख) अँग्रेजी, 87-(ख) फ़ारसी, 88-(ग) तद्भव, 89-(घ) अर्द्ध तत्सम, 90-(क) तत्सम, 91-(ख) देशज, 92-(क) देशज, 93-(ख) देशज, 94-(ग) जापानी, 95-(घ) पंजाबी, 96-(क) रूसी, 97-(ख) द्रविड।

◆◆◆

2

हिन्दी साहित्य का इतिहास और साहित्यकार

हिन्दी साहित्य का इतिहास, उनके साहित्यकार तथा उनकी रचनाओं आदि का विषय काफी विस्तृत है। उन सबका परिचय और विवरण देना यहाँ सम्भव नहीं है। विद्यार्थी सम्बन्धित पुस्तकों का अलग से अध्ययन करें। यहाँ उनसे सम्बन्धित विकल्पात्मक प्रश्नों का ही मात्र उल्लेख और उत्तर दिये जा रहे हैं–

नीचे दिये गये प्रत्येक प्रश्न के उत्तर के विकल्प में से किसी एक सही विकल्प को चुनिये और उस पर ✓ (सही) का निशान लगाइये।

(क) आदिकाल

1. हिन्दी साहित्य के इतिहास को कालक्रम के अनुसार सर्वप्रथम किसने विभाजित किया?
   (क) आचार्य रामचन्द्र शुक्ल (ख) जार्ज ग्रियर्सन
   (ग) डॉ. राम कुमार वर्मा (घ) आचार्य हजारी प्रसाद द्विवेदी
2. हिन्दी साहित्य का इतिहास कितने काल खण्डों में विभाजित है?
   (क) तीन (ख) चार (ग) पाँच (घ) छः
3. आचार्य शुक्ल ने भक्तिकाल का समय कम से कब तक निर्धारित किया?
   (क) संवत् 1300–1700 (ख) संवत् 1375–1750
   (ग) संवत् 1375–1700 (घ) संवत् 1305–1700
4. सिद्ध साहित्य से क्या तात्पर्य है?
   (क) सिद्धि प्राप्त कवियों द्वारा रचित साहित्य।
   (ख) सिद्ध धर्म का साहित्य।
   (ग) मन्त्रों द्वारा सिद्धि प्राप्त करने वाला साहित्य।
   (घ) वज्रयान परम्परा के सिद्ध आचार्यों द्वारा रचित साहित्य।
5. पृथ्वीराज रासो किस भाषा में रचित है?
   (क) अवधी (ख) ब्रजभाषा (ग) भोजपुरी (घ) राजस्थानी

6. पहेली की तरह मुकरियाँ किस कवि की प्रसिद्ध हैं?

(क) अमृता प्रीतम (ख) अमीर खुसरो

(ग) चन्द बरदाई (घ) नन्ददास

7. पृथ्वीराज रासो में सर्गों को किस नाम से प्रयुक्त किया गया है?

(क) समय (ख) अंक (ग) भाग (घ) खण्ड

8. 'कयमास वध' किस ग्रन्थ की प्रमुख घटना है?

(क) कीर्तिलता (ख) परमाल रासो

(ग) पृथ्वीराज रासो (घ) सन्देश रासक

9. पाहुड़ दोहा के रचयिता कौन हैं?

(क) पुष्पदन्त (ख) राम सिंह

(ग) सरहपा (घ) धनपाल

10. आदिकाल की किस रचना में इतिहासात्मकता नहीं है?

(क) पृथ्वीराज रासो (ख) परमाल रासो

(ग) जयमयंक जस चन्द्रिका (घ) नेमिनाथ रासो

11. आदिकाल की प्रमुख श्रृंगारिक रचना है–

(क) परमाल रासो (ख) पृथ्वीराज रासो

(ग) वीसलदेव रासो (घ) विद्यापति की पदावली

12. आदिकाल की चम्पू काव्य कृति है–

(क) उक्ति व्यक्ति प्रकरण (ख) राउर बेलि

(ग) वर्ण रत्नाकर (घ) श्रावकाचार

13. वर्ण रत्नाकर के रचनाकार का नाम है–

(क) दामोदर पण्डित (ख) ज्योतिरीश्वर ठाकुर

(ग) चन्द बरदाई (घ) मेरुतुंग

14. पृथ्वीराज रासो है–

(क) राजनीतिक महाकाव्य (ख) सांस्कृतिक महाकाव्य

(ग) श्रृंगारिक महाकाव्य (घ) वीर गाथात्मक महाकाव्य

15. पृथ्वीराजरासो के रचना-विधान में सर्वाधिक विवादास्पद पक्ष है–

(क) ऐतिहासिकता (ख) पात्रों का नामकरण

(ग) भाषिक संरचना (घ) प्रबन्धात्मकता

16. अपभ्रंश भाषा में कृष्ण-काव्य के प्रणेता हैं–

(क) हरिभद्र सूरि (ख) स्वयम्भू

(ग) शालिभद्र सूरि (घ) पुष्पदन्त

17. प्राकृत पैंगलम् का वर्ण्य विषय है–
(क) अलंकार (ख) छन्द
(ग) शब्द-शक्ति (घ) शब्द-शुद्धि

18. बीसलदेव रासो के रचनाकार हैं–
(क) जगनिक (ख) चन्द बरदाई
(ग) नरपति नाल्ह (घ) भट्ट केदार

19. भरतेश्वर बाहुबलि रास के रचनाकार हैं–
(क) शालिभद्र सूरि (ख) सरहपाद
(ग) पुष्य (घ) कुकरिपा

20. आल्हा के रचयिता हैं–
(क) चन्द बरदायी (ख) नरपति नाल्ह
(ग) जगनिक (घ) मुल्ला दाउद

21. नाथ साहित्य किस काल की रचना है?
(क) आदिकाल (ख) भक्तिकाल
(ग) रीतिकाल (घ) आधुनिक काल

22. हिन्दी साहित्य के आदिकाल को अपभ्रंश काल किसने कहा?
(क) डॉ. धीरेन्द्र वर्मा (ख) चन्द्रधर शर्मा गुलेरी
(ग) केवल 'क' (घ) 'क' और 'ख' दोनों

23. आदिकाल में खड़ी बोली में रचना किसने पहले की?
(क) हाजी मुहम्मद (ख) विद्यापति
(ग) कुशलराय (घ) अमीर खुसरो

24. रासो काव्य का प्रधान रस वीर है, दूसरा मुख्य रस कौन है?
(क) श्रृंगार (ख) वीभत्स (ग) रौद्र (घ) शान्त

25. रासो ग्रन्थ का कौन-सा रचयिता अजमेर के शासक से सम्बन्धित है–
(क) दलपति विजय (ख) नरपति नाल्ह
(ग) नल्ल सिंह (घ) मधुकर भट्ट

26. सरहपा को हिन्दी का कवि किसने माना है?
(क) राहुल सांकृत्यायन (ख) आचार्य रामचन्द्र शुक्ल
(ग) आचार्य हजारीप्रसाद द्विवेदी (घ) जार्ज ग्रियर्सन

27. दोहा कोश का रचयिता कौन है?
(क) कबीर (ख) सरहपा
(ग) स्वयम्भू (घ) शालिभद्र सूरि

28. 'अपभ्रंश का भवभूति' किस कवि को कहा गया है?
(क) शालिभद्र सूरि (ख) स्वयम्भू
(ग) पुष्पदन्त (घ) धनपाल

29. 'सन्देश रासक' के रचनाकार का नाम बताइए–
(क) अब्दुल रहमान (ख) मुल्ला दाउद
(ग) अमीर खुसरो (घ) कुतुबन

30. सिद्धों की संख्या कितनी मानी गयी है?
(क) 101 (ख) 80 (ग) 108 (घ) 84

31. नाथ सम्प्रदाय के प्रवर्तक कौन थे?
(क) चौरंगी नाथ (ख) गोरखनाथ
(ग) मछन्दर नाथ (घ) ब्रह्मानन्द

32. आदिकालीन हिन्दी साहित्य में किस प्रवृति का अभाव है?
(क) प्रकृति चित्रण (ख) शृंगार
(ग) राष्ट्रीय चेतना (घ) भक्ति

33. शुक्लजी ने हिन्दी का प्रथम महाकवि किसको माना है?
(क) तुलसीदास (ख) विद्यापति
(ग) कबीर (घ) चन्दबरदाई

34. कौन–सी रचना आदिकालीन नही हैं–
(क) पृथ्वीराज रासो (ख) विद्यापति पदावली
(ग) पद्मावत (घ) आल्ह खण्ड

35. आदिकालीन साहित्य की भाषा कौन–सी थी?
(क) डिंगल तथा पिंगल (ख) अवधी
(ग) अपभ्रंश (घ) ब्रज

36. 'गार्सा द तासी' कृत हिन्दी साहित्य का इतिहास किस भाषा में लिखा गया था?
(क) अँग्रेजी (ख) फ्रेंच (ग) जर्मन (घ) हिन्दी

37. 'पुरानी हिन्दी' नाम किसने दिया?
(क) रामचन्द्र शुक्ल (ख) धीरेन्द्र वर्मा
(ग) भोलानाथ तिवारी (घ) चन्द्रधर शर्मा गुलेरी

38. 'सरहपा' को हिन्दी का प्रथम कवि किसने माना है?
(क) रामचन्द्र शुक्ल (ख) राहुल सांकृत्यायन
(ग) हजारीप्रसाद द्विवेदी (घ) जार्ज ग्रियर्सन

39. अमीर खुसरो का वास्तविक नाम क्या था?

(क) कुतुबन (ख) अब्दुल हसन

(ग) मोहम्मद उस्मान (घ) अब्दुल कलाम

40. पृथ्वीराज रासो की नायिका कौन है?

(क) नागमती (ख) पद्मावती

(ग) राजमती (घ) संयोगिता

41. हिन्दी साहित्य के सुव्यवस्थित इतिहास का लेखक कौन है?

(क) डॉ. श्यामसुन्दर दास (ख) आचार्य रामचन्द्र शुक्ल

(ग) आचार्य हजारीप्रसाद द्विवेदी (घ) डॉ. रामकुमार वर्मा

42. विद्यापति पदावली किस भाषा में रचित है?

(क) ब्रज (ख) संस्कृत

(ग) मैथिली (घ) अपभ्रंश

43. हिन्दी की प्रथम साहित्यिक रचना है–

(क) चन्द बरदाई कृत पृथ्वीराज रासो।

(ख) स्वयम्भू कृत पउम चरित।

(ग) पुष्पदन्त कृत महापुराण।

(घ) रामसिंह कृत पाहुड़ दोहा।

44. हिन्दी का प्रथम महाकाव्य है–

(क) आल्ह खण्ड (ख) पृथ्वीराज रासो

(ग) पद्मावत (घ) प्रिय प्रवास

45. हिन्दी का प्रथम कवि है–

(क) सरहपाद (ख) स्वयम्भू

(ग) चन्द बरदाई (घ) हेमचन्द

46. हिन्दी का प्रथम बड़ा महाकाव्य है–

(क) पद्मावत (ख) कामायनी

(ग) परमाल रासो (घ) प्रिय प्रवास

47. भारतीय भाषा में रचित इस्लाम धर्मावलम्बी कवि की प्रथम रचना कौन-सी है?

(क) सन्देश रासक (ख) हम्मीर रासो

(ग) करकण्ड चरिउ (घ) श्रावकाचार

48. बारहमासा का वर्णन सर्वप्रथम किस ग्रन्थ में मिलता है?

(क) वीसलदेव रासो (ख) सन्देश रासक

(ग) पृथ्वीराज रासो (घ) खुमान रासो

49. हिन्दी गीतिकाव्य का जनक कौन कवि है?

(क) स्वयम्भ् (ख) विद्यापति (ग) पुष्पदन्त (घ) सरहपा

उत्तरमाला (आदिकाल)

1-(ख) जार्ज ग्रियर्सन, 2-(ख) चार, 3-(ग) संवत् 1375-1700, 4-(क) सिद्धि प्राप्त कवियों द्वारा रचित साहित्य, 5-(ख) ब्रजभाषा, 6-(ख) अमीर खुसरो, 7-(क) समय, 8-(ग) पृथ्वीराज रासो, 9-(ख) राम सिंह, 10-(क) पृथ्वीराज रासो, 11-(घ) विद्यापति की पदावली, 12-(ख) राउर बेलि, 13-(ख) ज्योतिरीश्वर ठाकुर, 14-(घ) वीर गाथात्मक महाकाव्य, 15-(क) ऐतिहासिकता, 16-(ख) स्वयम्भू, 17-(ख) छन्द 18-(ग) नरपति नाल्ह, 19-(क) शालिभद्र सूरि, 20-(ग) जगनिक, 21-(क) आदिकाल, 22-(घ) क और ख दोनों, 23-(घ) अमीर खुसरो, 24-(क) श्रृगार, 25-(ख) नरपति नाल्ह, 26-(क) राहुल सांकृत्यायन, 27-(ख) सरहपा, 28-(ग) पुष्पदन्त, 29-(क) अब्दुल रहमान, 30-(घ) 84, 31-(ख) गोरखनाथ, 32-(ग) राष्ट्रीय चेतना, 33-(घ) चन्दबरदाई, 34-(ग) पद्मावत, 35-(क) डिंगल तथा पिंगल, 36-(ख) फ्रेंच, 37-(ख) आचार्य रामचन्द्र शुक्ल, 38-(ग) मैथिली, 39-(घ) संयोगिता, 40-(घ) चन्द्रधर शर्मा गुलेरी, 41-(ख) राहुल सांकृत्यायन, 42-(ख) अब्दुल हसन, 43-(क) चन्द बरदाई कृत, 44-(ख) पृथ्वीराज रासो, 45-(क) सरहपाद, 46-(क) पद्मावत, 47-(क) सन्देश रासक, 48-(क) वीसल देव रासो, 49-(ख) विद्यापति।

(ख) भक्तिकाल

1. सूफी प्रेमाख्यानक काव्यधारा किस शाखा के अन्तर्गत है?

(क) निर्गुण काव्य (ख) सगुण काव्य

(ग) उपर्युक्त दोनों (घ) दोनों में कोई नहीं

2. पद्मावत की कथा में किस मुस्लिम बादशाह का प्रसंग आया है?

(क) कुतुब शाह (ख) मुहम्मद गोरी

(ग) अलाउद्दीन (घ) महमूद गजनवी

3. पद्मावत किस भाषा में लिखी गयी है?

(क) अवधी (ख) अपभ्रंश

(ग) ब्रज (घ) पुरानी हिन्दी

4. 'पद्मावत' को किसने लिखा है?

(क) कबीर (ख) कुतुबन (ग) जायसी (घ) सूरदास

5. सूफी काव्यधारा को प्रेमाश्रयी शाखा किसने कहा है?
   (क) आचार्य रामचन्द्र शुक्ल (ख) गुलाब राय
   (ग) डॉ. नगेन्द्र (घ) डॉ. श्यामसुन्दर दास

6. भक्ति साहित्य की मुख्य धाराएँ कितनी हैं?
   (क) दो (ख) तीन (ग) चार (घ) पाँच

7. ज्ञानाश्रयी शाखा में किस वर्ग के कवि आते हैं?
   (क) रामभक्त कवि (ख) सूफी कवि
   (ग) कृष्णभक्त कवि (घ) सन्त कवि

8. भक्ति-आन्दोलन का आरम्भ भारत के किस भाग में हुआ?
   (क) पश्चिमी भारत (ख) पूर्वी भारत
   (ग) दक्षिणी भारत (घ) उत्तरी भारत

9. जायसी ने पद्मावत के 'बारहमासा' में किसके वियोग का वर्णन किया है?
   (क) पद्मावती (ख) नागमती (ग) रत्नसेन (घ) हीरामन तोता

10. जायसी कृत 'पद्मावत' की नायिका कौन है?
    (क) नागमती (ख) पद्मावती (ग) दोनों (घ) इनमें से कोई भी नहीं

11. कबीर के गुरु का क्या नाम था?
    (क) बल्लभाचार्य (ख) रामानुजाचार्य (ग) भीखा साहब (घ) रामानन्द

12. 'चित्रावली' की रचना किसने की?
    (क) मुल्ला दाउद (ख) मंझन (ग) नूर मुहम्मद (घ) उसमान

13. निर्गुण भक्ति काव्य में किस तत्व की प्रधानता है?
    (क) कर्म (ख) भक्ति (ग) प्रेम (घ) ज्ञान

14. किस रचना में जायसी ने सूफी सिद्धान्तों का वर्णन किया है?
    (क) अखरावट (ख) पद्मावत (ग) आखरी कलाम (घ) मसलनामा

15. कबीरदास की साखी किस छन्द में है?
    (क) चौपाई (ख) दोहा (ग) सबद (घ) सोरठा

16. गुरु नानकदेव की रचनाएँ किस ग्रन्थ में संकलित हैं?
    (क) ग्रन्थ साहिब (ख) गुरु साहिब
    (ग) नानक ग्रन्थावली (घ) नानक रचनावली

17. इनमें से कौन-सी रचना जायसी की नहीं है?
    (क) अखरावट (ख) मृगावती (ग) आखरी कलाम (घ) पद्मावली

18. विश्नोई- सम्प्रदाय की स्थापना किस सन्त कवि ने की?
    (क) रैदास (ख) दादू (ग) जम्भदास (घ) हरिदास

19. नानकदेव की रचनाओं का संकलन किसने किया?
    (क) गुरु अंगद (ख) गुरु गोविन्द सिंह
    (ग) गुरु अर्जुनदेव (घ) किसी ने नहीं

20. मीराबाई के गुरु का क्या नाम था?
    (क) नानक देव (ख) सहजोबाई (ग) रैदास (घ) दादू

21. भक्तिमार्ग में 'पुष्टि' का क्या अर्थ है?
    (क) भक्ति में पारंगत होना (ख) समर्पण की पुष्टि होना
    (ग) भगवान से पुष्ट होना (घ) भगवत्कृपा

22. पुष्टिमार्ग का दार्शनिक आधार है–
    (क) अद्वैत वाद (ख) शुद्धाद्वैत वाद
    (ग) सर्वात्मवाद (घ) विशिष्टाद्वैत वाद

23. निम्नलिखित में श्रीकृष्ण का सम्बन्ध किससे है?
    (क) सूर्यवंश (ख) चन्द्रवंश (ग) यदुवंश (घ) रघुवंश

24. रामानन्द किस सम्प्रदाय के प्रवर्तक थे?
    (क) सखी सम्प्रदाय (ख) रसिक सम्प्रदाय
    (ग) वैष्णव सम्प्रदाय (घ) रामावत सम्प्रदाय

25. कृष्णभक्ति काव्य में कृष्ण को किसका अवतार माना गया है?
    (क) ब्रह्म (ख) राम (ग) विष्णु (घ) आंगिरस

26. सूर की वाक् विदग्धता का सर्वश्रेष्ठ उदाहरण किस प्रसंग में है?
    (क) बाललीला वर्णन (ख) उद्धव-गोपी संवाद
    (ग) विरह वर्णन (घ) इनमें से किसी में नहीं

27. कृष्ण-लीला वर्णन में किस भक्तिभाव की प्रधानता है?
    (क) सेवक-सेव्य भाव (ख) माधूर्य भाव
    (ग) दैन्य भाव (घ) दास्य भाव

28. रामभक्ति धारा के आदि प्रवर्तक कौन हैं?
    (क) रामानन्द (ख) तुलसीदास (ग) रामानुजाचार्य (घ) स्वामी रामदास

29. किस सन्त कवि ने परिष्कृत ब्रजभाषा में रचना की?
    (क) रैदास (ख) सुन्दरदास (ग) दादू (घ) मलूकदास

30. कबीर किस मुस्लिम शासक के समकालीन थे?
(क) अलाउद्दीन (ख) अकबर
(ग) सिकन्दर लोदी (घ) मुहम्मद तुगलक

31. रैदास की पत्नी का क्या नाम था?
(क) लाई (ख) लोना (ग) रत्ना (घ) कमली

32. तुलसी ने रामचरित मानस की रचना कब आरम्भ की?
(क) संवत् 1630 (ख) संवत् 1631
(ग) संवत् 1635 (घ) संवत् 1936

33. 'भक्तमाल' की रचना किसने की?
(क) केशवदास (ख) नाभादास (ग) अग्रदास (घ) ईश्वरदास

34. तुलसी की भक्ति किस भाव की है?
(क) माधूर्यभाव (ख) सखाभाव (ग) दास्यभाव (घ) प्रेमाभक्ति

35. कृष्णभक्ति काव्य का कथास्रोत क्या है?
(क) भागवत पुराण (ख) गीता (ग) ब्रह्मवैवर्त पुराण (घ) महाभारत

36. सूर कृत भ्रमरगीत में गोपियाँ किससे तर्क-वितर्क करती हैं?
(क) उद्धव (ख) कृष्ण (ग) अक्रूर (घ) विदुर

37. कृष्णभक्ति काव्य में किस काव्य शैली का प्रयोग हुआ है?
(क) संगीत शैली (ख) प्रबन्धात्मक शैली
(ग) गीतिकाव्य शैली (घ) पदात्मक शैली

38. मीराबाई के पति का क्या नाम था?
(क) राणा सांगा (ख) भोजराज (ग) जयमल (घ) वीरमदेव

39. रसखान का मूल नाम क्या था?
(क) अब्दुल रहीम (ख) सैयद इब्राहिम
(ग) मोहम्मद वली (घ) सैयद अब्दुल रसखान

40. पुष्टिमार्ग का मूल आधार क्या है?
(क) भगवान का अनुग्रह (ख) ईश्वर का वरदान
(ग) नवधा भक्ति (घ) ज्ञानप्राप्ति

41. सूरदास की किस रचना में 'दृष्ट कूट' पदों की रचना हुई है?
(क) साहित्य लहरी (ख) सूर सारावली
(ग) सूर पचीसी (घ) इनमें से कोई नहीं

42. सन्त काव्य का आरम्भ कब से माना गया है?
   (क) 13वीं शताब्दी से (ख) 14वीं शताब्दी से
   (ग) 15वीं शताब्दी से (घ) 16वीं शताब्दी से

43. प्रेमाख्यान (सूफी) काव्यधारा का प्रतिनिधि कवि कौन है?
   (क) कुतबन (ख) जायसी (ग) मुल्ला दाउद (घ) मंझन

44. प्राचीनता की दृष्टि से सूफी प्रेमाख्यानक परम्परा का आरम्भ किससे माना गया है?
   (क) मुल्ला दाउद (ख) ईश्वरदास (ग) कुतुबन (घ) जायसी

45. कबीर की रचनाएँ किस नाम से संकलित हैं?
   (क) ग्रन्थावली (ख) बीजक रचनावली
   (ग) रचनावली (घ) पद-संग्रह

46. माया से मुक्ति के लिए सन्तों ने किस उपाय को बताया?
   (क) संसार से वैरागी होना।
   (ख) संसार को मिथ्या मानना।
   (ग) नारी आकर्षण से मुक्त होना।
   (घ) सत्गुरु के सत्संग से ज्ञान प्राप्त करना।

47. कबीर की दृष्टि में मोक्ष का क्या अर्थ है?
   (क) ईश्वर का साक्षात् दर्शन।
   (ख) आत्मा-परमात्मा के द्वैतभाव की समाप्ति।
   (ग) मृत्यु के बाद स्वर्गप्राप्ति।
   (घ) अमरत्व।

48. जायसी किस सूफी फकीर के शिष्य थे?
   (क) शेख बुरहान (ख) शेख अली
   (ग) शेख मेंहदी (घ) निजामुद्दीन चिश्ती

49. सन्त कवियों ने नारी को किसका प्रतीक माना है?
   (क) आत्मा का (ख) परमात्मा का (ग) माया का (घ) प्रकृति का

50. 'पद्मावती' किस देश की राजकुमारी थी?
   (क) चित्तौड़ (ख) सिंहल द्वीप (ग) रणथम्भौर (घ) मराठवाड़ा

51. उत्तर-भारत में भक्ति-आन्दोलन का प्रचार किसकी प्रेरणा से हुआ?
   (क) शंकराचार्य (ख) रामानुजाचार्य
   (ग) रामानन्दाचार्य (घ) निम्बार्काचार्य

52. विट्ठलदास ने पुष्टिमार्ग का जहाज किसे कहा है?
(क) सूरदास को (ख) परमानन्द दास को
(ग) छीत स्वामी को (घ) नन्ददास को

53. 'सूरदास वात्सल्य रस के एकछत्र सम्राट हैं'–यह किसका कथन है?
(क) आचार्य रामचन्द्र शुक्ल (ख) हजारीप्रसाद द्विवेदी
(ग) डॉ. श्यामसुन्दर दास (घ) डॉ. नगेन्द्र

54. राधा-बल्लभ सम्प्रदाय के संस्थापक कौन थे?
(क) हित हरिवंश (ख) स्वामी हरिदास
(ग) चैतन्य महाप्रभु (घ) बल्लभाचार्य

55. 'दोहावली' किसकी रचना है?
(क) मतिराम (ख) बिहारी (ग) तुलसी (घ) सूरदास

56. कृष्ण-काव्य परम्परा में नायक-नायिका के प्रेम वर्णन में प्रमुख दृष्टि कौन-सी है?
(क) शृंगार रस वर्णन (ख) आध्यात्मिक दृष्टि
(ग) लोकेत्तर रतिभाव दृष्टि (घ) लीला गान दृष्टि

57. रास पंचाध्यायी की रचना किसने की?
(क) कृष्णदास (ख) परमानन्द दास (ग) नन्ददास (घ) चतुर्भुज दास

58. कबीर को भाषा का डिक्टेटर किसने कहा है?
(क) आचार्य रामचन्द्र शुक्ल।
(ख) डॉ. रामकुमार वर्मा।
(ग) आचार्य हजारीप्रसाद द्विवेदी।
(घ) आचार्य विश्वनाथ प्रसाद मिश्र।

59. सूरदास के 'सूरसागर' का स्वरूप किस प्रकार का है?
(क) प्रबन्ध काव्य (ख) महाकाव्य (ग) खण्ड काव्य (घ) गीतिकाव्य

60. आचार्य शुक्ल ने सूफी कवियों की प्रेमपद्धति में सर्वाधिक महत्त्वपूर्ण माना है–
(क) प्रेम की पीर (ख) लौकिक प्रेम
(ग) प्रतीकात्मक प्रेम (घ) दार्शनक अभिव्यक्ति

61. सूफी काव्य-परम्परा की सर्वश्रेष्ठ रचना है?
(क) मधुमालती (ख) मृगावती
(ग) माधवानल कामकन्दला (घ) पद्‌मावत

62. ज्ञानमार्गी और प्रेममार्गी काव्य धाराएँ किसके अन्तर्गत आती है?
(क) सगुण (ख) निर्गुण (ग) उपर्युक्त दोनों (घ) इनमें से कोई नहीं

63. सूफी प्रेमाख्यान काव्य के सन्दर्भ में निम्नलिखित कथन असत्य है–
(क) इसमें प्रेम की प्रधानता है।
(ख) नारी सौन्दर्य का नखशिख वर्णन है।
(ग) ब्रज भाषा का प्रयोग है।
(घ) लोक-संस्कृति का चित्रण है

64. आचार्य शुक्ल ने भक्तिकाल का निर्धारण किया है–
(क) सन् 1813–1843 तक (ख) सन् 1350–1700 तक
(ग) सन् 1375–1750 तक (घ) सन् 1350–1750 तक

65. तुलसी ने अपने अभावग्रस्त जीवन का उल्लेख किया है–
(क) रामचरित मानस में (ख) दोहावली में
(ग) कवितावली में (घ) गीतावली में

66. रामचरित मानस में कुल कितने काण्ड हैं?
(क) छः (ख) सात (ग) आठ (घ) नौ

67. कृष्ण–काव्य के 'भ्रमर गीत' में मुख्य प्रतिपाद्य क्या है?
(क) गोपियों की विरह व्यंजना।
(ख) कृष्ण के प्रति गोपियों की विरह व्यंजना।
(ग) सगुण उपासना की प्रतिष्ठा।
(घ) उक्ति-वैचित्र्य का प्रदर्शन।

68. किस कृष्णभक्त को जड़िया की उपाधि मिली?
(क) नन्ददास (ख) ध्रुवदास (ग) रहीम (घ) कृष्णदास

69. निम्नलिखित में अकबर का दरबारी कवि कौन था?
(क) रसखान (ख) ध्रुवदास (ग) रहीम (घ) कृष्णदास

70. 'हरडे बानी' किसकी रचनाओं का संग्रह है?
(क) रैदास (ख) सुन्दरदास (ग) रज्जब (घ) दादू

71. तुलसीदास का जन्म बाँदा जिले के किस ग्राम में हुआ था?
(क) रामपुर (ख) शाहाबाद (ग) राजापुर (घ) इनमें से कोई नहीं

72. सूफी प्रेमाख्यानक काव्यों का उद्देश्य है–
(क) सूफी मत का प्रचार।
(ख) वैराग्य का प्रतिपादन।
(ग) संसार की नि:सरता।
(घ) प्रेमकथा के माध्यम से ब्रह्म और जीव का मिलन।

73. तुलसीदास रचित 'विनय-पत्रिका' की भाषा है–
(क) ब्रज (ख) अवधी (ग) भोजपुरी (घ) खड़ी बोली

74. तुलसी कृत रामचरित की भाषा है–
(क) केवल अवधी (ख) ग्रामीण अवधी
(ग) ब्रज और अवधी मिश्रित (घ) अवधी और भोजपुरी मिश्रित

75. पुष्टिमार्ग के प्रवर्तक हैं–
(क) बल्लभाचार्य (ख) विट्ठलनाथ
(ग) चैतन्य महाप्रभु (घ) स्वामी हरिदास

76. अष्टछाप की स्थापना किसने की?
(क) चैतन्य (ख) बल्लभाचार्य
(ग) विट्ठलनाथ (घ) स्वामी हरिदास

77. निम्नलिखित में कौन अष्टछाप का कवि नहीं है?
(क) सूरदास (ख) कृष्णदास
(ग) परमानन्द दास (घ) गिरधर स्वामी

78. रामभक्ति में तत्सुखी सम्प्रदाय के प्रवर्तक हैं–
(क) जीवाराम (ख) हरिदास (ग) रामानुज (घ) कृष्णदास

79. किस सम्प्रदाय को द्वैताद्वैत कहा जाता है?
(क) रुद्र (ख) सनक (ग) रामावत (घ) ब्राह्म

80. उत्तर-भारत में वैष्णव सम्प्रदाय के संस्थापक हैं–
(क) चैतन्य (ख) तुलसीदास (ग) रामानन्द (घ) हरिदास

81. बारकरी सम्प्रदाय किस प्रान्त में प्रचलित है?
(क) गुजरात (ख) उड़ीसा (ग) केरल (घ) महाराष्ट्र

82. सहजिया सम्प्रदाय कहाँ प्रचलित है?
(क) बंगाल (ख) महाराष्ट्र (ग) गुजरात (घ) उत्तर-प्रदेश

83. बारकरी-सम्प्रदाय के संस्थापक हैं–
(क) कबीर (ख) ज्ञानेश्वर (ग) नामदेव (घ) एकनाथ

84. उड़ीसा में प्रचलित भक्ति-सम्प्रदाय है–
(क) उदासी (ख) पंचशाखा (ग) बारकरी (घ) एकनामी

85. रामभक्ति में 'स्वसुखी' शाखा के प्रवर्तक हैं–
(क) हित हरिवंश (ख) रामानन्द (ग) रामचरण दास (घ) मध्वाचार्य

86. भागवत मत का प्रधान ग्रन्थ है–
(क) भ्रमर गीत (ख) बाललीला (ग) रासलीला (घ) गीता

87. तुलसीदास का सम्बन्ध किस आचार्य परम्परा से है?
(क) रामानुजीय (ख) माध्वाचार्यीय
(ग) बल्लभाचार्यीय (घ) रामानन्दीय

88. तुलसीदास की भक्तिभावना किस वर्ग की है?
(क) सख्य भाव (ख) मधुर भाव (ग) शृंगार भाव (घ) दास्य भाव

89. विशिष्टाद्वैत के संस्थापक आचार्य हैं–
(क) रामानुजाचार्य (ख) बल्लभाचार्य (ग) मध्वाचार्य (घ) रामानन्द

90. हरिदासी-सम्प्रदाय का दूसरा नाम है–
(क) सखी सम्प्रदाय (ख) रसिक सम्प्रदाय
(ग) विट्ठल सम्प्रदाय (घ) राधा-वल्लभ साम्प्रदाय

91. 'सुरति' से आशय है–
(क) आनन्द का अनुभव। (ख) रूप-सौन्दर्य का अनुसरण।
(ग) अतीत की स्मृति में खो जाना।

92. 'निरति' से आशय है–
(क) सतत् हरिस्मरण (ख) जगत् प्रपंच से विरक्ति
(ग) कठोर उपवास (घ) उपासना में तल्लीनता

93. रामकाव्य-परम्परा का प्रथम कवि कौन है?
(क) तुलसीदास (ख) केशवदास (ग) रामानन्द (घ) नरिहर्यानन्द

94. निर्गुण साधक भक्तकवियों में कालक्रमानुसार प्रथम उल्लेख है–
(क) ज्ञानदेव का (ख) नामदेव का (ग) कबीर का (घ) रैदास का

95. बल्लभाचार्य ने किस सिद्धान्त का प्रतिपादन किया?
(क) शुद्धाद्वैत वाद (ख) विशिष्टद्वैत वाद (ग) अद्वैत वाद (घ) द्वैतवाद

96. तुलसीदास किस दार्शनिक मत के भक्तकवि थे–
(क) अद्वैत वाद (ख) शुद्धाद्वैत वाद (ग) द्वैतवाद (घ) विशिष्टाद्वैत वाद

97. अवधूत मत किसका पर्यायवाची है?
(क) सिद्ध सम्प्रदाय (ख) नाथ सम्प्रदाय (ग) बौद्ध सम्प्रदाय (घ) सूफी सम्प्रदाय

98. नामदेव का सम्बन्ध किस प्रवृत्ति से है?
(क) सगुण वाद (ख) निर्गुण वाद (ग) नाथ पन्थ (घ) सगुण-निर्गुण वाद

उत्तरमाला

1-(क) निर्गुण काव्य, 2-(ग) अलाउद्दीन, 3-(क) अवधी, 4-(ग) जायसी, 5-(क) रामचन्द्र शुक्ल, 6-(ग) चार, 7-(घ) सन्तकवि, 8-(ग) दक्षिणी भारत, 9-(ख) नागमती, 10-(ख) पद्मावती, 11-(घ) रामानन्द, 12-(घ) उसमान, 13-(घ) ज्ञान, 14-(क) अखरावट, 15-(ख) दोहा, 16-(क) ग्रन्थ साहिब, 17-(घ) पद्मावली, 18-(ग) जम्भदास, 19-(क) गुरु अंगद, 20-(ग) रैदास, 21-(ख) भगवत्कृपा, 22-(ख) शुद्धद्वैतवाद, 23-(ग) यदुवंश, 24-(ग) वैष्णव सम्प्रदाय, 25-(ग) विष्णु, 26-(ख) उद्धवगोपी संवाद, 27-(ख) माधूर्य भाव, 28-(क) रामानन्द, 29-(ख) सुन्दरदास, 30-(ग) सिकन्दर लोदी, 31-(ख) लोना, 32-(ख) संवत् 1631, 33-(ख) नाभादास, 34-(ग) दास्य भाव, 35-(क) भागवत पुराण, 36-(क) उद्धव, 37-(ग) गीति काव्य शैली, 38-(ख) भोजराज, 39-(ख) सैयद इब्राहिम, 40-(क) भगवान का अनुग्रह, 41-(क) साहित्य लहरी, 42-(ख) 14वीं शताब्दी में, 43-(ख) जायसी, 44-(क) मुल्ला दाउद, 45-(ख) बीजक, 46-(ख) संसार को मिथ्या मानना, 47-(ख) आत्मा-परमात्मा के द्वैत भाव की समाप्ति, 48-(ग) शेख मेंहदी, 49-(ग) माया का, 50-(ख) सिंहल द्वीप, 51-(ग) रामानन्दा चार्य, 52-(क) सूरदास, 53-(क) रामचन्द्र शुक्ल, 54-(क) हित हरिवंश, 55-(ग) तुलसी, 56-(घ) लीला गान दृष्टि, 57-(ग) नन्ददास, 58-(ग) हजारी प्रसाद द्विवेदी, 59-(घ) रीति काव्य, 60-(क) प्रेम की पीर, 61-(घ) पद्मावत, 62-(ख) निर्गुण, 63-(ग) ब्रज भाषा का प्रयोग, 64-(क) सन् 1813-1843 तक, 65-(ग) कवितावली, 66-(ख) सात, 67-(ग) सगुण उपासना की प्रतिष्ठा, 68-(क) नन्ददास, 69-(ग) रहीम, 70-(घ) दादू, 71-(ग) राजापुर, 72-(घ) प्रेमकथा के माध्यम से ब्रह्म और जीव का मिलन, 73-(क) ब्रज, 74-(घ) अवधी, 75-(क) विट्ठल नाथ, 76-(ग) विट्ठल नाथ, 77-(घ) गिरधर स्वामी, 78-(क) जीवाराम, 79-(ख) सनक, 80-(ग) रामानन्द, 81-(घ) महाराष्ट्र, 82-(क) बंगाल, 83-(ख) ज्ञानेश्वर, 84-(ख) पंचशाखा, 85-(ग) रामचरण दास, 86-(घ) गीता, 87-(घ) रामानन्दीय, 88-(घ) दास्य भाव, 89-(क) रामानुजाचार्य, 90-(क) सखी सम्प्रदाय, 91-(क) आनन्द का अनुभव, 92-(ख) जगत् प्रपंच से विरक्ति, 93-(ग) रामानन्द, 94-(ख) नामदेव का, 95-(क) शुद्धाद्वैत वाद, 96-(घ) विशिष्ट द्वैत, 97-(ख) नाथ सम्प्रदाय, 98-(घ) सगुण निर्गुण वाद।

◆◆◆

(ग) रीतिकाल

निम्नलिखित प्रश्नों के उत्तर चार विकल्प में दिये गये हैं। प्रत्येक प्रश्न के उत्तर के लिए सही (✓) का निशान लगायें।

1. रीतिकाल को श्रृंगार काल किसने कहा है?
   (क) विश्वनाथ प्रसाद मिश्र (ख) आचार्य रामचन्द्र शुक्ल
   (ग) हजारी प्रसादद्विवेदी (घ) श्यामसुन्दर दास

2. रीतिकाल के सन्दर्भ में कौन-सा कथन असत्य है?
   (क) नायिका के नख-शिख वर्णन की प्रवृत्ति।
   (ख) प्रकृति का उद्दीपन रूप में वर्णन की प्रधानता।
   (ग) प्रबन्ध और मुक्तक काव्य की रचना।
   (घ) ब्रज भाषा का प्रयोग।

3. रीति निरूपण की प्रवृत्ति का परिचायक ग्रन्थ है–
   (क) शिवराज भूषण (ख) बिहारी सतसई
   (ग) कवि कुल कल्पतरु (घ) रस विलास

4. लक्षण ग्रन्थकारों की परम्परा में अन्तिम प्रसिद्ध कवि हैं–
   (क) देव (ख) पद्माकर (ग) बेनी प्रवीन (घ) रसलीन

5. रीतिकालीन कवियों में घनानन्द का प्रेम अन्य कवियों से भिन्न है, क्योंकि–
   (क) वह अत्यधिक मांसल है।
   (ख) वह अलौकिक एवं मांसल है।
   (ग) वह उनकी प्रेमिका सुजान से प्रेरित है।
   (घ) वह स्वानुभूत और रीति मुक्त है।

6. भूषण की कविता का प्रधान स्वर है–
   (क) कारुणिक (ख) श्रृंगारिक (ग) प्रशस्तिपरक (घ) व्यंग्यात्मक

7. 'हिन्दी नवरत्न' में हिन्दी का सबसे बड़ा कवि किसे माना गया है?
   (क) तुलसीदास (ख) सूरदास (ग) देव (घ) बिहारी

8. निम्नलिखित में रीतिमुक्त कवि हैं–
   (क) भिखारी दास (ख) मतिराम (ग) द्विजदेव (घ) ग्वाल

9. 'जगद्विनोद' के रचयिता का नाम है–
   (क) देव (ख) मतिराम (ग) भूषण (घ) पद्माकर

10. 'बरवै नायिका भेद' का रचनाकार कौन है?
(क) रहीम (ख) रसलीन (ग) बिहारी (घ) मतिराम

11. किस रीति कवि ने लक्षण ग्रन्थ नहीं लिखा–
(क) देव (ख) भूषण (ग) बिहारी (घ) रसखान

12. निम्नलिखित में रीति सिद्ध कौन कवि नहीं है?
(क) चिन्तामणि (ख) घनानन्द (ग) केशवदास (घ) बिहारी

13. केशवदास का जन्म कहाँ हुआ था?
(क) ग्वालियर (ख) चित्रकूट (ग) ओरछा (घ) बाँदा

14. ज्ञान–वैराग्य का वर्णन केशव की किस रचना में है?
(क) रामचन्द्रिका (ख) विज्ञान गीता
(ग) जहाँगीर जस चन्दिका (घ) इनमें से कोई नहीं

15. रसनिधि कवि का वास्तविक नाम क्या था?
(क) पृथ्वी सिंह (ख) कमरे आलम
(ग) बेनीमाधव (घ) लक्ष्मण चन्द

16. 'रामचन्द्रिका' में वह क्या विशेषता है, जो अन्य रामकथा में नहीं है?
(क) प्रकृति वर्णन (ख) मार्मिक प्रसंगों की योजना
(ग) संवाद योजना (घ) भाषा की लोकप्रियता

17. केशवदास की किस रचना को छन्दों का अजायब घर कहा गया है?
(क) रामचन्द्रिका में (ख) रतनबावनी में
(ग) जहाँगीर जस चन्द्रिका में (घ) विज्ञान गीता में

18. रीतिकाल की कौन–सी रचना सर्वाधिक लोकप्रिय हुई?
(क) रामचन्द्रिका (ख) श्रृंगार शतक
(ग) बिहारी सतसई (घ) रस मीमांसा

19. केशवदास का किस मुगल बादशाह से विरोध हुआ था?
(क) अकबर (ख) जहाँगीर (ग) शाहजहाँ (घ) औरंगजेब

20. निम्नलिखित में कौन–सा कवि रीति मुक्त कवि है?
(क) बिहारी (ख) घनानन्द (ग) केशवदास (घ) चिन्तामणि

21. भूषण का वास्तविक नाम क्या था?
(क) राम बिहारी (ख) रास बिहारी (ग) घनश्याम (घ) कृष्णदास

22. भूषण के काव्य में किस काव्यगुण की प्रधानता है?
(क) माधूर्य (ख) ओज (ग) प्रसाद (घ) 'क' और 'ख' दोनों

23. रीतिकाल के किस कवि को 'कठिन काव्य का प्रेत' कहा गया है?
(क) जिन्होंने लक्षण ग्रन्थों की रचना की।
(ख) जो काव्य रीति से मुक्त थे।
(ग) जिन्हें आचार्य की उपाधि प्राप्त थी।
(घ) जिन्होंने रीतिबद्ध होकर काव्य-रचना की।

25. रीतिकाल में कौन-सी प्रवृति नहीं थी?
(क) राजदरबारों में विलासिता का वातावरण।
(ख) बाल-विवाह और पर्दा-प्रथा का जन्म।
(ग) भक्ति-भावना का व्यापक प्रचार-प्रसार।
(घ) विभिन्न कलाओं की उन्नति।

26. रीतिकाव्य को किन दो प्रमुख नामों से पुकारा गया है?
(क) रीतिसिद्ध व रीतिबद्ध (ख) रीतिसिद्ध व रीतिमुक्त
(ग) रीतिबद्ध व रीतिमुक्त (घ) उपर्युक्त में कोई नहीं

27. मिश्र बन्धुओं ने रीतिकाल का क्या नामकरण किया?
(क) श्रृंगार काल (ख) कला काल
(ग) श्रृंगार कला काल (घ) अलंकृत काल

28. रीतिसिद्ध काव्य का क्या अर्थ है?
(क) काव्य कला की सिद्धि प्राप्त करने वाला।
(ख) सिद्धि द्वारा रचित काव्य।
(ग) काव्य के विभिन्न अंगों का परिचय देने वाला काव्य।
(घ) काव्य रीति की सिद्धि कराने वाला।

29. घनानन्द की प्रेमिका का क्या नाम था?
(क) सुजान (ख) सुभान (ग) मालती (घ) रत्नावली

30. भूषण कवि को 'भूषण' उपाधि किसने दी?
(क) महाराज जयसिंह (ख) महाराज छत्रसाल
(ग) छत्रपति शिवाजी (घ) महाराज रुद्रदेव

31. कवि बिहारी किस राजा के दरबारी कवि थे?
(क) ओरछा नरेश बीरसिंह जू देव
(ख) बूँदी नरेश भाव सिंह
(ग) जोधपुर नरेश प्रताप सिंह
(घ) जयपुर नरेश जय सिंह

32. भूषण कवि के प्रमुख आश्रयदाता कौन राजा थे?

(क) छत्रसाल (ख) छत्रपति शिवाजी

(ग) बूँदी नरेश भावसिंह (घ) जयपुर नरेश जयसिंह

33. रीतिकाव्य का प्रथम ग्रन्थ कौन-सा है?

(क) रस विलास (ख) काव्य निर्णय

(ग) कविकुल कल्पतरु (घ) रस कलश

34. रीति काल के प्रवर्तक कवि हैं–

(क) चिन्तामणि त्रिपाठी (ख) केशवदास

(ग) देव (घ) मतिराम

उत्तरमाला (रीतिकाल)

1-(क) विश्वनाथ प्रसाद मिश्र, 2-(ग) प्रबन्ध और मुक्तक काव्य की रचना, 3-(ग) कविकुल कल्प तरु, 4-(ख) पद्माकर, 5-(घ) वह स्वानुभूत और रीति मुक्त है, 6-(ग) प्रशस्तिक पदक, 7-(ग) देव, 8-(ग) द्विजदेव, 9-(घ) पद्माकर, 10-(क) रहीम, 11-(ग) बिहारी, 12-(ख) घनानन्द, 13-(ग) ओरछा, 14-(ख) विज्ञान गीता, 15-(क) पृथ्वी सिंह, 16-(ख) मार्मिक प्रसंगों की योजना, 17-(क) रामचन्द्रिका, 18-(ग) बिहारी सतसई, 19-(ख) जहाँगीर, 20-(ख) घनानन्द, 21-(ग) घनश्याम, 22-(ख) ओज, 23-(ख) केशवदास, 24-(क) जिन्होंने लक्षण ग्रन्थों की रचना की, 25-(ग) भक्ति भावना का व्यापक प्रचार-प्रसार, 26-(ख) रीति सिद्ध व रीतिमुक्त, 27-(क) शृंगार काल, 28-(ग) काव्य के विभिन्न अंगों का परिचय देने वाला काव्य, 29-(क) सुजान, 30-(घ) महाराज रुद्रदेव, 31-(क) ओरछा नरेश वीर सिंह जू देव, 32-(ख) छत्रपति शिवाजी, 33-(ग) कविकुल कल्प तरु, 34-(क) चिन्तामणि त्रिपाठी।

(घ) आधुनिक काल (काव्य)

नीचे दिये गये प्रश्नों के चार विकल्पों में से सही (✓) का चिह्न लगाइए।

1. हिन्दी गद्य काव्य की प्रथम रचना कौन-सी है?

(क) करुणालय (ख) प्रेम पथिक

(ग) महाराणा का महत्त्व (घ) साधना

2. हिन्दी के प्रथम एकांकी 'एक घूँट' के रचनाकार हैं–

(क) भारतेन्दु हरिश्चन्द्र (ख) जयशंकर प्रसाद

(ग) सुमित्रानन्दन पन्त (घ) राधाचरण गोस्वामी

3. हिन्दी की प्रथम कवियित्री कौन है?
(क) अण्डाल (ख) गार्गी (ग) मीराबाई (घ) महादेवी वर्मा

4. प्रथम 'गीतिनाट्य' के रचनाकार हैं–
(क) राधाचरण गोस्वामी (ख) जयशंकर प्रसाद
(ग) धर्मवीर (घ) उदयशंकर भट्ट

5. महादेवी वर्मा का प्रथम काव्य-संग्रह है–
(क) रश्मि (ख) नीहार (ग) नीरजा (घ) दीपशिखा

6. निराला की प्रथम काव्य रचना है–
(क) तुलसीदास (ख) सरोज स्मृति
(ग) जूही की कली (घ) कुकुरमुत्ता

7. हिन्दी की पहली अतुकान्त कविता है–
(क) झरना (ख) प्रेम पथिक (ग) लहर (घ) आँसू

8. महादेवी की खड़ीबोली की प्रथम कविता है–
(क) मिलन (ख) उस पार (ग) दीया (घ) विसर्जन

9. हिन्दी साहित्येतिहास-लेखन में काल-विभाजन व नामकरण सर्वप्रथम किसने किया?
(क) गार्सा द तासी (ख) शिव सिंह सेंगर
(ग) आचार्य शुक्ल (घ) जार्ज ग्रियर्सन

10. हिन्दी कविता के लिए सर्वप्रथम 'प्रयोगवाद' शब्द का प्रयोग किसने किया?
(क) आचार्य नन्ददुलारे वाजपेयी। (ख) आचार्य रामचन्द्र शुक्ल।
(ग) आचार्य हजारीप्रसाद द्विवेदी। (घ) डॉ. शिवदान सिंह चौहान।

11. अज्ञेय का प्रथम काव्य संग्रह है–
(क) इत्यलम् (ख) भग्नदूत
(ग) बावरा अहेरी (घ) आँगन के पार द्वार

12. हिन्दी का प्रथम दुखान्त नाटक है–
(क) पृथ्वीराज की आँखें (ख) लक्ष्मी का स्वागत
(ग) रणधीर प्रेम मोहिनी (घ) नेपथ्य राग

13. खड़ी बोली का प्रथम महाकाव्य है–
(क) कामायनी (ख) प्रिय प्रवास (ग) साकेत (घ) लोकायतन

14. 'चम्पू काव्य' का प्रथम रचयिता कौन है?
(क) प्रसाद (ख) पन्त (ग) निराला (घ) महादेवी

15. हिन्दी में काव्यशास्त्र की प्रथम पुस्तक है–

(क) रस कलश (ख) रसिक प्रिया

(ग) साहित्य लहरी (घ) काव्य निर्णय

16. हिन्दी की प्रथम अतुकान्त रचना है–

(क) नये पत्ते (ख) ग्रन्थि (ग) प्रेमपथिक (घ) अनघ

17. हिन्दी का पहला अभिनीत नाटक है–

(क) जानकी मंगल (ख) नहुष

(ग) विद्यासुन्दर (घ) दुखिनी बाला

18. गोल्ड स्मिथ की काव्य रचना का 'एकान्तवासी योगी' शीर्षक से किस कवि ने काव्यानुवाद किया?

(क) श्रीधर पाठक (ख) भारतेन्दु हरिश्चन्द्र

(ग) रामचन्द्र शुक्ल (घ) राय कृष्णदास

19. आधुनिक हिन्दी काव्य का 'वैतालिक' किसे कहा गया है–

(क) भारतेन्दु हरिश्चन्द्र (ख) निराला

(ग) मैथिलीशरण गुप्त (घ) जयशंकर प्रसाद

20. कौन-सी रचना मैथिलीशरण गुप्त की नहीं है–

(क) साकेत (ख) वैदेही वनवास (ग) यशोधरा (घ) भारत-भारती

21. कौन-सी रचना अयोध्या सिंह उपाध्याय की नहीं है?

(क) काबा और कर्बला (ख) प्रिय प्रवास

(ग) वैदेही वनवास (घ) रस कलश

22. निम्नलिखित काव्य द्विवेदी युग की रचना नहीं है–

(क) आँसू (ख) उद्धव शतक (ग) भारत-भारती (घ) वैदेही वनवास

23. प्रसाद की किस रचना को 'स्मृति काव्य' कहा गया है–

(क) झरना (ख) प्रेमपथिक (ग) कामायनी (घ) आँसू

24. स्वच्छन्दतावाद का प्रवर्तक कौन हैं?

(क) निराला (ख) मुकुटधर पाण्डेय

(ग) श्रीधर पाठक (घ) लोचन प्रसाद पाण्डेय

25. छायावाद शब्द का प्रयोग सर्वप्रथम किसने किया?

(क) जयशंकर प्रसाद (ख) सुमित्रानन्दन पन्त

(ग) मुकुटधर पाण्डेय (घ) आचार्य शुक्ल

26. 'छायावाद' को मधुचर्या कहा है–
   (क) डॉ. नामवर सिंह ने (ख) नन्द दुलारे बाजपेयी ने
   (ग) डॉ. नगेन्द्र ने (घ) आचार्य रामचन्द्र शुक्ल ने

27. छायावाद की 'शक्ति' कहा गया है–
   (क) महादेवी वर्मा को (ख) निराला को
   (ग) प्रसाद को (घ) पन्त को

28. छायावाद का सर्वाधिक उज्ज्वल पक्ष है–
   (क) स्वच्छन्दतावाद (ख) मानवतावाद
   (ग) सौन्दर्यवाद (घ) चरित-चित्रण

29. भारतीय आनन्दवाद का साकार रूप किस ग्रन्थ को कहा गया है?
   (क) रामचरित मानस (ख) साकेत
   (ग) कामायनी (घ) प्रिय प्रवास

30. हिन्दी काव्य में 'सौन्दर्यवाद' का प्रवर्तक, उन्नायक और पुरस्कर्ता किसे कहा गया है?
   (क) महादेवी वर्मा (ख) निराला (ग) पन्त (घ) प्रसाद

31. भारतेन्दु युग में कौन-सी काव्य-भाषा प्रमुख थी?
   (क) परिनिष्ठित हिन्दी (ख) ब्रज (ग) अवधी (घ) खड़ी बोली

32. हिन्दी के आधुनिक काल में किस कवि को 'सुकवि' कहा गया?
   (क) भारतेन्दु हरिश्चन्द्र (ख) अम्बिकादत्त व्यास
   (ग) श्रीधर पाठक (घ) मैथिलीशरण गुप्त

33. 'समस्यापूर्ति' किस युग की लोकप्रिय शैली थी?
   (क) रीतिकाल (ख) भारतेन्दु युग
   (ग) द्विवेदी युग (घ) छायावाद युग

34. भारतेन्दु युग की समय सीमा है–
   (क) सन् 1857-1900 ई. (ख) सन् 1900-1920 ई.
   (ग) सन् 1850-1920 ई. (घ) सन् 1920-1936 ई.

35. 'आधुनिक काल' कब से शुरू होता है?
   (क) संवत् 1900 से (ख) संवत् 1890 से
   (ग) संवत् 1902 से (घ) संवत् 1910 से

36. भारतेन्दु ने अपनी किस रचना में विदेशी वस्तुओं के बहिष्कार की बात कही है?
   (क) भारत दुर्दशा (ख) प्रबोधिनी
   (ग) भारत बारहमासा (घ) भारत विलाप

37. भारतेन्दु हरिश्चन्द्र किस सम्प्रदाय में दीक्षित थे?
(क) वल्लभ सम्प्रदाय (ख) सखी सम्प्रदाय
(ग) शैव सम्प्रदाय (घ) पुष्टि सम्प्रदाय

38. इनमें कौन द्विवेदी युग का कवि नहीं है?
(क) मैथिलीशरण गुप्त।
(ख) जगन्नाथ दास रत्नाकर।
(ग) अयोध्या सिंह उपाध्याय हरिऔध।
(घ) राधाकृष्ण दास।

39. स्वच्छन्दता वाद का प्रथम कवि कौन है?
(क) श्रीधर पाठक (ख) राधाकृष्ण दास
(ग) मैथिलीशरण गुप्त (घ) अयोध्या सिंह उपाध्याय हरिऔध

40. 'कश्मीर-सुषमा' किसकी कविता है?
(क) पन्त (ख) भारतेन्दु हरिश्चन्द्र
(ग) श्रीधर पाठक (घ) अयोध्या सिंह उपाध्याय हरिऔध

41. द्विवेदी युग का सर्वमान्य समय कब से कब तक है?
(क) सन् 1857–1950 ई. (ख) सन् 1900–1918 ई.
(ग) सन् 1900–1925 ई. (घ) सन् 1900–1947 ई.

42. द्विवेदी युग का नामकरण किस साहित्यकार के नाम पर हुआ?
(क) महावीर प्रसाद द्विवेदी (ख) शान्तिप्रिय द्विवेदी
(ग) हजारी प्रसाद द्विवेदी (घ) इनमें से कोई नहीं

43. निम्नलिखित में द्विवेदी युग का कवि नहीं है?
(क) माखनलाल चतुर्वेदी (ख) मैथिलीशरण गुप्त
(ग) हरिऔध (घ) रामनरेश त्रिपाठी

44. द्विवेदी युग के किस कवि में छायावाद का पूर्वाभास दिखायी देता है?
(क) मुकुटधर पाण्डेय (ख) जगन्नाथदास रत्नाकर
(ग) रूपनारायण पाण्डेय (घ) श्यामनारायण पाण्डेय

45. इनमें कौन-सी रचना मैथिलीशरण गुप्त की नहीं है–
(क) यशोधरा (ख) द्वापर (ग) वैदेही वनवास (घ) पंचवटी

46. 'गंगावतरण' किसकी रचना है?
(क) भारतेन्दु हरिश्चन्द्र (ख) जगन्नाथदास रत्नाकर
(ग) श्रीधर पाठक (घ) सत्यनारायण कविरत्न

47. महावीर प्रसाद द्विवेदी 'सरस्वती' के सम्पादक कब से कब तक रहे?
(क) सन् 1900-1915 (ख) सन् 1903-1915
(ग) सन् 1900-1910 (घ) सन् 1903-1920

48. 'साकेत' महाकाव्य में सर्गो की संख्या कितनी है?
(क) दस (ख) ग्यारह (ग) बारह (घ) पन्द्रह

49. 'प्रियप्रवास' में कुल कितने सर्ग हैं?
(क) चौदह (ख) पन्द्रह (ग) सोलह (घ) सत्रह

50. मैथिलीशरण गुप्त की किस रचना में राष्ट्रप्रेम की उत्कट भावना है?
(क) भारत भारती (ख) जयद्रथ वध
(ग) किसान (घ) साकेत

51. मैथिलीशरण गुप्त को 'राष्ट्रकवि' किसने कहा?
(क) हिन्दी साहित्य सम्मेलन ने (ख) महात्मा गाँधी ने
(ग) गोपाल कृष्ण गोखले ने (घ) देश की जनता ने

52. द्विवेदी युग के किस कवि का उपनाम 'पूर्ण' था?
(क) रामप्रसाद त्रिपाठी (ख) रूपनारायण पाण्डेय
(ग) गयाप्रसाद शुक्ल (घ) राय देवीप्रसाद

53. प्रसाद की किस रचना में सर्वप्रथम छायावादी प्रवृतियों के लक्षण दिखायी पड़ते हैं?
(क) कामायनी (ख) आँसू (ग) झरना (घ) लहर

54. छायावाद का सर्वसम्पत समय क्या है?
(क) 1918-1938 (ख) 1920-1940
(ग) 1915-1940 (घ) 1900-1938

55. 'नवीन' किस कवि का उपनाम है?
(क) बालकृष्ण शर्मा (ख) जयशंकर प्रसाद
(ग) माखनलाल चतुर्वेदी (घ) रामनरेश त्रिपाठी

56. इनमें से छायावादी कवि कौन नहीं है?
(क) जयशंकर प्रसाद (ख) माखनलाल चतुर्वेदी
(ग) निराला (घ) पन्त

57. किस कवि को 'एक भारतीय आत्मा' कहा गया?
(क) माखनलाल चतुर्वेदी (ख) रामधारी सिंह दिनकर
(ग) बालकृष्ण शर्मा नवीन (घ) सूर्यकान्त त्रिपाठी निराला

58. निराला किस पत्र के सम्पादक थे?

(क) प्रभात (ख) निराला (ग) मतवाला (घ) भारत

59. किस रचना पर पन्त को ज्ञानपीठ पुरस्कार मिला?

(क) लोकायतन (ख) चिदम्बरा (ग) युगान्त (घ) रजत शिखर

60. महादेवी वर्मा को किस रचना पर ज्ञानपीठ पुरस्कार मिला?

(क) सान्ध्य गीत (ख) यामा (ग) नीरजा (घ) नीहार

61. छायावाद युग में हास्य-व्यंग्यकार के रूप में कौन प्रसिद्ध है?

(क) पाण्डेय बेचन शर्मा 'उग्र' (ख) सूर्यकान्त त्रिपाठी निराला

(ग) कान्तानाथ पाण्डेय 'चोंच' (घ) बेढब बनारसी

62. 'मैं ही वसन्त का अग्रदूत' किस कवि की कविता है?

(क) सुमित्रानन्दन पन्त (ख) सूर्यकान्त त्रिपाठी निराला

(ग) जयशंकर प्रसाद (घ) हरिवंश राय बच्चन

63. द्विवेदी युग को 'जागरण सुधार काल' किसने कहा?

(क) रामकुमार वर्मा (ख) डॉ. नगेन्द्र

(ग) रामचन्द्र शुक्ल (घ) हजारीप्रसाद द्विवेदी

64. हरिऔध की 'ब्रजभाषा' में रचित कौन-सी रचना है?

(क) पद्यप्रसूत (ख) रस कलश

(ग) वैदेही वनवास (घ) इनमें से कोई नहीं

65. प्रगतिवाद का आरम्भ कब से कब तक माना गया है?

(क) 1936 ई. से 1943 ई. तक।

(ख) 1933 ई. से 1936 ई. तक।

(ग) 1930 ई. से 1933 ई. तक।

(घ) 1931 ई. से 1935 ई. तक।

66. प्रगतिवाद का दार्शनिक आधार है-

(क) सामन्तवाद (ख) अस्तिवाद (ग) साम्यवाद (घ) साम्राज्यवाद

67. प्रगतिवाद की काव्यदृष्टि है-

(क) दार्शनिक (ख) वर्ग चेतना प्रधान

(ग) वैयक्तिक यथार्थ (घ) यथास्थिति वाद

68. प्रगतिशील लेखक संघ के प्रथम अध्यक्ष कौन थे?

(क) रामविलास शर्मा (ख) रांगेय राघव (ग) प्रेमचन्द (घ) यशपाल

69. प्रगतिशील लेखक संघ का प्रथम अधिवेशन कहाँ हुआ था?
(क) आगरा (ख) लखनऊ (ग) पटना (घ) कोलकाता

70. प्रयोगवाद का प्रवर्तक कौन है–
(क) नागार्जुन (ख) अज्ञेय
(ग) रामविलास शर्मा (घ) मुक्तिबोध

71. 'अज्ञेय' किस तार-सप्तक के कवि हैं?
(क) पहले (ख) दूसरे (ग) तीसरे (घ) चौथे

72. तार-सप्तक क्या है?
(क) मासिक पत्रिका (ख) आलोचना कृति
(ग) काव्य कृति (घ) कवियों का कविता संग्रह

73. प्रयोगवादी काव्य में किस वर्ग को काव्य का विषय बनाया गया है?
(क) निम्न वर्ग को (ख) शोषित वर्ग को
(ग) अध्यय वर्ग को (घ) पूँजीपति वर्ग को

74. प्रयोगवादी कवियों को 'नयी राहों के अन्वेषी' किसने कहा?
(क) अज्ञेय (ख) रामविलास शर्मा
(ग) डॉ. नगेन्द्र (घ) डॉ. नामवर सिंह

75. 'सुमन' किस कवि का उप-नाम है?
(क) रामेश्वर शुक्ल (ख) नरेन्द्र शर्मा
(ग) शिवमंगल सिंह (घ) त्रिलोचन

76. रघुवीर सहाय किस तार-सप्तक के कवि हैं?
(क) पहले (ख) दूसरे (ग) तीसरे (घ) चौथे

77. नरेश मेहता को उनकी किस कृति पर ज्ञानपीठ पुरस्कार प्राप्त हुआ?
(क) संशय की एक रात (ख) महाप्रस्थान
(ग) वनपाखी सुनो (घ) सम्पूर्ण रचना कर्म पर

78. 'धूमिल' किस कवि का उपनाम है?
(क) शिवकान्त शुक्ल का (ख) वैद्यनाथ मिश्र का
(ग) विनोद कुमार शुक्ल का (घ) सुदामा पाण्डेय का

79. 'साँप तुम सभ्य तो नहीं' यह किसकी कविता है?
(क) सर्वेश्वरदयाल सक्सेना की (ख) मुक्तिबोध की
(ग) रघुवीर सहाय की (घ) अज्ञेय की

80. 'सीढ़ियों पर धूप' कविता-संग्रह किस कवि का है?
(क) अज्ञेय का (ख़) रघुवीर सहाय का
(ग) धूमिल का (घ) मुक्तिबोध का

81. 'नयी कविता' शब्द का सर्वप्रथम किसने प्रयोग किया?
(क) अज्ञेय ने (ख) डॉ. जगदीश गुप्त ने
(ग) धर्मवीर भारती ने (घ) रामस्वरूप चतुर्वेदी ने

82. 'साठोत्तरी' कविता के लिए कौन-सा नाम प्रचलित है?
(क) नयी कविता (ख) अकविता
(ग) विद्रोही कविता (घ) गीत कविता

83. 'यात्री' नाम से किस प्रगतिवादी कवि ने रचना की?
(क) त्रिलोचन ने (ख) नागार्जुन ने
(ग) शिवमंगल सिंह सुमन ने (घ) केदारनाथ अग्रवाल ने

84. 'मिट्टी की बारात' का रचनाकार कौन है?
(क) नागार्जुन (ख) त्रिलोचन (ग) मुक्तिबोध (घ) रांगेय राघव

85. 'सिंहासन खाली करो कि जनता आती है?' यह किस कवि का कथन है?
(क) रामधारी सिंह दिनकर (ख) मुक्तिबोध
(ग) धूमिल (घ) रघुवीर सहाय

86. 'प्रयोगवादी कविता' प्रगतिवादी कविता से किस अर्थ में भिन्न है?
(क) प्राचीन रूढ़ियों से विद्रोह (ख) वैयक्तिकता की गहरी भावना
(ग) बौद्धिकता (घ) धर्म-ईश्वर के प्रति अनास्था

87. 'गीत फरोश' किस कवि की रचना है?
(क) नरेन्द्र शर्मा की (ख) भगवतीचरण वर्मा की
(ग) भवानी प्रसाद मिश्र की (घ) नरेश मेहता की

88. सर्वेश्वर दयाल किस तार-सप्तक से नयी कविता के प्रतिनिधि कवि हुए?
(क) पहले (ख) दूसरे (ग) तीसरे (घ) चौथे

89. 'ठण्ढा लोहा' किस कवि की रचना है?
(क) शमशेर बहादुर सिंह की (ख) धर्मवीर भारती की
(ग) मुक्तिबोध की (घ) नरेन्द्र शर्मा की

उत्तरमाला (आधुनिक काल काव्य)

1-(घ) साधना, 2-(ख) जयशंकर प्रसाद, 3-(ग) मीराबाई, 4-(ख) जय शंकर प्रसाद, 5-(ख) नीहार, 6-(ग) जूही की कली, 7-(ख) प्रेम पथिक, 8-(ग) दीया, 9-(घ) जार्ज ग्रियर्सन, 10-(क) आचार्य नन्ददुलारे वाजपेयी, 11-(ख) भग्नदूत, 12-(ग) रणधीर प्रेय मोहिनी, 13-(ख) प्रियप्रवास, 14-(क) प्रसाद, 15-(ग) साहित्य लहरी, 16-(ग) प्रेम पथिक, 17-(क) जानकी मंगल, 18-(क) श्रीधर पाठक, 19-(क) भारतेन्दु हरिश्चन्द्र, 20-(ख) वैदेही वनवास, 21-(क) काबा और कर्बला, 22-(क) आँसू, 23-(घ) आँसू, 24-(घ) लोचन प्रसाद पाण्डेय, 25-(ग) मुकुटधर पाण्डेय, 26-(क) डॉ-नामवर सिंह ने, 27-(क) महादेवी वर्मा को, 28-(ख) मानवता वाद, 29-(ग) कामायनी, 30-(घ) प्रसाद, 31-(घ) खड़ी बोली, 32-(क) भारतेन्दु हरिश्चन्द्र, 33-(ख) भारतेन्दु युग, 34-(क) सन् 1857-1900, 35-(क) संवत् 1900 से, 36-(ख) प्रबोधिनी, 37-(घ) पुष्टि सम्प्रदाय, 38-(घ) राधा कृष्णदास, 39-(क) श्रीधर पाठक, 40-(ग) श्रीधर पाठक, 41-(ख) सन् 1900-1918 ई., 42-(ख) महावीर प्रसाद द्विवेदी, 43-(घ) राम नरेश त्रिपाठी, 44-(क) मुकुटधर पाण्डेय, 45-(ग) वैदेही वनवास, 46-(ख) जगन्नाथ दास रत्नाकर, 47-(घ) सन् 1903-1915, 48-(ग) बारह, 49-(घ) सत्रह, 50-(क) भारत-भारती, 51-(ख) महात्मा गाँधी, 52-(घ) राय देवी प्रसाद, 53-(ग) झरना, 54-(क) 1918-1938, 55-(क) बालकृष्ण शर्मा, 56-(ख) माखन लाल चतुर्वेदी, 57-(क) माखनलाल चतुर्वेदी, 58-(ग) मतवाला, 59-(ख) चिदम्बरा, 60-(ख) यामा, 61-(घ) बेढब बनारसी, 62-(ख) सूर्यकान्त त्रिपाठी निराला, 63-(ख) डॉ-नगेन्द्र, 64-(ख) रस कलश, 65-(क) 1936 ई-से 1943 ई-तक, 66-(ख) अस्तिवाद, 67-(ख) वर्ग चेतना प्रधान, 68-(घ) प्रेमचन्द, 69-(ख) लखनऊ, 70-(ख) अज्ञेय, 71-(क) पहले, 72-(घ) कवियों का कविता संग्रह, 73-(ग) मध्यम वर्ग, 74-(क) अज्ञेय, 75-(ग) शिवमंगल सिंह, 76-(ख) दूसरे, 77-(घ) सम्पूर्ण रचना संग्रह पर, 78-(घ) सुदामा पाण्डेय, 79-(घ) अज्ञेय की, 80-(ख) रघुवीर सहाय, 81-(क) अज्ञेय, 82-(क) नयी कविता, 83-(ख) नागार्जुन, 84-(ख) त्रिलोचन, 85-(ग) धूमिल, 86-(ख) वैयक्तिकता की गहरी भावना, 87-(ग) भवानी प्रसाद मिश्र, 88-(ग) तीसरे, 89-(ख) धर्मवीर भारती।

◆◆◆

आधुनिक काल (गद्य)
(निबन्ध, ओलाचना, उपन्यास, कहानी)

1. 'हिन्दी नयी चाल में ढली' यह किसने कहा था?
   (क) रामचन्द्र शुक्ल ने (ख) भारतेन्दु हरिश्चन्द्र ने
   (ग) महावीर प्रसाद द्विवेदी ने (घ) इंशाअल्ला खाँ ने

2. भारतेन्दु युग को किस काल की संज्ञा दी गयी थी?
   (क) पुर्नजागरण काल (ख) जागरण सुधार काल
   (ग) जागरण काल (घ) निर्माण काल

3. खड़ी बोली गद्य का प्राचीनतम प्रमाण किस रचना में है?
   (क) प्रेम सागर।
   (ख) नासिकेतोपाख्यान।
   (ग) चन्द छन्द बरनन की महिमा।
   (घ) रानी केतकी की कहानी।

4. 'प्रेम सागर' के लेखक कौन हैं?
   (क) सदल मिश्र (ख) लल्लू लाल
   (ग) सदासुख लाल (घ) रामप्रसाद निरंजनी

5. 'सितारे हिन्द' किस रचनाकार की उपाधि थी?
   (क) राजा शिवप्रसाद (ख) राजा लक्ष्मण सिंह
   (ग) इंशाअल्ला खाँ (घ) भारतेन्दु हरिश्चन्द्र

6. सदल मिश्र की रचना का क्या नाम है?
   (क) प्रेम सागर (ख) भाषा योग वाशिष्ठ
   (ग) भाग्यवती (घ) नासिकेतोपाख्यान

7. द्विवेदी युग को 'जागरण सुधार काल' किसने कहा?
   (क) रामचन्द्र शुक्ल (ख) हजारी प्रसाद द्विवेदी
   (ग) गुलाब राय (घ) डॉ. नगेन्द्र

8. बालकृष्ण भट्ट को हिन्दी का 'एडीसन' किसने कहा?
   (क) रामचन्द्र शुक्ल (ख) भारतेन्दु हरिश्चन्द्र
   (ग) डॉ. नगेन्द्र (घ) रामबिलास शर्मा

9. भारतेन्दु युग की समय-सीमा क्या है?
   (क) 1850 ई. - 1900 ई. (ख) 1872 ई.- 1920 ई.
   (ग) 1857 ई. - 1900 ई. (घ) 1880 ई. - 1925 ई.

10. निम्नलिखित में निबन्ध का कौन-सा रूप स्वतन्त्र विधा के रूप में मान्य हुआ?

(क) कथात्मक निबन्ध (ख) हास्य व्यंग्यात्मक निबन्ध

(ग) समीक्षा (घ) भावात्मक निबन्ध

11. 'गद्य यदि कवियों की कसौटी है, तो निबन्ध गद्य की कसौटी' है– यह किसने कहा?

(क) भारतेन्दु हरिश्चन्द्र (ख) रामचन्द्र शुक्ल

(ग) महावीर प्रसाद द्विवेदी (घ) राम बिलास शर्मा

12. हरिशंकर परसाई किस विषय के निबन्धकार हैं?

(क) ललित निबन्ध (ख) हास्य-व्यंग्य निबन्ध

(ग) वर्णनात्मक निबन्ध (घ) समीक्षात्मक निबन्ध

13. शुक्ल युग के निबन्धों की वह कौन-सी विशेषता है, जो उनके पूर्व नहीं थी?

(क) भाषा-परिमार्जन (ख) सूक्ष्म मनोविश्लेषण

(ग) विचार गाम्भीर्य (घ) हास्य-विनोद

14. इनमें से ललित निबन्धकार कौन नहीं है?

(क) कुबेरनाथ राय (ख) आचार्य रामचन्द्र शुक्ल

(ग) विद्यानिवास मिश्र (घ) आचार्य हजारीप्रसाद द्विवेदी

15. 'ठेठ हिन्दी का ठाट' निबन्ध का लेखक कौन है?

(क) अयोध्या सिंह उपाध्याय हरिऔध।

(ख) बालकृष्ण भट्ट।

(ग) भारतेन्दु हरिश्चन्द्र।

(घ) बालमुकुन्द गुप्त

16. 'चिन्तामणि' के रचनाकार का नाम बताइए?

(क) हजारीप्रसाद द्विवेदी (ख) महावीरप्रसाद द्विवेदी

(ग) विवेकी राय (घ) रामचन्द्र शुक्ल

17. 'माघ कवि का प्रभात वर्णन' निबन्ध किसकी रचना है?

(क) महावीरप्रसाद द्विवेदी (ख) हजारीप्रसाद द्विवेदी

(ग) हरिऔध (घ) भारतेन्दु

18. 'कवियों की उर्मिला विषयक उदासीनता' किसका निबन्ध है?

(क) डॉ. श्यामसुन्दर दास (ख) आचार्य रामचन्द्र शुक्ल

(ग) महावीरप्रसाद द्विवेदी (घ) डॉ. नगेन्द्र

19. 'गेहूँ और गुलाब' निबन्ध किसकी रचना है?
   (क) सरदार पूर्ण सिंह   (ख) रामकृष्ण बेनीपुरी
   (ग) बालकृष्ण भट्ट   (घ) बालमुकुन्द गुप्त

20. 'जलते हुए वसन्त' किस निबन्धकार की रचना है?
   (क) दुष्यन्त कुमार   (ख) हरिशंकर परसाई
   (ग) विद्यानिवास मिश्र   (घ) कुबेरनाथ राय

21. 'चारु-चन्द्र लेख' किसकी रचना है?
   (क) जगदीश चन्द्र माथुर   (ख) उदयशंकर भट्ट
   (ग) विष्णु प्रभाकर   (घ) हजारीप्रसाद द्विवेदी

22. हिन्दी गद्य के सन्दर्भ में 'महावीरप्रसाद द्विवेदी' का मुख्य योगदान क्या है?
   (क) नये विषयों पर साहित्य रचना।
   (ख) अनुवाद कार्य।
   (ग) हिन्दी भाषा का परिष्कार और परिमार्जन।
   (घ) इनमें से कोई नहीं।

23. किस प्रकार के निबन्धों को 'गद्य काव्य' कहा गया?
   (क) विचारात्मक (ख) भावात्मक (ग) वर्णनात्मक (घ) हास्य-व्यंगात्मक

24. निबन्ध का अर्थ निम्नलिखित में से कौन ठीक है?
   (क) छन्द बन्धन से रहित गद्यकाव्य।
   (ख) पाण्डित्यपूर्ण गद्य रचना।
   (ग) निजीपन की छाप लिये किसी विषय पर सीमित आकार की गद्य रचना।
   (घ) स्वच्छन्द विचारों की गद्य रचना।

25. 'मेरे राम का मुकुट भींग रहा है' किसकी निबन्ध रचना है?
   (क) कुबेरनाथ राय   (ख) विद्यानिवास मिश्र
   (ग) सुभद्राकुमारी चौहान   (घ) महादेवी वर्मा

26. 'शिवशम्भु का चिट्ठा' के लेखक कौन हैं?
   (क) बालमुकुन्द गुप्त   (ख) अम्बिकादत्त व्यास
   (ग) केशवराय भट्ट   (घ) बाबू तोताराम

27. हरिशंकर परसाई के व्यंग्यात्मक निबन्धों का लक्ष्य है–
   (क) विसंगति को उजागर करना।
   (ख) हास्य प्रदान करना।
   (ग) पाठकों की भाव जड़ता को तोड़ना।
   (घ) वास्तविकता का चित्रण।

28. छायावाद के समर्थन में प्रथम निबन्ध लेखक हैं–

(क) लोचनप्रसाद पाण्डेय (ख) जयशंकर प्रसाद

(ग) मुकुटधर पाण्डेय (घ) केशव प्रसाद मिश्र

29. 'अशोक के फूल' निबन्ध-संग्रह के लेखक हैं–

(क) हजारीप्रसाद द्विवेदी (ख) रामचन्द्र शुक्ल

(ग) गुलाब राय (घ) कुबेरनाथ राय

30. हिन्दी समालोचना के सूत्रपात के लिए भारतेन्दु युग की कौन-सी पत्रिका का उल्लेख है?

(क) कविवचन सुधा (ख) ब्राह्मण

(ग) हरिश्चन्द्र पत्रिका (घ) आनन्द कादम्बिनी

31. आलोचना साहित्य का सूत्रपात कब हुआ?

(क) भक्तिकाल में (ख) रीतिकाल में

(ग) शुक्ल युग में (घ) द्विवेदी युग में

32. डॉ. रामविलास शर्मा किस प्रकार के समालोचक हैं?

(क) रसवादी समालोचक (ख) समाजवादी समालोचक

(ग) प्रभाववादी समालोचक (घ) सैद्धान्तिक समालोचक

33. 'आलोचक की आस्था' का लेखक कौन है?

(क) डॉ. नगेन्द्र (ख) रामविलास शर्मा

(ग) नामवर सिंह (घ) महावीरप्रसाद द्विवेदी

34. हिन्दी साहित्य के किस काल में पद्य में आलोचना लिखी गयी?

(क) आदिकाल में (ख) भक्तिकाल में

(ग) रीतिकाल में (घ) किसी काल में नहीं

35. भारतेन्दु युगीन किस उपन्यास से आधुनिकता का आरम्भ माना गया?

(क) रानी केतकी की कहानी (ख) परीक्षा गुरु

(ग) चन्द्रकान्ता (घ) सौ अजान एक सुजान

36. 'नासिकेतोपाख्यान के लेखक हैं–

(क) सदल मिश्र (ख) सदासुख लाल

(ग) इंशा अल्ला (घ) लल्लू लाल

37. हिन्दी का प्रथम उपन्यास कौन है?

(क) भाग्यवती (ख) परीक्षा गुरु

(ग) देवरानी-जेठानी (घ) नूतन ब्रह्मचारी

38. मुंशी प्रेमचन्द का प्रथम उपन्यास है?

(क) रंगभूमि (ख) गबन (ग) निर्मला (घ) प्रेमा

39. ज्ञैनेन्द्र का प्रथम उपन्यास है–

(क) सुनीता (ख) कल्याणी (ग) परख (घ) मुक्तिबोध

40. प्रेमचन्द्र के किस उपन्यास पर गाँधीवादी प्रभाव है?

(क) रंगभूमि (ख) कर्मभूमि (ग) सेवासदन (घ) गोदान

41. प्रेमचन्द के अधूरे उपन्यास का नाम है–

(क) गबन (ख) रंगभूमि (ग) मंगलसूत्र (घ) सेवासदन

42. 'आधे-अधूरे' उपन्यास की सावित्री के दु:ख का मूल कारण है?

(क) स्वयं सावित्री की मानसिकता।

(ख) अपने अनुरूप पति न मिलना।

(ग) दूसरे पुरुषों की ओर दौड़ना।

(घ) पति और बच्चों से अपेक्षित सहयोग न मिलना।

43. किस उपन्यासकार ने स्वतन्त्र भारत के ग्रामीण यथार्थ का चित्रण पूर्णत: व्यंग्यात्मक पद्धति पर किया है?

(क) नागार्जुन (ख) फणीश्वरनाथ रेणु

(ग) श्रीलाल शुक्ल (घ) शिवप्रसाद सिंह

44. जयशंकर प्रसाद के अपूर्ण उपन्यास का नाम है–

(क) इन्द्र (ख) इरावती (ग) आर्यवीर (घ) कंकाल

45. 'पुनर्नवा' उपन्यास का लेखक कौन है?

(क) हजारीप्रसाद द्विवेदी (ख) वृन्दावनलाल वर्मा

(ग) भगवतीचरण वर्मा (घ) भगवतीप्रसाद वाजपेयी

46. प्रेमचन्द का प्रथम उपन्यास है–

(क) रंगभूमि (ख) गबन (ग) निर्मला (घ) प्रेमा

47. ज्ञैनेन्द्र का प्रथम उपन्यास है–

(क) सुनीता (ख) कल्याणी (ग) परख (घ) मुक्तिबोध

48. उपन्यास को मानव-चरित्र का आख्यान किसने कहा?

(क) ए. बकर (ख) हजारीप्रसाद द्विवेदी

(ग) प्रेमचन्द्र (घ) रामचन्द्र शुक्ल

49. तिलस्मी और ऐयारी उपन्यासों का लेखक निम्नलिखित में कौन है?
   (क) वृन्दावनलाल वर्मा (ख) गोपालदास गहमरी
   (ग) देवकीनन्दन खत्री (घ) किशोरलाल गोस्वामी

50. गोपालदास गहमरी ने किस प्रकार के उपन्यासों में प्रसिद्धि प्राप्त की?
   (क) पौराणिक (ख) जासूसी (ग) ऐतिहासिक (घ) तिलस्म एवं ऐयारी

51. इनमें से कौन-सा उपन्यास प्रेमचन्द का नहीं है?
   (क) गोदान (ख) चित्रलेखा (ग) कर्मभूमि (घ) निर्मला

52. 'बिल्लेसुर बकरिहा' के लेखक हैं–
   (क) निराला (ख) नागार्जुन (ग) नरेन्द्र शर्मा (घ) बालकृष्ण भट्ट

53. 'महाभोज' के लेखक हैं–
   (क) मन्नू भण्डारी (ख) गिरिराज किशोर
   (ग) निर्मल वर्मा (घ) पन्त

54. 'गुनाहों का देवता' के लेखक कौन हैं?
   (क) हरिशंकर परसाई (ख) नागार्जुन
   (ग) धर्मवीर भारती (घ) रांगेय राघव

55. ''मैला आँचल'' किसने लिखा है?
   (क) राजेन्द्र अवस्थी (ख) हरिवंश राय बच्चन
   (ग) फणीश्वरनाथ रेणु (घ) कमलेश्वर

56. 'दुर्गेश नन्दिनी' के लेखक कौन हैं?
   (क) बंकिमचन्द चटर्जी (ख) दिनकर
   (ग) शरत चन्द्र (घ) रविन्द्रनाथ टैगोर

57. 'जहाज का पंछी' के उपन्यासकार हैं–
   (क) यशपाल (ख) इलाचन्द जोशी
   (ग) शरद जोशी (घ) फणीश्वर नाथ रेणु

58. 'मानस के हंस' किसकी रचना है?
   (क) अमृतलाल नागर (ख) अमृत राय
   (ग) दिनकर (घ) महादेवी वर्मा

59. 'उर्मिला' किसकी रचना है?
   (क) कमलेश्वर (ख) बालकृष्ण शर्मा नवीन
   (ग) धर्मवीर भारती (घ) महादेवी वर्मा

60. 'पचपन खम्भे लाल दीवारें' के रचनाकार कौन हैं?
   (क) उषा प्रियंवदा (ख) मन्नू भण्डारी
   (ग) मृणाल पाण्डेय (घ) शिवानी

61. 'सुनीता' उपन्यास के लेखक हैं–
   (क) प्रेमचन्द (ख) यशपाल (ग) नागार्जुन (घ) जैनेन्द्र कुमार

62. 'भूले-बिसरे चित्र' के रचनाकार का नाम है–
   (क) भगवतीचरण वर्मा (ख) रामविलास शर्मा
   (ग) नामवर सिंह (घ) यशपाल

63. 'बलचनमा' के लेखक हैं–
   (क) कमलेश्वर (ख) नागार्जुन
   (ग) मुक्ति बोध (घ) शमशेर बहादुर सिंह

64. ऐतिहासिक उपन्यासकारों में कौन सर्वप्रमुख है?
   (क) आचार्य चतुरसेन (ख) वृन्दावनलाल वर्मा
   (ग) यशपाल (घ) हृदयेश

65 'परख' के रचनाकार का नाम बताइए?
   (क) जैनेन्द्र कुमार (ख) उपेन्द्रनाथ अश्क
   (ग) कमलेश्वर (घ) नागार्जुन

66. 'तमस' के लेखक कौन हैं?
   (क) भीष्म साहनी (ख) श्रीलाल शुक्ल
   (ग) भगवतीचरण वर्मा (घ) कृष्ण सोबती

67. 'मुक्तिबोध' उपन्यास किसकी रचना है?
   (क) भीष्म साहनी (ख) जैनेन्द्र
   (ग) श्रीलाल शुक्ल (घ) अमृत राय

68. 'नीला चाँद' के लेखक कौन हैं?
   (क) पन्त (ख) कृष्णा सोबती
   (ग) शिवप्रसाद सिंह (घ) श्रीकान्त वर्मा

69. किस रचना पर ज्ञानपीठ पुरस्कार मिला है?
   (क) अन्धा युग (ख) परती परिकथा
   (ग) प्रियप्रवास (घ) चिदम्बरा

70. साहित्य एकेडमी से पुरस्कृत कृति है–
   (क) गबन (ख) आधा गाँव (ग) मैला आँचल (घ) तमस

71. जैनेन्द्र के किस उपन्यास पर साहित्य-अकादमी पुरस्कार मिला–
(क) त्यागपत्र (ख) परख (ग) सुनीता (घ) मुक्तिबोध

72. शिव प्रसाद सिंह का उपन्यास जिस पर साहित्य अकादमी पुरस्कार मिला–
(क) मंजुशिमा (ख) नीला चाँद (ग) औरत (घ) गली आगे मुड़ती है

73. अस्तित्ववाद से प्रभावित उपन्यास है–
(क) झूठा-सच (ख) मैला आँचल
(ग) अपने-अपने अजनबी (घ) गुनाहों का देवता

74. 'नयी कहानी' आन्दोलन का आरम्भ कब से माना जाता है?
(क) 1950 ई. से पूर्व (ख) 1950 से (ग) 1960 से (घ) 1967 से

75. हिन्दी की प्रथम मौलिक कहानी कौन-सी है?
(क) रानी केतकी की कहानी (ख) प्लेग की चुड़ैल
(ग) इन्दुमती (घ) एक टोकरी भर मिट्टी

76. हिन्दी की प्रसिद्ध कहानी 'हारजीत' के लेखक हैं–
(क) रांगेय राघव (ख) कमलेश्वर
(ग) यादवेन्द्र शर्मा चन्द्र (घ) सुदर्शन

77. प्रसाद की 'गुण्डा' कहानी में किस काल का चित्रण है?
(क) सल्तनत युग का।
(ख) मुगल शासकों के युग का।
(ग) ईस्ट इण्डिया कम्पनी के समय का।
(घ) विक्टोरिया के शासन के समय का।

78. निम्नलिखित में कौन-सी कहानी विभाजन पर आधारित नहीं है?
(क) वापसी (ख) सिक्का बदल गया
(ग) मलवे का मालिक (घ) लेटर बॉक्स

79. फ्लैशबैक पद्धति का प्रयोग हिन्दी की किस कहानी में पहली बार किया गया?
(क) उसने कहा था (ख) गुण्डा
(ग) बूढ़ी काकी (घ) तीसरी कसम

80. भारत-विभाजन पर आधारित कहानी है–
(क) तलाश (ख) तीसरी कसम (ग) माया दर्पण (घ) शरणागत

81. हिन्दी की सर्वप्रथम मौलिक कहानी किसे माना गया है–
(क) इन्दुमती (ख) रानी केतकी की कहानी
(ग) मालती (घ) ग्यारह वर्ष का सपना

82. 'आकाशदीप' किसकी रचना है?

(क) जयशंकर प्रसाद (ख) प्रेमचन्द

(ग) चतुरसेन (घ) निराला

83. 'बुद्धू का काँटा' के लेखक कौन हैं?

(क) प्रेमचन्द (ख) पृथ्वीनाथ भट्ट

(ग) सुदर्शन (घ) चन्द्रधरशर्मा गुलेरी

84. पाण्डेय बेचन शर्मा 'उग्र' किस प्रकार की कहानी-परम्परा के लेखक हैं?

(क) यथार्थवादी कहानी (ख) मनोवैज्ञानिक कहानी

(ग) प्रभाववादी कहानी (घ) सामाजिक यथार्थवादी कहानी

85. 'नयी कहानी' की प्रतिष्ठा दिलाने में किसकी सम्पादकीय भूमिका अधिक उल्लेखनीय है?

(क) श्रीपति राय की (ख) भैरवप्रसाद गुप्त की

(ग) कमलेश्वर की (घ) मोहन राकेश की

86. 'नयी कहानी' की विशेष उपलब्धि किस क्षेत्र में रही?

(क) बदलते सामाजिक-पारिवारिक रिश्तों के चित्रण में।

(ख) महानगरीय संत्रास के चित्रण में।

(ग) व्यक्ति के अकेलेपन के चित्रण में।

(घ) राजनीतिक मोहभंग के चित्रण में।

87. कालक्रम की दृष्टि से निम्नलिखित कहानियों का अनुक्रम क्या है?

(क) मिठाईवाला, वापसी, यक्षगान, इन्दुमती।

(ख) वापसी, यक्षगान, मिठाईवाला, इन्दुमती।

(ग) इन्दुमती, मिठाईवाला, वापसी, यक्षगान।

(घ) यक्षगान, इन्दुमती, वापसी, मिठाईवाला।

88. निम्नलिखित कहानियों का सही अनुक्रम क्या है?

(क) कफ़न, वापसी, पुरस्कार, राजा निरबंसिया।

(ख) वापसी, कफ़न, राजा निरबंसिया, पुरस्कार।

(ग) राजा निरबंसिया, वापसी, पुरस्कार, कफ़न।

(घ) पुरस्कार, कफ़न, राजा निरबंसिया, वापसी।

89. हिन्दी की प्रथम वैज्ञानिक कहानी कौन-सी है?

(क) चन्द्रलोक की यात्रा (ख) अन्तरिक्ष की सैर

(ग) चाँद-तारों से आगे (घ) हमारा ब्रह्माण्ड

90. हिन्दी की कहानी का पूर्ण विकास किस युग में हुआ?

(क) प्रेमचन्द युग (ख) भारतेन्दु युग

(ग) महावीरप्रसाद द्विवेदी युग (घ) प्रसाद युग

91. आधुनिक कहानी का मुख्य उद्देश्य क्या है?

(क) पाठक का मनोरंजन (ख) जीवन की आर्थिक अभिव्यक्ति

(ग) नैतिक मूल्यों की प्रतिष्ठा (घ) भाषा-शैली में नवीन प्रयोग

92. हिन्दी साहित्य की सर्वाधिक लोकप्रिय विधा कौन है?

(क) कहानी (ख) उपन्यास

(ग) जीवनी (घ) नाटक

93. हिन्दी की प्रथम मौलिक कहानी निम्नलिखित में से कौन है?

(क) राजा भोज का सपना (ख) यमलोक की माया

(ग) नासिकेतोपाख्यान (घ) रानी केतकी की कहानी

उत्तरमाला (आधुनिक काल-गद्य)

1-(ख) भारतेन्दु हरिश्चन्द्र, 2-(क) पुनर्जागरण काल, 3-(ग) चन्द छन्द बरनन की महिमा, 4-(ख) लल्लूलाल, 5-(क) राजा शिवप्रसाद सिंह, 6-(घ) नासिकेतोपाख्यान, 7-(घ) डॉ-नगेन्द्र, 8-(क) रामचन्द्र शुक्ल, 9-(क) 1850-1900 ई., 10-(ग) समीक्षा, 11-(ख) रामचन्द्र शुक्ल, 12-(ख) हास्य व्यंग्य निबन्ध, 13-(ख) सूक्ष्म मनोविश्लेषण, 14-(ख) आचार्य रामचन्द्र शुक्ल, 15-(क) अयोध्यासिंह उपाध्याय, 16-(घ) रामचन्द्र शुक्ल, 17-(क) महावीर प्रसाद द्विवेदी, 18-(ग) महावीर प्रसाद द्विवेदी, 19-(ख) रामकृष्ण बेनी पुरी, 20-(क) दुष्यन्त कुमार, 21-(घ) हजारीप्रसाद द्विवेदी, 22-(ग) हिन्दी भाषा का परिष्कार और परिमार्जन, 23-(ख) भावात्मक, 24-(ग) निजीपन की छाप लिये किसी विषय पर सीमित आकार की गद्य रचना, 25-(ख) विद्यानिवास मिश्र, 26-(क) बालमुकुन्द गुप्त, 27-(क) विसंगति को उजागर करना, 28-(ग) मुकुटधर पाण्डेय, 29-(क) हजारीप्रसाद द्विवेदी, 30-(क) कविवचन सुधा, 31-(ख) रीतिकाल में, 32-(ख) समाजवादी आलोचक, 33-(क) डॉ-नगेन्द्र, 34-(ख) भक्तिकाल में, 35-(ख) परीक्षा गुरु, 36-(क) सदल मिश्र, 37-(ख) परीक्षा गुरु, 38-(घ) प्रेमा, 39-(ग) परख, 40-(क) रंगभूमि, 41-(ग) मंगलसूत्र, 42-(क) स्वयं सावित्री की मानसिकता, 43-(ग) श्रीलाल शुक्ल, 44-(ख) इरावती, 45-(क) हजारीप्रसाद द्विवेदी, 46-(घ) प्रेमा, 47-(ग) परख, 48-(ख) हजारी प्रसाद द्विवेदी, 49-(क) वृन्दावनलाल वर्मा, 50-(ख) जासूसी, 51-(ख) चित्रलेखा, 52-(क) निराला, 53-(क) मन्नू भण्डारी, 54-(ग) धर्मवीर भारती, 55-(ग) फणीश्वरनाथ रेणु, 56-(क) दुर्गेशनन्दिनी, 57-(ख) इलाचन्द

जोशी, 58-(क) अमृतलाल नागर, 59-(ख) बालकृष्ण शर्मा नवीन, 60-(क) उषा प्रियंवदा, 61-(घ) जैनेन्द्र कुमार, 62-(क) भगवतीचरण वर्मा, 63-(ख) नागार्जुन, 64-(ख) वृन्दावनलाल वर्मा, 65-(क) जैनेन्द्र कुमार, 66-(क) भीष्म साहनी, 67-(ख) जैनेन्द्र कुमार, 68-(ग) शिवप्रसाद सिंह, 69-(घ) चिदम्बरा, 70-(घ) तमस, 71-(घ) मुक्तिबोध, 72-(ख) नीला चाँद, 73-(ग) अपने-अपने अजनवी, 74-(क) 1950 ई-से पूर्व, 75-(ग) इन्दुमती, 76-(घ) सुदर्शन, 77-(ग) ईस्ट इण्डिया कम्पनी, 78-(क) वापसी, 79-(क) उसने कहा था, 80-(घ) शरण ागत, 81-(क) इन्दुमती, 82-(क) जयशंकर प्रसाद, 83-(घ) चन्द्रधर शर्मा गुलेरी, 84-(क) यथार्थवादी कहानी, 85-(ख) भैरवप्रसाद गुप्त, 86-(क) बदलते सामाजिक पारिवारिक रिश्तों के चित्रण में, 87-(ग) इन्दुमती, 88-(घ) पुरस्कार, कफन, राजा निरबंसिया, वापसी, 89-(क) चन्द्रलोक की यात्रा, 90-(क) प्रेमचन्द युग, 91-(ख) जीवन की आर्थिक अभिव्यक्ति, 92-(क) कहानी, 93-(घ) रानी केतकी की कहानी।

आधुनिक काल नाटक-एकांकी, नाट्य (गद्य)

1. आधुनिक युग में नाटकों के प्रणेता कौन हैं?
   (क) जयशंकर प्रसाद (ख) भारतेन्दु हरिश्चन्द्र
   (ग) महावीरप्रसाद द्विवेदी (घ) कामताप्रसाद गुप्त

2. भरतेन्दु का कौन-सा नाटक अनूदित रचना है?
   (क) चन्द्रावली (ख) वैदिकी हिंसा, हिंसा न भवति
   (ग) विद्यासुन्दर (घ) अन्धेर नगरी

3. 'चन्द्रगुप्त' नाटक की कौन-सी नारी चन्द्रगुप्त से प्रणय भाव नहीं रखती?
   (क) कार्नेलिया (ख) कल्याणी
   (ग) सुवासिनी (घ) मालविका

4. 'उत्तर प्रियदर्शी' किस विधा की रचना है?
   (क) उपन्यास (ख) ललित निबन्ध
   (ग) कहानी (घ) नाटक

5. 'शीलवती' सुरेन्द्र वर्मा के किस नाटक की पात्र है?
   (क) सेतुबन्ध।
   (ख) सूर्य की पहली किरण से अन्तिम किरण तक।
   (ग) आठवाँ सर्ग।
   (घ) द्रौपदी।

6. कालक्रम की दृष्टि से लक्ष्मीनारायण लाल के नाटकों का सही क्रम क्या है?
(क) कलंकी, बलराम की तीर्थयात्रा, अन्धा कुआँ, मादा कैक्टस।
(ख) मादा कैक्टस, अन्धा कुआँ, बलराम की तीर्थयात्रा, कलंकी।
(ग) कलंकी, मादा कैक्टस, अन्धा कुआँ, बलराम की तीर्थयात्रा।
(घ) अन्धा कुआँ, मादा कैक्टस, कलंकी, बलराम की तीर्थयात्रा।

7. हिन्दी का प्रथम मौलिक नाटक कहा जाता है–
(क) रत्नावली (ख) राज्यश्री (ग) पृथ्वीकल्प (घ) नहुष

8. जयशंकर प्रसाद लिखित 'करुणालय' किस प्रकार का नाटक है?
(क) गीति नाट्य (ख) प्रतीकात्मक नाट्य
(ग) एकांकी नाटक (घ) ऐतिहासिक नाटक

9. नेपथ्य का वास्तविक अर्थ क्या है?
(क) नाट्य-कलाकरों का मेकअप रूम।
(ख) वाद्ययन्त्रों के रखने का स्थान।
(ग) रंगमंच के पीछे का स्थान।
(घ) रंगमंच के सामने विशिष्ट दर्शकों का स्थान।

10. 'वैदिकी हिंसा, हिंसा न भवति' के रचनाकार का नाम बताएँ–
(क) प्रतापनारायण मिश्र (ख) भारतेन्दु हरिश्चन्द्र
(ग) रामचन्द्र शुक्ल (घ) महावीरप्रसाद द्विवेदी

11. 'आषाढ़ का एक दिन' किसकी रचना है?
(क) सेठ गोविन्द दास (ख) उपेन्द्रनाथ अश्क
(ग) मोहन राकेश (घ) भीष्म साहनी

12. 'जनमेयज का नागयज्ञ' के रचनाकार हैं–
(क) पन्त (ख) प्रसाद (ग) महादेवी (घ) निराला

13. निम्नलिखित में से किसने अपने नाटकों में 'गीतों' का भी उपयोग किया है?
(क) जयशंकर प्रसाद (ख) जगदीशचन्द्र माथुर
(ग) डॉ. रामकुमार वर्मा (घ) क और ख दोनों

14. हिन्दी नाटक के विकास में भारतेन्दु का योगदान किस रूप में नहीं था?
(क) 'नाटक' नामक नाट्यशास्त्रीय ग्रन्थ की रचना।
(ख) संस्कृत, बंगला, अँग्रेजी नाटकों का हिन्दी अनुवाद।
(ग) पारसी थियेटर के प्रभाव को ग्रहण करना।
(घ) नाटकों में स्वयं अभिनय करना।

15. 'घासीराम कोतवाल' का रचनाकार कौन है?

(क) विजय तेन्दुलकर (ख) सुभद्राकुमारी चौहान

(ग) नागार्जुन (घ) कमलेश्वर

16. इनमें से भारतेन्दु की रचना कौन-सी नहीं है?

(क) प्रेमसरोवर (ख) प्रेमभारती (ग) अन्धेर नगरी (घ) भारत दुर्दशा

17. 'सज्जद सम्बुल' किस विधा की रचना है?

(क) चम्पू (ख) खण्ड काव्य (ग) नाटक (घ) नाट्य काव्य

18. स्वातन्त्रयोत्तर नाटकों की प्रमुख विशेषता है–

(क) यथार्थपरक बौद्धिकता।

(ख) प्रेम की भावुक तथा मानवीय संवेदना।

(ग) मनोवैज्ञानिक स्तर पर चारित्रिक विकास।

(घ) जीवन की विषमताओं का चित्रण।

19. 'नेपथ्य राग' किसका लिखा नाटक है?

(क) मीराकान्त (ख) मृणाल पाण्डेय

(ग) त्रिपुरारी शर्मा (घ) कुसुम कुमार

20. पाश्चात्त्य नाट्यकला से प्रभावित दुखान्त नाटकों के सर्वप्रथम हिन्दी के नाटककार कौन हैं?

(क) हरिकृष्ण प्रेमी (ख) भारतेन्दु हरिशचन्द्र

(ग) सेठ गोविन्द दास (घ) जयशंकर प्रसाद

21. 'कारवाँ' एकांकी किसकी रचना है?

(क) भुवनेश्वर (ख) रामकुमार वर्मा

(ग) नरेश मेहता (घ) धर्मवीर भारती

22. निम्नलिखित में जयशंकर प्रसाद का नाटक कौन-सा नहीं है?

(क) ध्रुवस्वामिनी (ख) लहरों का राजहंस

(ग) चन्द्रगुप्त (घ) स्कन्दगुप्त

23. हिन्दी का प्रथम मौलिक नाटक है–

(क) रत्नावली (ख) राज्यश्री (ग) पृथ्वीकल्प (घ) नहुष

24. हिन्दी का प्रथम रेखाचित्र है–

(क) लक्ष्मी पुरा (ख) एकलव्य के नोट्स

(ग) तूफानों के बीच (घ) खून के छींटे

25. इनमें रामकुमार वर्मा की एकांकी रचना कौन-सी नहीं है?
(क) बादल की मृत्यु (ख) पृथ्वीराज की आँखें
(ग) औरंगजेब की आखरी रात (घ) देवताओं की छाया में

26. निम्नलिखित में उपेन्द्रनाथ अश्क की रचना नहीं हैं?
(क) चरवाहे (ख) तूफान से पहले
(ग) पापी (घ) काम कन्दला

27. आधुनिक हिन्दी एकांकी का जनक कौन है?
(क) डॉ. रामकुमार वर्मा (ख) जयशंकर प्रसाद
(ग) भारतेन्दु हरिश्चन्द्र (घ) उपेन्द्रनाथ अश्क

28. हिन्दी का प्रथम एकांकी नाटक किसे माना जाता है?
(क) एक घूँट (ख) कारवाँ (ग) बादल की मृत्यु (घ) नील देवी

29. मोहन राकेश की रचना कौन-सी नहीं है?
(क) आखरी चट्टान (ख) न आने वाला कल
(ग) आधे-अधूरे (घ) आँधी

30. एकांकी में संकलन-त्रय का क्या अर्थ है?
(क) समय-स्थान-काल की एकता।
(ख) समय-स्थान-कार्य की एकता।
(ग) पात्र-भाषा-वेश भूषा का समन्वय।
(घ) देश-काल-वातावरण का समन्वय।

31. 'एकांकी' किस विधा के अन्तर्गत आता है?
(क) दृश्य काव्य (ख) श्रव्य काव्य
(ग) 'क' और 'ख' दोनों (घ) इनमें से कोई नहीं

32. 'प्रसाद' की कौन-सी रचना 'गीतिनाट्य' है?
(क) करुणालय (ख) आँसू (ग) ज्योत्सना (घ) रजत

33. 'रेडिया एकांकी' का दूसरा नाम है–
(क) श्रवण एकांकी (ख) ध्वनि एकांकी
(ग) फैण्टेंसी (घ) आकाशवाणी एकांकी

34. 'राग-दरबारी' के रचनाकार हैं–
(क) मृणाल पाण्डेय (ख) श्रीलाल शुक्ल
(ग) उषा प्रियंवदा (घ) भुवनेश्वर

35. 'उर्वशी' चम्पू के रचयिता हैं–
(क) दिनकर (ख) जयशंकर प्रसाद
(ग) श्रीधर पाठक (घ) केदारनाथ सिंह

36. 'अन्धा युग' किस विधा की रचना है?
(क) काव्य नाटक (ख) दीर्घ काव्य
(ग) कथा काव्य (घ) खण्ड काव्य

37. 'ब्राह्मण' पत्रिका कहाँ से प्रकाशित होती थी?
(क) कानपुर (ख) काशी (ग) इलाहाबाद (घ) कलकत्ता

38. 'आनन्द कादम्बिनी' के सम्पादक थे–
(क) भारतेन्दु हरिश्चन्द्र (ख) महावीरप्रसाद द्विवेदी
(ग) रायकृष्ण दास (घ) बद्रीनारायण चौधरी प्रेमघन

39. हिन्दी का पहला समाचार-पत्र कहाँ से प्रकाशित हुआ?
(क) कलकत्ता (ख) दिल्ली (ग) इलाहाबाद (घ) वाराणसी

40. 'हिन्दी-प्रदीप' समाचार पत्र के सम्पादक कौन थे?
(क) प्रतापनारायण मिश्र (ख) बालकृष्ण भट्ट
(ग) बालमुकुन्द गुप्त (घ) राधाचरण गोस्वामी

41. भारत में सर्वप्रथम छापाखाना कहाँ स्थापित हुआ?
(क) गोवा (ख) कोलकाता (ग) मुम्बई (घ) चेन्नई

42. भारत में प्रेस-स्थापना का मुख्य उद्देश्य था–
(क) पत्र-पत्रिकाओं को प्रकाशित करना।
(ख) पाठ्य-पुस्तकों का प्रकाशन करना।
(ग) ब्रिटिश शासन की उपलब्धियों को जन-जन तक पहुँचाना।
(घ) ईसाई मिशनरियों को अपने धर्म-प्रचारार्थ और नयी शिक्षा-व्यवस्था के उपयोगार्थ।

43. भारत का प्रथम समाचार-पत्र किस भाषा में छपा–
(क) हिन्दी (ख) उर्दू (ग) अँग्रेजी (घ) बंगला

44. भारत का प्रथम समाचार-पत्र कौन-सा था–
(क) बंगाल गजट (ख) उदन्त मार्तण्ड
(ग) समाचार दर्पण (घ) ब्राह्मण

45. राजाराममोहन राय की प्रेरणा से प्रकाशित होने वाला समाचार-पत्र था–
(क) उदन्त मार्तण्ड (ख) वंगदूत
(ग) बनारस अखबार (घ) दिग्दर्शन

46. किस पत्रिका का सम्पादन भारतेन्दु ने नहीं किया?

(क) बाल बोधिनी (ख) हरिश्चन्द्र मैगजीन

(ग) भारतेन्दु (घ) कवि वचन सुधा

47. 'भारतेन्दु' पत्रिका के सम्पादक थे–

(क) राधाचरण गोस्वामी (ख) भारतेन्दु हरिश्चन्द्र

(ग) जुगल किशोर (घ) राजा राम मोहन राय

48. 'प्रेमघन' द्वारा प्रकाशित 'नागरी नीरद' का प्रकाशन कहाँ से हुआ था?

(क) बरेली (ख) लखनऊ (ग) इलाहाबाद (घ) मिर्जापुर

49. 'नागरी प्रचारिणी' पत्रिका का प्रकाशन आरम्भ हुआ–

(क) 1897 ई. (ख) 1900 ई. (ग) 1922 ई. (घ) 1933 ई.

50. 'नागरी-प्रचारिणी' पत्रिका का प्रकाशन किसने किया?

(क) राधाकृष्ण दास (ख) भारतेन्दु

(ग) रामचन्द्र शुक्ल (घ) चन्द्रधर शर्मा गुलेरी

51. किशोरी लाल गोस्वामी ने किस पत्र का सम्पादन किया?

(क) समालोचक (ख) उपन्यास (ग) सरस्वती (घ) हंस

52. चन्द्रधर शर्मा गुलेरी द्वारा सम्पादित पत्र था–

(क) समालोचक (ख) माधुरी (ग) नागरी नीरद (घ) भारतमित्र

53. 'अभ्युदय' (साप्ताहिक) के सम्पादक थे–

(क) महात्मा गाँधी (ख) माखनलाल चतुर्वेदी

(ग) गुलाब राय (घ) मदन मोहन मालवीय

54. गणेशशंकर विद्यार्थी ने किस पत्र का सम्पादन किया?

(क) प्रताप साप्ताहिक (ख) अभ्युदय साप्ताहिक

(ग) ब्राह्मण मासिक (घ) सुदर्शन मासिक

55. महावीरप्रसाद द्विवेदी ने किस पत्रिका का सम्पादन किया–

(क) सरस्वती (ख) माधुरी (ग) चाँद (घ) रूपाभ

56. 'सरस्वती' पत्रिका का प्रकाशन-काल है–

(क) 1878 ई. (ख) 1900 ई. (ग) 1922 ई. (घ) 1913 ई.

57. 'सरस्वती' पत्रिका का प्रथम सम्पादक कौन था?

(क) महावीरप्रसाद द्विवेदी (ख) श्रीनारायण चतुर्वेदी

(ग) श्यामसुन्दर दास (घ) चिन्तामणि घोष

58. साहित्यिक पत्रि का 'उत्तर-प्रदेश' का प्रकाशक कौन है?
(क) सूचना एवं जनसम्पर्क, उ.प्र.।
(ख) हिन्दी संस्थान उ.प्र.।
(ग) उर्दू अकादमी उ.प्र.।
(घ) संस्कृति विभाग उ.प्र.।

59. केन्द्रीय हिन्दी निदेशालय भारत सरकार द्वारा प्रकाशित पत्रिका है–
(क) आजकल (ख) अक्षरा (ग) विपाशा (घ) भाषा

60. 'हरिश्चन्द्र पत्रिका' का पहला नाम क्या था?
(क) कवि वचन सुधा (ख) भारत जीवन
(ग) कालचक्र (घ) हरिश्चन्द्र मैगजीन

61. 'उपन्यास' नामक पत्रिका का सम्पादन किसने किया?
(क) किशोरीलाल गोस्वामी (ख) पाण्डेय बेचनशर्मा उग्र
(ग) मुंशी प्रेमचन्द (घ) भगवतीचरण वर्मा

62. 'आलोचना' पत्रिका के प्रथम सम्पादक कौन थे?
(क) नन्ददुलारे वाजपेयी (ख) विजयदेव नारायण शाही
(ग) शिवदान सिंह चौहान (घ) डॉ. नामवर सिंह

63. हिन्दी अकादमी की हिन्दी पत्रिका का नाम है–
(क) हिन्दुस्तानी (ख) अन्तर्भारतीय
(ग) वर्तमान साहित्य (घ) समकालीन भारतीय साहित्य

64. भारतीय ज्ञानपीठ की साहित्यिक पत्रिका है–
(क) कादम्बिनी (ख) नया ज्ञानोदय (ग) साहित्यिकी (घ) नवनीत

65. निम्नलिखित में से किस पत्रिका को बीसवीं शताब्दी के आरम्भिक चरण का विश्वकोश कहा गया है?
(क) हंस (ख) प्रतीक (ग) अभ्युदय (घ) सरस्वती

66. 'इन्दु' मासिक पत्रिका का प्रकाशक कौन था?
(क) प्रसाद (ख) भारतेन्दु (ग) रामचन्द्र शुक्ल (घ) निराला

67. 'इन्दु' मासिक पत्रिका कहाँ से प्रकाशित होती थी?
(क) लखनऊ (ख) कानपुर (ग) काशी (घ) इलाहाबाद

68. 'प्रताप' पत्र के सम्पादक कौन थे?
(क) अम्बिका प्रसाद गुप्त (ख) माधव प्रसाद सिंह
(ग) गणेशशंकर विद्यार्थी (घ) कृष्णकान्त मालकीय

69. 'सरस्वती' पत्रिका का प्रकाशन कहाँ से होता था?

(क) लखनऊ से (ख) कलकत्ता से

(ग) इलाहाबाद से (घ) काशी से

70. हिन्दी का प्रथम रेखाचित्र है–

(क) लक्ष्मी पुरा (ख) एकलव्य के नोट्स

(ग) तूफानों के बीच (घ) खून के छींटे

71. हिन्दी की प्रथम आत्मकथा है–

(क) अज्ञात जीवन (ख) आप बीती

(ग) अर्द्ध कथानक (घ) आत्म निरीक्षण

72. हिन्दी में इण्टरव्यू विधा का सूत्रपात किसने किया?

(क) बनारसीदास चतुर्वेदी (ख) लक्ष्मीचन्द जैन

(ग) श्रीराम शर्मा (घ) राजेन्द्र यादव

73. 'अपनी खबर' आत्मकथा के लेखक इनमें से कौन है?

(क) निराला (ख) पाण्डेय बेचन शर्मा उग्र

(ग) श्रीराम शर्मा (घ) शिवपूजन सहाय

74. बच्चन की आत्मकथा 'क्या भूलूँ क्या याद करूँ' कितने भाग में है?

(क) दो (ख) तीन (ग) चार (घ) पाँच

75. जीवनी विधा की इनमें कौन-सी विशेषता नहीं है?

(क) तटस्थता (ख) प्रसिद्ध व्यक्ति का जीवन चरित्र

(ग) लेखक का प्रसिद्ध होना (घ) इतिहास व कल्पना का समन्वय

76. 'अतीत के चलचित्र' किस विधा की रचना है?

(क) यात्रा-संस्मरण (ख) रिपोर्ताज

(ग) संस्मरण (घ) रेखाचित्र

77. इनमें से कौन-सी रचना महादेवी वर्मा की नहीं है?

(क) अतीत के चलचित्र (ख) पथ के साथी

(ग) स्मृति की रेखाएँ (घ) रेखाएँ बोल उठीं

78. हिन्दी की प्रथम आत्मकथा है–

(क) अज्ञात जीवन (ख) आप बीती

(ग) अर्द्ध कथानक (घ) आत्म-निरीक्षण

उत्तरमाला (नाटक-एकांकी, नाट्य/रूपक)

1-(ख) भारतेन्दु हरिश्चन्द्र, 2-(ग) विद्यासुन्दर, 3-(ग) सुवासिनी, 4-(घ) नाटक, 5-(ख) सूर्य की पहली किरण से अन्तिम किरण तक, 6-(घ) अन्धा कुआँ-1955, मादा कैक्टस-1959, कलंकी-1969, बलराम की तीर्थयात्रा-1983, 7-(घ) नहुष, 8-(क) गीतिनाट्य, 9-(ग) रंगमंच के पीछे का स्थान, 10-(ख) भारतेन्दु हरिश्चन्द्र, 11-(ग) मोहन राकेश, 12-(ख) प्रसाद, 13-(घ) 'क' और 'ख' दोनों ने, 14-(ग) पारसी थियेटर के प्रभाव को ग्रहण करना, 15-(क) विजय तेन्दुलकर, 16-(ख) प्रेम भारती, 17-(ग) नाटक, 18-(घ) जीवन की विषमताओं का चित्रण, 19-(क) मीराकान्त, 20-(क) हरिकृष्ण प्रेमी, 21-(क) भुवनेश्वर, 22-(ख) लहरों के राजहंस, 23-(घ) नहुष, 24-(क) लक्ष्मीपुर, 25-(घ) देवताओं की छाया में, 26-(घ) कामकन्दला, 27-(क) डॉ-रामकुमार वर्मा, 28-(क) एक घूँट, 29-(घ) आँधी, 30-(ख) समय - स्थान - कार्य की एकता, 31-(क) हृदय काव्य, 32-(क) करुणालय, 33-(क) श्रवण एकांकी, 34-(ख) श्रीलाल शुक्ल, 35-(ख) जयशंकर प्रसाद, 36-(क) काव्य नाटक, 37-(क) कानपुर, 38-(घ) बद्री नारायण चौधरी प्रेमधन, 39-(क) कलकत्ता, 40-(ख) बालकृष्ण भट्ट, 41-(क) गोवा, 42-(घ) ईसाई पादरियों को अपने धर्म प्रचारार्थ और नयी शिक्षा-व्यवस्था के उपयोगार्थ, 43-(ग) अँग्रेजी, 44-(क) बंगाल गजट, 45-(ख) बंगदूत, 46-(ग) भारतेन्दु, 47-(क) राधाचरण गोस्वामी, 48-(घ) मिर्जापुर, 49-(क) 1897 ई, 50-(ख) भारतेन्दु, 51-(ख) उपन्यास, 52-(क) समालोचक, 53-(ख) माखनलाल चतुर्वेदी, 54-(क) प्रताप साप्ताहिक, 55-(क) सरस्वती, 56-(ख) 1900 ई., 57-(घ) चिन्तामणि घोष, 58-(क) सूचना एवं जनसम्पर्क उ.प्र., 59-(घ) भाषा, 60-(घ) हरिश्चन्द्र मैगजीन, 61-(क) किशोरीलाल गोस्वामी, 62-(ग) शिवदान सिंह चौहान, 63-(घ) समकालीन भारतीय साहित्य, 64-(ख) नया ज्ञानोदय, 65-(घ) सरस्वती, 66-(क) प्रसाद, 67-(ग) काशी, 68-(ग) गणेश शंकर, 69-(घ) काशी से, 70-(क) लक्ष्मीपुरा, 71-(ग) अर्द्ध कथानक, 72-(क) बनारसीदास चतुर्वेदी, 73-(ख) पाण्डेय बेचन शर्मा उग्र, 74-(ग) चार, 75-(ग) लेखक का प्रसिद्ध होना, 76-(घ) रेखाचित्र, 77-(घ) रेखाएँ बोलती हैं। 78-(ग) अर्द्ध कथानक,

◆◆◆

3

हिन्दी व्याकरण

जिससे किसी भाषा को शुद्ध-शुद्ध बोलने तथा लिखने का ढंग आ जाये, वही **व्याकरण** है। **व्याकरण** वह शास्त्र है, जो भाषा का विश्लेषण करके उसके स्वरूप को बतलाता है। प्रत्येक भाषा की समुचित व्यवस्था के लिए व्याकरण की आवश्यकता होती है। भाषा के शुद्ध ज्ञान एवं शुद्ध प्रयोग के लिए उस भाषा के व्याकरण का ज्ञान आवश्यक है। 'व्याकरण' भाषा के लिए कानून की वह पुस्तक है, जो भाषा का नियमन करता है।

संज्ञा- जिसका अस्तित्व होता है या होने की कल्पना की जाती है, उसे **'संज्ञा'** कहते हैं। संज्ञा के पाँच भेद हैं–

(क) व्यक्तिवाचक (ख) जातिवाचक (ग) भाव वाचक

(घ) समूह वाचक और (च) द्रव्यवाचक।

- एक व्यक्ति या वस्तु का बोध कराने वाले शब्द को **व्यक्तिवाचक संज्ञा** कहते हैं। जैसे- राम, मोहन, गौतम, कामायनी, साकेत, सूर्य, आकाश, दिल्ली, मेरठ आदि।
- व्यक्तियों या व्यक्तियों की जाति का बोध कराने वाले शब्द को 'जाति वाचक संज्ञा' कहते हैं। जैसे- **मनुष्य–**लड़का, लड़की, बाल, युवा, वृद्ध आदि। **पशु-पक्षी–** हाथी, घोड़ा, गाय, कबूतर, मोर, कुत्ता आदि। **वस्तु–** घर, घड़ी किताब, महल आदि। **पद या व्यवसाय–** मन्त्री, शिक्षक, किसान, क्लर्क आदि। **प्राकृतिक तत्त्व–** वर्षा, विद्युत, तूफान, बवण्डर आदि।
- जिन शब्दों से किसी द्रव्य या पदार्थ का बोध होता है, उन्हें **द्रव्य वाचक संज्ञा** कहते हैं। जैसे– *चाँदी, सोना, लोहा, पीतल, दूध, तेल, पानी* आदि।
- जिन शब्दों से व्यक्ति या वस्तु के गुणों का बोध होता है, उन्हें 'भाववाचक संज्ञा' कहते हैं। जैसे– *प्रेम, दया, घृणा, शत्रुता, ईर्ष्या* आदि।

- जिन शब्दों से एक ही जाति के व्यक्तियों या वस्तुओं के समूह का बोध होता है, उन्हें **समूहवाचक संज्ञा** कहते हैं। जैसे– *दल, गिरोह, झुण्ड, गुच्छा* आदि।

  संज्ञा की रूप रचना के तीन आधार हैं– लिंग, वचन और कारक।

लिंग

संज्ञा के जिस रूप से किसी व्यक्ति या वस्तु के बारे में यह बोध हो कि वह पुरुष जाति का है या स्त्री जाति का, उसे **'लिंग'** कहते हैं। **लिंग** का अर्थ है चिह्न या पहचान। हिन्दी भाषा में दो लिंग होते हैं– पुलिंग और स्त्रीलिंग।

- खटमल, तिलचट्टा, उल्लू, पक्षी, कौआ आदि नित्य पुलिंग हैं। यदि इन्हें स्त्रीलिंग में प्रयुक्त करना हो, तो लिंग भेद के लिए **'मादा'** और पुलिंग में बदलने के लिए **नर** शब्द जोड़ना पड़ता है। जैसे– मादा उल्लू (स्त्रीलिंग), नर उल्लू (पुलिंग)। मछली, तितली, जोंक, बटेर आदि नित्य (हमेशा) स्त्रीलिंग होते हैं।

वचन

संज्ञा के जिस रूप से किसी व्यक्ति या वस्तु के बारे में उसके एक या अधिक की संख्या में होने का बोध होता है, उसे **वचन** कहते हैं। हिन्दी में दो **वचन** हैं– एक वचन और बहुवचन। **प्रत्येक** तथा **हर एक** शब्द का बहुवचन नहीं होता। प्राण, लोग, दर्शन, आँसू, ओठ का प्रयोग सदा एक वचन के रूप में होता है। द्रव्य वाचक संज्ञा का प्रयोग सदा एक वचन में होता है। जैसे– सोना, चाँदी, धन, तेल, लोहा आदि।

कारक

संज्ञा या सर्वनाम के जिस रूप से क्रिया के साथ सम्बन्ध सूचित हो, उसे **कारक** कहते हैं। **कारक** के आठ भेद हैं और उसके विभक्तियाँ या संकेत चिह्न भी आठ हैं–

	कारक	**विभक्तियाँ**
1.	कर्ता	ने
2.	कर्म	को
3.	करण	से
4.	सम्प्रदान	को, के, लिए
5.	अपादान	से
6.	सम्बन्ध	का, की, के, रा, ही, रे
7.	अधिकरण	में, पर
8.	सम्बोधन	हे, अजी, अरे

संज्ञा के साथ प्रयुक्त होने वाली विभक्ति **विश्लिष्ट** कहलाती हैं अर्थात् इस प्रकार की विभक्तियाँ संज्ञा शब्दों से अलग लिखी जाती हैं। जैसे– राम ने, श्याम की, छत पर, कमरे में आदि।

सर्वनाम के साथ प्रयुक्त होने वाली विभक्ति **संश्लिष्ट** होती हैं अर्थात् वह सर्वनाम शब्द के साथ मिली हुई होती हैं। जैसे– उसका, तुम्हें, तुम्हारा, हमारे, मेरा मुझको, तुमको, किसका, जिसका आदि।

विभक्तियों का अस्तित्व स्वतन्त्र होता है। इनका कोई अर्थ नहीं होता। इनका मुख्य कार्य शब्दों के परस्पर सम्बन्ध का बोध कराना होता है।

सर्वनाम

जो शब्द सभी संज्ञाओं के बदले पूर्वापर सम्बन्ध के साथ प्रयुक्त होते हैं, उन्हें **सर्वनाम** कहते हैं।

हिन्दी में ग्यारह सर्वनाम हैं– वह, तुम, मैं, आप, यह, जो, कोई, कुछ, कौन, क्या, सब।

अर्थ के आधार पर सर्वनाम के छः भेद हैं– 1. पुरुष वाचक, 2. निश्चय वाचक, 3. अनिश्चय वाचक, 4. निज वाचक, 5. सम्बन्ध वाचक और 6. प्रश्न वाचक।

सर्वनामों की रूप रचना पुरुष, वचन और कारक के आधार पर होती है।

पुरुष का अर्थ है– व्यक्ति। बातचीत में प्रायः तीन व्यक्ति होते हैं– एक बोलने वाला, दूसरा सुनने वाला या जिससे वार्ता की जाये और तीसरा अन्य व्यक्ति या वस्तु जिसके बारे में बात की जाये।

इनमें बोलने वाला **उत्तम पुरुष**, जिससे बोला या बात की जाये, वह **मध्यम पुरुष** और जिस अन्य व्यक्ति या वस्तु की बात की जाये, उसे **अन्य पुरुष** कहते हैं।

उत्तम पुरुष है– मैं, मध्यम पुरुष है– तू, तुम, आप और अन्य पुरुष है– यह, वह, कौन, क्या, कोई।

वचन– वाक्य के अन्तर्गत सर्वनाम जिस संज्ञारूप के बदले में प्रयुक्त हुआ रहता है, उसी के अनुसार सर्वनाम का वचन भी होता है। सर्वनाम के वचन के अनुसार ही क्रियापद का भी वचन रखा जाता है।

आदरार्थ 'आप' एक वचन होते हुए भी बहुवचन के रूप में प्रयोग किया जाता है और उसके साथ क्रिया भी बहुवचन की ही प्रयोग की जाती है।

कारक– सर्वनाम के कारकरूप समान नहीं हैं। विभिन्न सर्वनामों के अलग-अलग कारक रूप होते हैं।

विशेषण

जो शब्द संज्ञा या सर्वनाम की विशेषता बतलाते हैं, उन्हें **'विशेषण'** कहते हैं। **विशेषण** द्वारा जिस संज्ञा या सर्वनाम की विशेषता बतलायी जाती है, उसे **विशेष्य** कहते हैं।

अर्थ के आधार पर विशेषण चार प्रकार के हैं– 1. गुणवाचक, 2. संख्या वाचक, 3. परिणामवाचक और 4. सार्वनामिक विशेषण।

क्रिया

जिन शब्दों से किसी कार्य का होना या करना पाया जाता है। उन्हें क्रिया कहते हैं। जैसे– उठना, बैठना, पढ़ना, लिखना, खाना, पीना आदि।

क्रियाएँ दो प्रकार की होती हैं– 1. मूल और 2. यौगिक।

- **मूल क्रिया** की रचना धातु से होती है। जैसे– 'चल' धातु से चलना, 'पठ्' धातु से पढ़ना। इसी प्रकार चला, चली, चलें, चलेंगे, चलूँगी तथा पढ़ा, पढ़ी, पढ़े, पढ़ेंगे, पढ़ूँगी आदि।
- **यौगिक क्रिया** एक से अधिक रचनातत्त्वों के योग से बनती है। जैसे– सो जाना, आरम्भ करना, लिखवाना, खट-खटाना, पढ़वाना, बँचवाना आदि।
- कर्म के आधार पर क्रिया के दो भेद हैं– 1. अकर्मक क्रिया और 2. सकर्मक क्रिया।
- जिन क्रियाओं के प्रयोग में कर्म की आवश्यकता नहीं होती अर्थात् कर्ता द्वारा की जाने वाली क्रिया का फल जब कर्ता पर ही पड़े, तो वह **'अकर्मक क्रिया'** कही जाती है।
- जिस क्रिया का फल **कर्म** पर पड़े, उसे 'सकर्मक क्रिया' कहते हैं। जैसे–बालक चित्र बनाता है। इस वाक्य में **कर्ता** बालक है, किन्तु उसके द्वारा किये गये कार्य का फल चित्र पर पड़ता है, अतः **बनाता है** सकर्मक क्रिया है।
- यौगिक क्रियाएँ चार प्रकार की होती हैं– 1. प्रेरणार्थक, 2. संयुक्त, 3. नाम धातु, और 4. सहायक क्रियाएँ।

काल

काल का अर्थ है– **समय**। क्रिया के जिस रूप से किसी कार्य के सम्पन्न होने के समय का बोध होता है, उसे **काल** कहते हैं। काल के तीन रूप हैं– 1. भूतकाल, 2. वर्तमान काल और 3. भविष्य काल।

- **भूतकाल** के भी आठ भेद हैं– 1. सामान्य भूत, 2. आसन्न भूत, 3. नेमी भूत,

4. अपूर्ण भूत, 5. पूर्ण भूत, 6. सम्भाव्य भूत, 7. सन्दिग्ध भूत और 8. हेतु हेतुमद् भूत।

- **वर्तमान काल** के छः भेद हैं– 1. सामान्य वर्तमान, 2. अपूर्ण वर्तमान, 3. अपूर्ण नेमी वर्तमान, 4. पूर्ण वर्तमान, 5. सम्भाव्य वर्तमान, और 6. सन्दिग्ध वर्तमान।

अव्यय या अविकारी शब्द

वाक्य में प्रयुक्त होने पर जिन शब्दों का रूप परिवर्तित नहीं होता, ज्यों का त्यों बना रहता है, उन्हें **'अव्यय'** या **'अविकारी'** शब्द कहते हैं। ये चार प्रकार के होते हैं– 1. क्रिया विशेषण, 2. सम्बन्ध सूचक, 3. योजक या समुच्चय बोधक और 4. विस्मयादि बोधक।

- जिस शब्द से क्रिया, विशेषण या दूसरे क्रिया-विशेषण की विशेषता का बोध होता है, उसे **'क्रिया-विशेषण'** कहते हैं। जैसे– **धीरे** चलो, **तेज** मत दौड़ो आदि।
- जो **अव्यय** संज्ञा या सर्वनाम के बाद प्रयुक्त होकर वाक्य के अन्तर्गत प्रयुक्त दूसरे शब्दों में उसका सम्बन्ध बतलाते हैं, उन्हें **'परसर्ग या सम्बन्ध सूचक'** कहते हैं। जैसे– राम **का** भाई श्याम-वाक्य में राम और श्याम का सम्बन्ध **का** द्वारा निर्धारित होता है। अतः यहाँ **सम्बन्ध सूचक** अव्यय है।
- जिन अव्ययों द्वारा दो शब्दों या वाक्यांश या वाक्यों को जोड़ा जाता है, उन्हें **संयोजक** या **समुच्चय बोधक** अव्यय कहते हैं। जैसे– रमा **और** सुधा आयीं। इस वाक्य में **और** समुच्चय बोधक अव्यय है।
- जिन अव्ययों से विस्मय, हर्ष, विषाद, शोक, घृणा, आदि भावों का बोध होता है, उन्हें **विस्मयादि बोधक** अव्यय कहते हैं। जैसे– अरे! ओ हो! क्या! शाबाश! खूब! वाह! अहा! इत्यादि।

विराम चिह्न

जो चिह्न बोलते या पढ़ते समय रुकने का संकेत देते हैं, उन्हें **'विराम चिह्न'** कहते हैं।

- प्रश्नवाचक और विस्मयादि बोधक वाक्यों को छोड़कर शेष सभी वाक्यों के अन्त में **'पूर्ण विराम'** का प्रयोग होता है। इसका चिह्न (।) है तथा अंग्रेजी के अनुकरण पर (.) भी लिखते हैं।
- जहाँ लिखने में पूर्ण विराम की तुलना में कम ठहराव होता है, वहाँ **अर्द्ध विराम** (;) का प्रयोग किया जाता है।

- वाक्य में जहाँ बहुत ही कम ठहराव होता है, वहाँ **अल्प विराम** (,) का प्रयोग होता है।
- प्रश्नवाचक वाक्यों के अन्त में **प्रश्नवाचक चिह्न** (?) का प्रयोग किया जाता है।
- हर्ष, घृणा, आश्चर्य, सम्बोधन आदि भावों को प्रकट करने के लिए विस्मयादि बोधक चिह्न (!) का प्रयोग किया जाता है।
- किसी लेख, कहानी, उपन्यास, कविता, पुस्तक इत्यादि का शीर्षक लिखने में **इकहरे उद्धरण** (' ') का प्रयोग किया जाता है।
- जब किसी के कथन को ज्यों का त्यों उद्धृत करना हो, तो **दोहरे उद्धरण चिह्न** (" ") का प्रयोग किया जाता है।
- जब किसी विवरण को प्रारम्भ करना होता है या किसी कथन को विस्तार देना होता है, तब **विवरण चिह्न** (:-) का प्रयोग होता है।
- किसी शीर्षक को उसी के आगे स्पष्ट करने में **अपूर्ण विराम चिह्न** (:) का प्रयोग किया जाता है।
- दो विलोम शब्दों के बीच, द्वन्द्व समास, दो समानार्थी शब्दों के बीच **योजक चिह्न** (-) का प्रयोग किया जाता है। जैसे- दिन-रात, माता-पिता, घर-घर, रात-रात, दूर-दूर आदि।

◆◆◆

वस्तुनिष्ठ-प्रश्न

निम्नलिखित दिये गये प्रश्नों के उत्तर स्वरूप चार विकल्प दिये गये हैं। सही विकल्प का चुनाव (✓) निशान लगाकर कीजिए–

1. जिसका अस्तित्व होता है या होने की कल्पना की जा सकती है, उसे क्या कहते हैं?
   (क) संज्ञा (ख) वस्तु (ग) क्रिया (घ) विशेषण
2. वस्तुओं का नाम बताने वाले को कहते हैं?
   (क) संज्ञा (ख) सर्वनाम (ग) विशेषण (घ) अव्यय
3. संज्ञा के कितने भेद होते हैं?
   (क) दो (ख) तीन (ग) चार (घ) पाँच
4. कौन-सा शब्द जातिवाचक संज्ञा के अन्तर्गत है?
   (क) कामायनी (ख) सुशील (ग) डॉक्टर (घ) बुढ़ापा
5. निम्नलिखित में कौन-सा शब्द भाववाचक संज्ञा के अन्तर्गत है?
   (क) मोहन (ख) नदी (ग) अयोध्या (घ) हरियाली
6. अमीरी, गरीबी, जवानी, बुढ़ापा आदि शब्द किस संज्ञा के अन्तर्गत हैं?
   (क) भाववाचक (ख) जातिवाचक
   (ग) समूहवाचक (घ) व्यक्तिवाचक
7. निम्नलिखित में कौन-सा शब्द संज्ञा है?
   (क) क्रोधी (ख) क्रोधित (ग) क्रोध (घ) क्रुद्ध
8. संज्ञा की रूप रचना के आधार हैं–
   (क) सर्वनाम, विशेषण और क्रिया
   (ख) लिंग, वचन और कारक
   (ग) उपसर्ग, प्रत्यय और सन्धि
   (घ) सन्धि, समास और प्रत्यय
9. निम्नलिखित में जातिवाचक संज्ञा कौन है?
   (क) मोहन (ख) हिमालय (ग) चपरासी (घ) चावल
10. 'पानी' संज्ञा के किस भेद के अन्तर्गत है?
   (क) व्यक्तिवाचक (ख) भाववाचक
   (ग) द्रव्यवाचक (घ) जातिवाचक

11. 'टाइम्स आफ इण्डिया' संज्ञा के किस भेद के अन्तर्गत है?
(क) भाववाचक (ख) व्यक्तिवाचक
(ग) समूहवाचक (घ) जातिवाचक

12. 'बच्चा' शब्द के लिए भाववाचक संज्ञा क्या है?
(क) बचपन (ख) बचपना (ग) बालपन (घ) बालकपन

13. संज्ञा के किस भेद का प्रायः बहुवचन नहीं होता है?
(क) जातिवाचक (ख) समूहवाचक
(ग) व्यक्तिवाचक (घ) द्रव्यवाचक

14. 'धिक्कार' शब्द संज्ञा के किस भेद के अन्तर्गत है?
(क) जातिवाचक (ख) भाववाचक
(ग) व्यक्तिवाचक (घ) द्रव्यवाचक

15. निम्नलिखित में समूहवाचक संज्ञा कौन है?
(क) चावल (ख) अंगूर (ग) पौधे (घ) गुलाब

16. निम्नलिखित में कौन व्यक्तिवाचक संज्ञा नहीं है?
(क) पानीपत का प्रथम युद्ध (ख) डकैती
(ग) मंगलवार (घ) स्वतन्त्रता-दिवस

17. 'पूरब दिशा' संज्ञा के लिए किस भेद के अन्तर्गत है?
(क) भाववाचक संज्ञा (ख) व्यक्तिवाचक संज्ञा
(ग) द्रव्यवाचक संज्ञा (घ) जातिवाचक संज्ञा

18. 'बन्धुत्व' शब्द संज्ञा के किस भेद के अन्तर्गत है?
(क) भाववाचक (ख) जातिवाचक
(ग) व्यक्तिवाचक (घ) इनमें से कोई नहीं

19. निम्नलिखित में कौन-सा शब्द संज्ञा है?
(क) क्रोध (ख) क्रुद्ध (ग) क्रोधी (घ) क्रोधित

20. निम्नलिखित संज्ञा में समूहवाचक संज्ञा कौन है?
(क) गिरोह (ख) मण्डल
(ग) 'क' व 'ख' दोनों (घ) इनमें से कोई नहीं

21. निम्नलिखित में वस्तुवाचक संज्ञा कौन है?
(क) घड़ी (ख) दूध (ग) लोहा (घ) तेल

22. 'कुंज' शब्द संज्ञा के किस भेद के अन्तर्गत है?

(क) जातिवाचक (ख) समूहवाचक

(ग) भाववाचक (घ) इनमें से कोई नहीं

23. निम्नलिखित में कौन-सा कथन सही है?

(क) संज्ञा शब्द अविकारी होते हैं।

(ख) संज्ञा शब्द लिंग व वचन के अनुसार परिवर्तित होते हैं।

(ग) द्रव्यवाचक संज्ञा को पदार्थवाचक संज्ञा भी कहते हैं।

(घ) माप या तौल होने वाले शब्द द्रव्यवाचक संज्ञा हैं।

लिंग

24. निम्नलिखित में कौन-सा शब्द सदैव स्त्रीलिंग में ही प्रयुक्त होता है?

(क) बुढ़ापा (ख) हिमालय (ग) बनावट (घ) लड़कपन

25. निम्नलिखित में स्त्रीलिंग शब्द है–

(क) नगर (ख) ऋतु (ग) सोमवार (घ) चैत

26. निम्नलिखित में पुलिंग शब्द है–

(क) दया (ख) घटना (ग) जड़ता (घ) बुढ़ापा

27. गीदड़ का स्त्रीलिंग क्या होगा?

(क) गिदिड़िया (ख) गीदड़ी (ग) गीदड़िनी (घ) गीदड़िन

28. एक वचन से बहुवचन बनाने के लिए आकारान्त स्त्रीलिंग शब्दों के अन्त में क्या जोड़ा जाता है?

(क) ओं (ख) याँ (ग) एँ (घ) ए

29. 'पापी' शब्द का स्त्रीलिंग क्या होगा?

(क) पापिनी (ख) पापिन (ग) दुश्चरित्रिणी (घ) कुलटा

30. इनमें से जातिवाचक पुलिंग संज्ञा कौन है?

(क) मोहन (ख) हिमालय (ग) चपरासी (घ) चावल

31. 'ठाकुर' शब्द का स्त्रीलिंग क्या है?

(क) ठकुरानी (ख) ठाकुरिन

(ग) ठकुराइन (घ) इनमें से कोई नहीं

32. लिंगभेद से किसमें रूपान्तर नहीं होता?

(क) सर्वनाम (ख) विशेषण (ग) कारक (घ) संज्ञा

नीचे कुछ शब्द दिये गये हैं। प्रत्येक शब्द के दो विकल्प हैं– पुलिंग और स्त्रीलिंग। सही शब्द का चयन करें।

33. **वृक्ष** (क) पुलिंग (ख) स्त्रीलिंग

34. **कागज** (क) पुलिंग (ख) स्त्रीलिंग

35. **नाद** (क) पुलिंग (ख) स्त्रीलिंग

36. **सरस्वती** (क) पुलिंग (ख) स्त्रीलिंग

37. **मथुरा** (क) पुलिंग (ख) स्त्रीलिंग

38. **लालटेन** (क) पुलिंग (ख) स्त्रीलिंग

39. **पानी** (क) पुलिंग (ख) स्त्रीलिंग

40. **किताब** (क) पुलिंग (ख) स्त्रीलिंग

41. **मैना** (क) पुलिंग (ख) स्त्रीलिंग

42. **चाल** (क) पुलिंग (ख) स्त्रीलिंग

43. **चीता** (क) पुलिंग (ख) स्त्रीलिंग

44. **सिन्धु** (क) पुलिंग (ख) स्त्रीलिंग

45. **ब्रह्मपुत्र** (क) पुलिंग (ख) स्त्रीलिंग

46. **सरयू** (क) पुलिंग (ख) स्त्रीलिंग

47. **सोनभद्र** (क) पुलिंग (ख) स्त्रीलिंग

48. **कलम** (क) पुलिंग (ख) स्त्रीलिंग

49. **घर** (क) पुलिंग (ख) स्त्रीलिंग

50. **चरित्र** (क) पुलिंग (ख) स्त्रीलिंग

51. **बुढ़ापा** (क) पुलिंग (ख) स्त्रीलिंग

52. **जवानी** (क) पुलिंग (ख) स्त्रीलिंग

53. **यौवन** (क) पुलिंग (ख) स्त्रीलिंग

54. **रहन-सहन** (क) पुलिंग (ख) स्त्रीलिंग

55. **खान-पान** (क) पुलिंग (ख) स्त्रीलिंग

56. **कुशल** (क) पुलिंग (ख) स्त्रीलिंग

57. **उल्का** (क) पुलिंग (ख) स्त्रीलिंग

58. **टकसाल** (क) पुलिंग (ख) स्त्रीलिंग

वचन

59. निम्नलिखित में किस वाक्य में वचन का सही प्रयोग हुआ है?
(क) मेरी तो होश उड़ गयी (ख) हमारे तो होश उड़ गयी
(ग) मेरे तो होश उड़ गये (घ) मैं तो होश उड़ गयी

60. एकवचन से बहुवचन बनाने के लिए आकारान्त स्त्रीलिंग शब्दों के अन्त में क्या जोड़ा जाता है?
(क) ओं (ख) याँ (ग) एँ (घ) ए

61. संज्ञा के किस भेद का प्राय: बहुवचन नहीं होता है?
(क) जातिवाचक (ख) समूहवाचक
(ग) व्यक्तिवाचक (घ) द्रव्यवाचक

62. निम्नलिखित में कौन-सा शब्द सदैव बहुवचन होता है?
(क) पहिया (ख) आत्मा (ग) दर्शन (घ) टिकट

63. 'मैं' का बहुवचन निम्नलिखित में से कौन-सा सही है?
(क) मुझे (ख) हमें (ग) इसको (घ) हम

64. 'वह' का करण कारक में एकवचन रूप क्या होगा?
(क) उसने (ख) उससे (ग) मैंने (घ) मुझसे

नीचे कुछ वाक्य दिये जा रहे हैं, जिनमें वचन के सन्दर्भ में दो वाक्य हैं। आप सही शब्द के विकल्प का चयन करें–

65. **लड़का पढ़ता है–** (क) एकवचन (ख) बहुवचन
66. **हम जा रहे हैं–** (क) एकवचन (ख) बहुवचन
67. **साधु आ रहे हैं–** (क) एकवचन (ख) बहुवचन
68. **हाथी भाग रहे हैं–** (क) एकवचन (ख) बहुवचन
69. **पुलिस डाकुओं को पकड़ कर ले गयी?** (क) एकवचन (ख) बहुवचन
70. **लड़का पढ़ता है–** (क) एकवचन (ख) बहुवचन

कारक

निम्नलिखित प्रश्नों के उत्तर के लिए सही विकल्प पर निशान लगाइए।

71. वाक्य में जिस शब्द का क्रिया से सीधा सम्बन्ध हो, उसे कहते हैं–
(क) कर्ता (ख) कारक (ग) कर्म (घ) करण

72. हिन्दी में कारकों की संख्या है–
(क) आठ (ख) दस (ग) बारह (घ) चौदह

73. 'राम ने बाण से बालि को मारा' इस वाक्य में 'बाण से' में कौन-सा कारक है?

(क) कर्म कारक (ख) सम्प्रदान कारक

(ग) करण कारक (घ) अपादान कारक

74. 'कारक' किसे कहते है?

(क) वे शब्द जो कार्य करने के सूचक हों।

(ख) संज्ञा का कर्मवाची शब्द।

(ग) जिसमें संज्ञा या सर्वनाम का क्रिया से सम्बन्ध सूचित हो।

(घ) संज्ञा या सर्वनाम के कार्यवाची चिह्न।

75. विभक्ति किसे कहते हैं?

(क) क्रिया से पूर्व लगने वाले चिह्न।

(ख) संज्ञा या सर्वनाम के आगे लगने वाले चिह्न।

(ग) संज्ञा की विशेषता बताने वाले प्रत्यय।

(घ) शब्द के बाद लगने वाले प्रत्यय।

76. निम्नलिखित में विभक्ति और कारक का कौन-सा युग्म सही नहीं है–

(क) से- करण (ख) से- अपादान

(ग) में, पर- सम्बन्ध (घ) को- कर्म

77. 'करण' कारक का विभक्तिबोधक चिह्न है–

(क) के लिए (ख) के वास्ते

(ग) से, के, द्वारा (घ) का, की के

78. 'गुरु ही शिष्य को ज्ञान देता है'– इस वाक्य में किस कारक का प्रयोग हुआ है?

(क) कर्ता कारक (ख) कर्म कारक

(ग) करण कारक (घ) सम्प्रदान कारक

79. 'वह घर से बाहर आया' वाक्य में प्रयुक्त कारक है–

(क) अपादान (ख) सम्बन्ध (ग) अधिकरण (घ) सम्बोधन

80. सम्बन्ध कारक का विभक्ति चिह्न है–

(क) को, के, लिए (ख) का, की, के, रा, री, रे

(ग) में, पर (घ) से

81. निम्नलिखित में कौन-सा युग्म असंगत है–

(क) पेड़ से फल गिरा (करण)

(ख) मैंने उसे पढ़ाया (कर्ता)

(ग) 'प्रतिज्ञा' प्रेमचन्द का उपन्यास है (सम्बन्ध)

(घ) आजकल वह घर पर ही है (अधिकरण)

82. 'सरिता' गाँव से चली गयी– वाक्य में कौन-सा कारक है?
(क) अपादान (ख) सम्बन्ध (ग) सम्बोधन (घ) कर्म

83. 'प्रमोद दिल्ली जा रहा है'– वाक्य में कारक है–
(क) कर्ता (ख) अधिकरण (ग) सम्प्रदान (घ) कर्म

सर्वनाम

84. हिन्दी में कितने सर्वनाम हैं?
(क) आठ (ख) नौ (ग) दस (घ) ग्यारह

85. व्यावहारिक आधार पर सर्वनाम के कितने भेद हैं?
(क) पाँच (ख) छः (ग) सात (घ) आठ

86. निम्नलिखित में पुरुषवाचक सर्वनाम के अन्तर्गत कौन-सा शब्द रखा जा सकता है?
(क) राम (ख) यह (ग) हम (घ) कोई

87. 'मैं अपने-आप काम कर लूँगा'– इस वाक्य में प्रयुक्त **आप** शब्द किस सर्वनाम के अन्तर्गत आयेगा?
(क) पुरुषवाचक (ख) निजवाचक
(ग) सम्बन्धवाचक (घ) निश्चयवाचक

88. '**जिसकी** लाठी **उसकी** भैंस' में **जिसकी** और **उसकी** कौन-सा सर्वनाम हैं?
(क) सम्बन्धवाचक सर्वनाम (ख) पुरुषवाचक सर्वनाम
(ग) निजवाचक सर्वनाम (घ) निश्चयवाचक सर्वनाम

89. निम्नलिखित में कौन-सा शब्द अनिश्चयवाचक है?
(क) क्या (ख) कुछ (ग) कौन (घ) वही

90. निम्नलिखित में कौन-सा शब्द निश्चयवाचक सर्वनाम है?
(क) कोई (ख) क्या (ग) यह (घ) कहाँ

91. 'जो-सो' में कौन-सा सर्वनाम है?
(क) निश्चयवाचक (ख) सम्बन्ध वाचक
(ग) प्रश्नवाचक (घ) इनमें से कोई नहीं

उत्तरमाला

1-(ख) वस्तु, 2-(क) संज्ञा, 3-(घ) पाँच, 4-(ग) डॉक्टर, 5-(घ) हरियाली, 6-(क) भाववाचक, 7-(ग) क्रोध, 8-(ख) लिंग, वचन और कारक, 9-(ग) चपरासी, 10-(ग) द्रव्यवाचक, 11-(ख) व्यक्तिवाचक, 12-(क) बचपन, 13-(घ)

द्रव्यवाचक, 14-(ख) भाववाचक, 15-(ख) अंगूर, 16-(ख) डकैती, 17-(ख) व्यक्तिवाचक संज्ञा, 18-(क) भाववाचक, 19-(क) क्रोध, 20-(ग) उपर्युक्त दोनों, 21-(क) घड़ी, 22-(ख) समूह वाचक, 23-(क) संज्ञा शब्द अविकारी होते हैं, 24-(ग) बनावट, 25-(ख) ऋतु, 26-(घ) बुढ़ापा, 27-(ख) गीदड़ी, 28-(ग) एँ, 29-(ख) पापिन, 30-(ख) हिमालय, 31-(ग) ठकुराइन, 32-(क) सर्वनाम, 33-(क) पुलिंग, 34-(क) पुलिंग, 35-(क) पुलिंग, 36-(ख) स्त्रीलिंग, 37-(क) पुलिंग, 38-(ख) स्त्रीलिंग, 39-(क) पुलिंग, 40-(ख) स्त्रीलिंग, 41-(ख) स्त्रीलिंग, 42-(ख) स्त्रीलिंग, 43-(क) पुलिंग, 44-(क) पुलिंग, 45-(क) पुलिंग, 46-(क) स्त्रीलिंग, 47-(क) पुलिंग, 48-(ख) स्त्रीलिंग, 49-(क) घर, 50-(क) चरित्र, 51-(क) बुढ़ापा, 52-(ख) स्त्रीलिंग, 53-(क) यौवन, 54-(क) पुलिंग, 55-(क) खान-पान, 56-(क) कुशल, 57-(ख) स्त्रीलिंग, 58-(ख) स्त्रीलिंग, 59-(ग) मेरे तो होश उड़ गये, 60-(ग) एँ, 61-(घ) द्रव्यवाचक, 62-(ग) दर्शन, 63-(घ) हम, 64-(ख) उससे, 65-(क) एकवचन, 66-(ख) बहुवचन, 67-(ख) बहुचवन, 68-(ख) बहुवचन, 69-(क) एकवचन, 70-(ख) कारक, 71-(क) आठ, 72-(ग) करण, कारक, 73-(ग) जिसमें संज्ञा या सर्वनाम का क्रिया से सम्बन्ध सूचित हो, 74-(ख) संज्ञा या सर्वनाम के आगे लगने वाले चिह्न, 75-में, पर- सम्बन्ध कारक, 76-से, के, द्वारा, 77-(घ) सम्प्रदान कारक, 78-(क) अपादान कारक, 79-(ख) का, की, के, रा, री, रे, 80-(क) पेड़ से फल गिरा, (करण कारक) 81-(क) अपादान कारक, 82-(क) कर्ता कारक।

विशेषण

नीचे दिये गये प्रश्नों के उत्तर हेतु चार विकल्प हैं। सही उत्तर के विकल्प पर सही (✓) का निशान लगायें।

1. विशेषण की कितनी अवस्थाएँ होती हैं?

   (क) सात (ख) चार (ग) छः (घ) तीन

2. सिन्धी लोग बहुत परिश्रमशील होते हैं?

   (क) गुणवाचक (ख) परिमाण बोधक
   (ग) सार्वनामिक (घ) इनमें से कोई नहीं

3. 'मानव' शब्द का सही विशेषण इनमें से कौन है?

   (क) मानवता (ख) मनुष्य (ग) मानवीय (घ) मानकीकरण

4. 'वह सबसे मोटा है'– इस वाक्य में विशेषण की कौन-सी अवस्था है?

   (क) सार्वनामिक (ख) गुणवाचक
   (ग) परिमाणवाचक (घ) संख्यावाचक

5. 'कुछ लड़के आ रहे है'- इस वाक्य में विशेषण का कौन-सा भेद है?

(क) मूलावस्था (ख) प्रथमावस्था

(ग) उत्तरावस्था (घ) उत्तमावस्था

6. 'वह बहुत तेज दौड़ रहा था'– इस वाक्य में 'प्र-विशेषण' क्या है?

(क) बहुत तेज (ख) तेज (ग) बहुत (घ) इनमें से कोई नहीं

7. निम्नलिखित में से कौन-सा तुलनात्मक विशेषण अशुद्ध है?

(क) कोमलतर (ख) कोमल (ग) कोमलतम (घ) कोमलता

8. निम्नलिखित में कौन-सा विशेषण अविकारी है?

(क) चमकीला (ख) हरा (ग) सुडौल (घ) झूठा

9. इनमें से विशेषण-विशेष्य का कौन-सा युग्म अशुद्ध है?

(क) दो किलो घी (ख) गोल प्रश्न

(ग) सुन्दर लड़की (घ) श्रेष्ठतम व्यक्ति

10. 'हर एक' संख्यावाचक विशेषण के किस भेद के अन्तर्गत है?

(क) गुणवाचक (ख) समुदाय वाचक

(ग) प्रत्येक बोधक (घ) आवृत्ति

11. निम्नलिखित में विशेषण की दृष्टि से कौन-सा वाक्य अशुद्ध है?

(क) ये रसगुल्ले मीठे हैं।

(ख) तुम्हारे पास कितना चाँदी है।

(ग) कक्षा में वहाँ कितने लड़के हैं।

(घ) उसकी किताब अच्छी है।

12. 'विशेषण' किस शब्द की विशेषता बतलाता है?

(क) संज्ञा की (ख) सर्वनाम की

(ग) संज्ञा और सर्वनाम की (घ) कारक की

13. जिस शब्द की विशेषता बतायी जाती है, उस शब्द को व्याकरण की भाषा में क्या कहते हैं?

(क) विधेय (ख) विशेषण (ग) विशेष्य (घ) प्रविशेषण

14. निम्नलिखित में क्रिया-विशेषण का वाक्य कौन-सा है?

(क) मुझे एक कलम चाहिए।

(ख) वाह! यह तुमने अच्छा किया।

(ग) वह मेरे पास दौड़ते-दौड़ते आया।

(घ) वह बहुत सुन्दर है।

15. इनमें से गुणवाचक विशेषण कौन नहीं है?
(क) गुजराती (ख) लम्बा (ग) टिकाऊ (घ) प्रत्येक

16. संज्ञा या सर्वनाम की विशेषता बताने वाले शब्दों को क्या कहते हैं?
(क) विशेष्य (ख) विशेषण
(ग) क्रिया-विशेषण (घ) इनमें से कोई नहीं

17. निम्नलिखित में कौन-सा शब्द विशेषण है?
(क) नम्रता (ख) मिठास (ग) शीतलता (घ) सच्चा

18. 'अच्छा विद्यार्थी' में 'विद्यार्थी' शब्द क्या है?
(क) विशेष (ख) विशेषण (ग) गुण (घ) संज्ञा

19. 'आलस्य' शब्द का विशेषण क्या है?
(क) आलस (ख) अलस (ग) आलसीपन (घ) आलसी

20. निम्नलिखित में किस वाक्य में विशेषण सम्बन्धी अशुद्धि नहीं है?
(क) उसमें एक गोपनीय रहस्य है।
(ख) आप जैसा अच्छा सज्जन कौन होगा?
(ग) कहीं से खूब ठण्ढा बर्फ लाओ।
(घ) वहाँ ज्वर की सर्वोत्कृष्ट चिकित्सा होती है।

21. प्र-विशेषण कहते हैं–
(क) विशेष्य के पहले लगने वाला विशेषण।
(ख) विशेषण की विशेषता बनाने वाला शब्द।
(ग) विशेष्य की विशेषता बताने वाला शब्द।
(घ) विधेय की विशेषता बताने वाला शब्द।

22. सार्वनामिक विशेषण–
(क) संज्ञा के पहले आते हैं (ख) संज्ञा के बाद आते हैं
(ग) सर्वनाम के बाद आते हैं (घ) क्रिया के बाद आते हैं

नीचे कुछ विशेषण शब्द दिये गये हैं। प्रत्येक का भेद/प्रकार का निर्देशन तीन विकल्पों में किया गया है। सही विकल्प पर (✓) का निशान लगाइए–

23. **काला लड़का** (क) गुणवाचक (ख) निश्चयवाचक (ग) निश्चय संख्यावाचक

24. **बड़ा आदमी** (क) परिणामवाचक (ख) गुणवाचक (ग) निश्चय संख्यावाचक

25. **दुष्ट आदमी** (क) गुणवाचक (ख) परिणामवाचक (ग) सार्वनामिक

26. **बड़ा मकान** (क) गुणवाचक (ख) संख्यावाचक (ग) परिणामवाचक

27. **वह खिड़की** (क) निश्चयवाचक (ख) सार्वनामिक (ग) गुणवाचक

28. **उतना कम** (क) परिमाणवाचक (ख) निश्चित संख्यावाचक (ग) सार्वनामिक

29. **चार दिन** (क) परिमाणवाचक (ख) निश्चित संख्यावाचक (ग) गुणवाचक

30. **कुछ व्यक्ति** (क) परिमाणवाचक (ख) सार्वनामिक (ग) अनिश्चित संख्यावाचक

31. **सब सवारियाँ** (क) परिमाणवाचक (ख) अनिश्चित संख्यावाचक (ग) गुणवाचक

32. **चौथा भाग** (क) परिमाणवाचक (ख) निश्चित संख्यावाचक
(ग) अनिश्चित संख्या वाचक

क्रिया

33. काम का नाम बताने वाले शब्द को कहते हैं–
(क) संज्ञा (ख) सर्वनाम (ग) क्रिया (घ) क्रिया-विशेषण

34. क्रिया के मूल रूप को कहते हैं–
(क) क्रिया (ख) धातु (ग) कर्ता (घ) कर्म

35. निम्नलिखित किस वाक्य में सकर्मक क्रिया है?
(क) बालक पढ़ता है (ख) राम खाना खा चुका
(ग) गोपाल पानी लाओ (घ) अध्यापक ने लड़को को पढ़ाया

36. इनमें से कौन-सा शब्द सकर्मक क्रिया है?
(क) सोना (ख) हँसना (ग) लिखना (घ) रोना

37. 'वह रमेश से पत्र लिखवाता है'– इस वाक्य में **लिखवाता है** क्रिया का कौन-सा रूप है?
(क) अपूर्ण क्रिया (ख) संयुक्त क्रिया
(ग) प्रेरणार्थक क्रिया (घ) पूर्वकालिक क्रिया

38. निम्नलिखित में किस वाक्य में कर्तृवाच्य का प्रयोग हुआ है?
(क) ममता पुस्तक पढ़ती है (ख) सुरेश स्कूल जाओ
(ग) शायद वह गोपाल का भाई है (घ) बैठा नहीं जाता

39. निम्नांकित में किस वाक्य में कर्मवाच्य का प्रयोग हुआ है?
(क) मुझसे नहीं पढ़ा जाता (ख) राम द्वारा पत्र पढ़ा जाता है
(ग) बच्चे से चला नहीं जाता (घ) राम पत्र पढ़ता है

40. 'लिखा नहीं जाता'– में कौन-सा वाच्य है?
(क) कर्तृवाच्य (ख) कर्मवाच्य
(ग) भाववाच्य (घ) इनमें से कोई नहीं

41. किस वाक्य में क्रिया का सन्देहार्थक रूप है?
(क) सदा सच बोलो (ख) वह जाना चाहता है
(ग) तुमने अखबार पढ़ा होगा (घ) तुम नहीं लिखोगे

42. निम्नांकित में कौन-सी क्रिया अनुकरणात्मक नहीं है?
(क) हिनहिनाना (ख) मिमियाना (ग) फड़फड़ाना (घ) झुठलाना

43. 'तुम खा रहे हो'– इस वाक्य में सहायक क्रिया क्या है?
(क) हो (ख) खा (ग) रहे (घ) कोई नहीं

44. पतंग उड़ रही है– वाक्य में **'उड़ रही'** क्रिया किस प्रकार की है?
(क) अकर्मक (ख) सकर्मक (ग) समापिका (घ) असमापिका

45. हिन्दी में शब्दों का लिंग-निर्धारण किसके आधार पर होता है?
(क) क्रिया (ख) सर्वनाम (ग) संज्ञा (घ) प्रत्यय

काल

46. दिनेश घर पहुँच चुका है– इस वाक्य में कौन-सा काल है?
(क) अपूर्ण वर्तमान (ख) पूर्ण वर्तमान
(ग) सन्दिग्ध वर्तमान (घ) वर्तमान

47. 'वह पढ़ता तो पास होता'– इस वाक्य में कौन-सा काल है?
(क) पूर्णभूत (ख) हेतु हेतु मद् भूत
(ग) सन्दिग्ध भूत (घ) अपूर्ण भूत

48. 'सीता ने खाना पकाया'– इस काल का वाक्य है?
(क) अपूर्ण भूत (ख) सन्दिग्ध भूत
(ग) सामान्य भूत (घ) पूर्ण भूत

49. भूतकाल के कितने भेद या प्रकार हैं–
(क) चार (ख) छः (ग) आठ (घ) दस

50. 'मैं खाना खा चुका'– इस वाक्य में कौन-सा भूतकाल है?
(क) सामान्य भूत (ख) आसन्न भूत
(ग) सन्दिग्ध भूत (घ) अपूर्ण भूत

51. 'श्याम ने गाना गया होगा'–वाक्य में भूतकाल का कौन-सा भेद है?
(क) सन्दिग्ध भूत (ख) आसन्न भूत
(ग) अपूर्णभूत (घ) पूर्णभूत

52. 'वह पढ़ रहा है'– इस वाक्य में कौन-सा काल है?
(क) सामान्य वर्तमान (ख) सन्दिग्ध वर्तमान
(ग) अपूर्ण वर्तमान (घ) पूर्ण वर्तमान

53. 'सम्भव है, वह कल आ जायेगा'– इस वाक्य में काल का रूप है–
(क) सामान्य भविष्यत (ख) सम्भाव्य भविष्यत
(ग) हेतु हेतु मद भविष्यत (घ) उपर्युक्त सभी

54. 'कुत्ता माँस खाता है'– वाक्य में वर्तमान काल का कौन-सा भेद है–
(क) सामान्य वर्तमान (ख) तात्कालिक वर्तमान
(ग) सन्दिग्ध वर्तमान (घ) उपर्युक्त तीनों

55. 'पिताजी डाँट रहे हैं'– वाक्य में वर्तमान काल का कौन-सा भेद है?
(क) सामान्य वर्तमान (ख) सन्दिग्ध वर्तमान
(ग) तात्कालिक वर्तमान (घ) हेतु हेतु मद वर्तमान

56. 'माली फूल तोड़ता होगा'– वाक्य में वर्तमान काल का कौन-सा भेद है?
(क) सन्दिग्ध वर्तमान (ख) तात्कालिक वर्तमान
(ग) सामान्य वर्तमान (घ) उपर्युक्त में कोई नहीं

57. 'मैंने पत्र लिखा'– भूत काल के किस भेद का वाक्य है?
(क) सामान्य भूत (ख) आसन्न भूत
(ग) पूर्ण भूत (घ) अपूर्ण भूत

58. 'मैं खा चुका हूँ'– भूतकाल के किस भेद का वाक्य है?
(क) आसन्न भूत (ख) पूर्ण भूत
(ग) अपूर्ण भूत (घ) सन्दिग्ध भूत

59. 'वह प्रयाग गया था'– में भूतकाल का कौन-सा भेद है?
(क) पूर्ण भूत (ख) अपूर्ण भूत
(ग) सन्दिग्ध भूत (घ) सामान्य भूत

60. 'वह पढ़ रहा था'– किस काल के किस भेद का नाम है?
(क) अपूर्ण भूत (ख) सन्दिग्ध भूत
(ग) आसन्न भूत (घ) हेतु हेतु मद भूत

61. 'रवि ने खाया होगा'– किस काल के किस भेद का वाक्य है?
(क) सामान्य भेद (ख) आसन्न भूत
(ग) सन्दिग्ध भूत (घ) अपूर्ण भूत

62. 'सीता आती, तो मैं जाता'– वाक्य में भूतकाल का कौन-सा भेद है?
(क) सन्दिग्ध भूत (ख) हेतु हेतु मद भूत
(ग) अपूर्ण भूत (घ) आसन्न भूत

63. भविष्यत काल किसे कहते हैं–
(क) जो भविष्य में होने वाला हो।
(ख) जो भविष्य में हो चुका हो।
(ग) जिसकी सम्भावना भविष्य में होने की हो।
(घ) जो भविष्य में होगा।

64. भविष्यत् काल के कितने भेद हैं–
(क) दो (ख) तीन (ग) चार (घ) पाँच

65. 'मैं सफल होऊँगा'– में किस काल का कौन-सा भेद है?
(क) सामान्य भविष्यत (ख) सम्भाव्य भविष्यत
(ग) पूर्ण भविष्यत (घ) अपूर्ण भविष्यत

66. 'सुरेश परीक्षा में उत्तीर्ण हो जाये'– में किस काल का कौन-सा भेद है?
(क) अपूर्ण भविष्यत (ख) पूर्ण भविष्यत
(ग) सामान्य भविष्यत (घ) सम्भाव्य भविष्यत

67. 'मोहन पढ़ चुकेगा'– वाक्य में भविष्यत काल का कौन-सा भेद है?
(क) पूर्ण भविष्यत (ख) अपूर्ण भविष्यत
(ग) सम्भाव्य भविष्यत (घ) सामान्य भविष्यत

68. 'मैं लिखता रहूँगा'– क्रिया के किस काल व भेद का वाक्य है?
(क) सामान्य भविष्यत (ख) सम्भाव्य भविष्यत
(ग) अपूर्ण भविष्यत (घ) हेतु हेतु मद भविष्यत

69. 'रमेश पढ़ेगा तो पास होगा'– इस वाक्य में भविष्य काल का कौन-सा भेद है?
(क) अपूर्ण भविष्यत (ख) पूर्ण भविष्यत
(ग) सम्भाव्य भविष्यत (घ) हेतु हेतु मद भविष्यत

उत्तरमाला

1-(ख) चार, 2-(क) गुणवाचक, 3-(ग) मानवीय, 4-(क) उत्तरावस्था, 5-(क) सार्वनामिक, 6-(ग) बहुत, 7-(घ) कोमलता, 8-(ग) सुडौल, 9-(ख) गोल प्रश्न, 10-(ग) प्रत्येक बोधक, 11-(ख) तुम्हारे पास कितना चाँदी है?, 12-(ग) संज्ञा और सर्वनाम, 13-(ग) विशेष्य, 14-(ग) वह मेरे पास दौड़ते-दौड़ते आया,

15–(घ) प्रत्येक, 16–(ख) विशेषण, 17–(घ) सच्चा, 18–(क) विशेष्य, 19–(घ) आलसी, 20–(घ) वहाँ ज्वर की सर्वोत्कृष्ट चिकित्सा होती है, 21–(क) विशेषण की विशेषता बताने वाला शब्द, 22–(क) संज्ञा के पहले आते हैं, 23–(क) गुणवाचक, 24–(ख) गुणवाचक, 25–(क) गुणवाचक, 26–(ग) परिमाणवाचक, 27–(ख) सार्वनामिक, 28–(क) परिमाणवाचक, 29–(ख) निश्चित संख्यावाचक, 30–(ग) अनिश्चित संख्यावाचक, 31–(ग) गुणवाचक, 32–(ख) निश्चित संख्यावाचक, 33–(ग) क्रिया, 34–(ख) धातु, 35–(घ) अध्यापक ने लड़के को पढ़ाया, 36–(ग) लिखना, 37–(ग) प्रेरणार्थक क्रिया, 38–(क) ममता पुस्तक पढ़ती है, 39–(ख) राम द्वारा पत्र पढ़ा जाता है, 40–(ग) भाव वाच्य, 41–(ग) तुमने अखबार पढ़ा होगा, 42–(घ) झुठलाना, 43–(ग) रहे, 44–(क) अकर्मक, 45–(ग) संज्ञा, 46–(ख) पूर्ण वर्तमान, 47–(ख) हेतु हेतु मद भूत, 48–(ग) सामान्य भूत, 49–(ख) छः, 50–(ख) आसन्न भूत, 51–(क) सन्दिग्ध भूत, 52–(ग) अपूर्ण वर्तमान, 53–(ख) सम्भाव्य भविष्यत, 54–(क) सामान्य वर्तमान, 55–(ग) तात्कालिक वर्तमान, 56–(क) सन्दिग्ध वर्तमान, 57–(क) सामान्य भूत, 58–(क) आसन्न भूत, 59–(क) पूर्ण भूत, 60–(क) अपूर्ण भूत, 61–(ग) सन्दिग्ध भूत, 62–(ख) हेतु हेतु मद भूत, 63–(क) जो भविष्य में होने वाला हो, 64–(घ) पाँच, 65–(क) सामान्य भविष्यत, 66–(घ) सम्भाव्य भविष्यत, 67–(क) पूर्ण भविष्यत, 68–(ग) अर्पूण भविष्यत, 69–(घ) हेतु हेतु मद भविष्यत।

◆◆◆

4

उपसर्ग

उपसर्ग में दो शब्द 'उप' और 'सर्ग' हैं। 'उप' का अर्थ समीप या निकट या पास है तथा 'सर्ग' का अर्थ है– सृष्टि करना, निर्माण करना। 'उपसर्ग' वह शब्दांश है, जो किसी शब्द के पूर्व आकर या लगकर उसका विशेष अर्थ प्रकट करता है।

संस्कृत में 21 उपसर्ग हैं और इन समस्त उपसर्गों को हिन्दी ने ग्रहण कर लिया है। संस्कृत के उपसर्गों के अतिरिक्त हिन्दी ने अरबी-फ़ारसी के भी 'उपसर्ग' ग्रहण किये हैं– जैसे- दर, ला, बे, बा आदि।

संस्कृत के 21 उपसर्ग इस प्रकार हैं– अति, अधि, अनु, अप, अभि, अव, आ, उत्, दुर, उप, दुस, नि, निर्, निस्, परा, परि, प्र, प्रति, वि, सम्, सु।

हिन्दी के 'उपसर्ग' संस्कृत के उपसर्गों से या समास शब्दों से विकसित हुए हैं। इनकी संख्या दस है, जो निम्नलिखित है–

अ / अन, अध, उन, औ / अब, दु, नि, बिन, भर, कु / क, सु / स।

हिन्दी के कुछ उपसर्ग अरबी-फ़ारसी से भी आये हैं, जिनकी संख्या 18 है, किन्तु इनका प्रयोग अरबी-फ़ारसी शब्दों के साथ ही किया जाता है। अरबी-फ़ारसी के जो उपसर्ग हिन्दी में प्रयोग किये जाते है, वे निम्नलिखित हैं–

अल, कम, खुश, गैर, दर, ना, फिल / फी, ब, बद, बर, बा, बिल्, बिला, बे, ला, सर, हम, हर।

वस्तुनिष्ठ-प्रश्न

1. तत्सम उपसर्गों की संख्या है–
   (क) 21 (ख) 22 (ग) 24 (घ) 25
2. 'अत्युक्ति' शब्द में कौन-सा उपसर्ग है?
   (क) अ (ख) अति (ग) अत्य (घ) अत्
3. इनमें से कौन-सा शब्द 'सम्' उपसर्ग से बना है?
   (क) संयोग (ख) सुकर्म (ग) स्वयंसेवक (घ) सन्तान
4. 'नीरोग' में कौन-सा उपसर्ग है?
   (क) नी (ख) निर (ग) नि (घ) निस्
5. 'अत्याधुनिक' में कौन-सा उपसर्ग है?
   (क) अ (ख) अति (ग) अप (घ) अव
6. 'अन्वेषण' में कौन-सा उपसर्ग है?
   (क) अ (ख) अनु (ग) अप (घ) अपि
7. 'अतिरिक्त' शब्द में कौन-सा उपसर्ग है?
   (क) अत् (ख) अतिर् (ग) अति (घ) अ
8. 'अध्यक्ष' शब्द में उपसर्ग है–
   (क) अ (ख) अति (ग) अध (घ) अधि
9. 'अन्वय' शब्द में कौन-सा उपसर्ग है?
   (क) अनु (ख) अन् (ग) अ (घ) अन्व
10. 'अभ्युदय' शब्द में उपसर्ग है–
    (क) अ (ख) अभि (ग) अभ्य (घ) अभ
11. 'आसन्न' शब्द में उपसर्ग है–
    (क) अ (ख) अस् (ग) आ (घ) आस्
12. 'आगमन' शब्द में कौन-सा उपसर्ग है?
    (क) अ (ख) आ (ग) अव (घ) आग
13. 'अध्ययन' शब्द में कौन-सा उपसर्ग है?
    (क) अ (ख) अति (ग) अधि (घ) अध्
14. 'उज्ज्वल' शब्द में कौन-सा उपसर्ग है?
    (क) उत् (ख) उप (ग) अति (घ) अप

15. 'उच्चारण' शब्द में कौन-सा उपसर्ग है?
(क) उ (ख) उच्च (ग) उच (घ) उत्

16. 'अवतार' शब्द में उपसर्ग है–
(क) अव (ख) अ (ग) आ (घ) कोई उपसर्ग नहीं

17. 'संकल्प' शब्द में कौन-सा उपसर्ग है?
(क) सं (ख) सम् (ग) सन् (घ) कोई नहीं

18. 'नियन्त्रित' शब्द में कौन-सा उपसर्ग है?
(क) न् (ख) नइ (ग) नि (घ) निर्

19. निम्नलिखित शब्दों में से किस शब्द में उपसर्ग नहीं है?
(क) संग्रह (ख) सुकर (ग) प्रसिद्ध (घ) पन्थ

20. 'संन्यास' शब्द में उपसर्ग है–
(क) स (ख) सम् (ग) सन् (घ) कोई उपसर्ग नहीं

21. 'प्रत्युपकार' शब्द में कितने उपसर्ग हैं?
(क) एक (ख) दो (ग) तीन (घ) कोई उपसर्ग नहीं

22. 'समालोचना' शब्द का सही उपसर्ग विन्यास है–
(क) सम्यक् + आलोचना (ख) सम् + आलोचना
(ग) सं + आलोचना (घ) सम + आ + लोचना

23. 'समन्वय' शब्द का सही उपसर्ग-विन्यास है–
(क) स + मन्वय (ख) समु + अन्वय
(ग) सम् + अनु + अय (घ) समा + न्वय

24. निम्नलिखित शब्दों में से किस शब्द में दो उपसर्गों का प्रयोग हुआ है?
(क) सम्बोधन (ख) प्रति नियुक्ति
(ग) निर्विवाद (घ) निराकरण

25. अनेक उपसर्गों वाला शब्द है–
(क) व्याकरण (ख) सुसंस्कृत (ग) अवदान (घ) अध्याय

26. 'निरपराध' शब्द का सही उपसर्ग विन्यास है–
(क) निर् + पराध (ख) निर् + अपराध
(ग) निर् + अप + राध (घ) निस् + अप + राध

27. 'सुविख्यात' शब्द का सही उपसर्ग विन्यास है–
(क) सु + विख्यात (ख) सुवि + ख्यात
(ग) सम् + ख्यात (घ) सु + वि + ख्यात

28. 'समुन्नति' में कौन-सा शब्द उपसर्ग नहीं है–
(क) सम् (ख) उत् (ग) नति (घ) सभी उपसर्ग हैं

29. निम्नलिखित में कौन-सा तत्सम उपसर्ग है?
(क) पर (ख) कु (ग) अन (घ) अनु

30. 'तद्भव' उपसर्गों की संख्या कितनी है?
(क) दस (ख) ग्यारह (ग) तेरह (घ) बीस

31. निम्नलिखित में कौन-सा तद्भव उपसर्ग है–
(क) अध (ख) अधि (ग) अप (घ) अभि

32. निम्नलिखित में हिन्दी का तद्भव उपसर्ग है–
(क) अनमोल (ख) नापसन्द (ग) कमजोर (घ) प्रचार

33. 'अगम' शब्द कौन-सा उपसर्ग है?
(क) तद्भव (ख) तत्सम (ग) अरबी (घ) फ़ारसी

34. 'अधखिला' शब्द में उपसर्ग है–
(क) तद्भव का (ख) फ़ारसी का (ग) उर्दू का (घ) तत्सम का

35. 'नादान' में 'ना' उपसर्ग किस भाषा से आया है?
(क) हिन्दी (ख) उर्दू (ग) फ़ारसी (घ) संस्कृत

36. 'अल' किस भाषा का उपसर्ग है?
(क) हिन्दी (ख) संस्कृत (ग) अरबी (घ) फ़ारसी

37. 'फिलहाल' में कौन-सा उपसर्ग है?
(क) फिल (ख) फी (ग) फिर (घ) फि

38. 'बा-मुलाहिजा' में कौन-सा उपसर्ग है?
(क) बहु (ख) बा (ग) बर (घ) बिस्

39. 'गैर हाजिर' शब्द में किस भाषा का उपसर्ग लगा है?
(क) हिन्दी (ख) संस्कृत (ग) विदेशी (घ) क और ख

40. 'बनाम' शब्द में कौन-सा उपसर्ग है?
(क) ब (ख) बन (ग) बना (घ) उपर्युक्त में कोई नहीं

41. विदेशी शब्दों के कितने उपसर्ग हिन्दी में लिये गये हैं?
(क) 18 (ख) 20 (ग) 31 (घ) 40

उत्तरमाला

1-(क) 2, 2-(ख) अति, 3-(क) संयोग, 4-(क) नी, 5-(ख) अति, 6-(ख) अनु, 7-(ग) अति, 8-(घ) अधि, 9-(क) अनु, 10-(ख) अभि, 11-(ग) आ, 12-(ख) आ, 13-(ग) अधि, 14-(क) उत, 15-(ख) उत्, 16-(क) अव, 17-(ख) सम्, 18-(ग) नि, 19-(घ) पन्थ, 20-(ख) सम्, 21-(ख) दो, 22-(घ) सम + आ + लोचना, 23-(ग) सम + अनु + अय, 24-(घ) निराकरण, 25-(क) व्याकरण, 26-(ग) निर् + अप + राध, 27-(घ) सु + वि + ख्यात, 28-(ग) नति, 29-(घ) अनु, 30-(क) दस, 31-(क) अध, 32-(क) अनमोल, 33-(क) तद्भव, 34-(क) तद्भव, 35-(ग) फ़ारसी, 36-(ग) अरबी, 37-(क) फिल, 38-(ख) बा, 39-(ग) विदेशी, 40-(क) ब, 41-(क) 18।

◆◆◆

5

प्रत्यय

'प्रत्यय' शब्द प्रति + अय से बना है। **प्रति** का अर्थ है– **साथ** में, **पर**, **बाद** में तथा **अय** का अर्थ है– चलने वाला या लगने वाला। इस प्रकार **प्रत्यय** वह शब्दांश है, जो किसी शब्द के बाद लगकर या प्रयुक्त होकर मूल शब्द के अर्थ में परिवर्तन या नयापन ला देता है। जैसे– चतुर + आई = चतुराई, पठ + अनीय = पठनीय आदि।

हिन्दी में चार प्रकार के प्रत्यय हैं– 1. कृत या कृदन्त प्रत्यय, 2. तद्धित प्रत्यय, 3. स्त्री प्रत्यय और 4. विदेशी प्रत्यय।

1. कृत या कृदन्त प्रत्यय– धातु या क्रिया के अन्त में प्रयुक्त होकर उसके अर्थ में नवीनता लाने वाले प्रत्ययों को **'कृत'** प्रत्यय कहते हैं और इनसे जो यौगिक बनते हैं, उन्हें **कृदन्त** कहते हैं। जैसे- लड़ (धातु) + आई = लड़ाई, पढ़ (क्रिया) + आई = पढ़ाई आदि।

2. तद्धित प्रत्यय– वे प्रत्यय जो क्रिया से भिन्न शब्दों जैसे- संज्ञा, सर्वनाम, विशेषण, क्रिया-विशेषण आदि के साथ अन्त में मिलकर, उसके अर्थ में नवीनता ला देते हैं, ऐसे प्रत्ययों को **तद्धित** तथा उनके मेल से बने शब्दों को **तद्धितान्त** कहते हैं। जैसे- आय (संज्ञा + आवर, चतुर) (विशेषण) + आई = चतुराई आदि।

3. स्त्री प्रत्यय– वे प्रत्यय जो पुलिंग शब्दों के अन्त में जुड़कर उन्हें स्त्रीलिंग में परिवर्तित कर देते हैं। ऐसे प्रत्ययों को **स्त्री प्रत्यय** कहते हैं। जैसे- सेठ + आनी = सेठानी, घोड़ा + ई = घोड़ी आदि।

4. विदेशी प्रत्यय– हिन्दी में अरबी, फ़ारसी के भी कुछ प्रत्यय ग्रहण किये गये हैं, जिनका प्रयोग हिन्दी शब्दों के साथ भी होता है। हिन्दी में प्रचलित इन अरबी-फ़ारसी तथा अँग्रेजी के प्रत्ययों को **विदेशी प्रत्यय** कहते हैं।

हिन्दी में विभिन्न प्रत्ययों की संख्या, वर्गानुसार निम्नलिखित है–

(क) कृत या कृदन्त प्रत्यय

1. **अ** – करने या होने के अर्थ में। जैसे– नश + अ = नाश, त्रस + अ = त्रास, पठ् + आ = पाठ आदि।
2. **अक** – करने वाला के अर्थ में। जैसे– ग्रह + अक = ग्राहक, चल + अक = चालक, वच् + अक = वाचक, रक्ष् + अक = रक्षक।
3. **अन** – करने या होने के अर्थ में। जैसे– गम् + अन = गमन, मथ् + अन = मथन, फिसल + अन = फिसलन।
4. **अना** – करने या होने के अर्थ में। जैसे– वस् + अना = वासना, कम् + अन = कामना, विचर + अना = विचारना आदि।
5. **अनीय** – योग्य के अर्थ में। जैसे– पठ् + अनीय = पठनीय, शम + अनीय = शमनीय, खण्ड + अनीय = खण्डनीय आदि।
6. **आ** – करने या होने के अर्थ में। जैसे– क्षम् + आ = क्षमा, दिश् + आ = दिशा, भाष् + आ = भाषा आदि।
7. **आई** – भाव के अर्थ में। जैसे– लड़ + आई = लड़ाई, पढ़ + आई = पढ़ाई, लिख + आई = लिखाई आदि।
8. **इ** – भाव के अर्थ में। जैसे– त्रुट + इ = त्रुटि, रुच + इ = रुचि, पण् + इ = पणि आदि।
9. **इया** – गुण के अर्थ में। जैसे– जड़ + इया = जड़िया, बढ़ + इया = बढ़िया, नाचना + इया = नचनिया आदि।
10. **ई** – भाव के अर्थ में। जैसे– छँट + नी = छँटनी, धमक + ई = धमकी, थपक + ई = थपकी आदि।
11. **आन** – भाव के अर्थ में। जैसे– उड़न + आन = उड़ान, भुगत + आन = भुगतान, उठ + आन = उठान आदि।
12. **आव** – भाव के अर्थ में। जैसे– छिप + आव = छिपाव, भर + आव = भराव, जमा + आव = जमाव आदि।
13. **आवट** – होने के अर्थ में। जैसे– थक + आवट = थकावट, रुक + आवट = रुकावट, लिख + आवट = लिखावट आदि।
14. **आवा** – भाव के अर्थ में। जैसे– दिख + आवा = दिखावा, पहन + आवा = पहनावा, चढ़ + आवा = चढ़ावा आदि।
15. **आहट** – भाव के अर्थ में। जैसे– घबरा + आहट = घबराहट, कड़वा + आहट = कड़वाहट, हकला + आहट = हकलाहट आदि।

16. **त** – भाव के अर्थ में। जैसे– बच + त = बचत, खप + त = खपत, लाग + त = लागत आदि।

17. **तव्य** – योग्य के अर्थ में। जैसे– कर्तृ + तव्य = कर्तव्य, पठित् + तव्य = पठितव्य, लिखित + तव्य = लिखितव्य आदि।

18. **ती** – भाव के अर्थ में। जैसे– गिन + ती = गिनती, बढ़त + ती = बढ़ती, बोलन + ती = बोलती आदि।

19. **ति** – भाव के अर्थ में। जैसे– वृत्त + ति = वृत्ति, आकृत + ति = आकृति, स्तुत + ति = स्तुति।

20. **न** – यह प्रत्यय 'त' प्रत्यय का भिन्न रूप है– जैसे– स्वप्न, भग्न आदि।

21. **नि** – भाव के अर्थ में। जैसे– ध्व + नि = ध्वनि, योन + नि = योनि, ग्लान + नि = ग्लानि आदि।

22. **या** – भाव के अर्थ में। जैसे– विद्य + या = विद्या, छाय + या = छाया, माय + या = माया आदि।

23. **सा** – इच्छा के अर्थ में। जैसे– पिपास + सा = पिपासा, लालस + सा = लालसा आदि।

24. **वाला** – कर्ता के अर्थ में। जैसे– कहने वाला, खाने वाला, सुनने वाला, देने वाला आदि।

(ख) तद्धित प्रत्यय

1. **अ** – सन्तान, आगत, करण या अवयव के अर्थ में। जैसे– रघु + आ = राघव, मथुरा + अ = माथुर, नगर + अ = नागर आदि।

2. **अन्तर** – 'दूसरा' या और के अर्थ में। जैसे– समान + अन्तर = समानान्तर, रूप + अन्तर = रूपान्तर आदि।

3. **इ** – सन्तान के अर्थ में। जैसे– दशरथ + इ = दाशरथि, मरुत + इ = मारुति, गरुड़ + इ = गारुड़ि आदि।

4. **इक** – विशेष अर्थ में। जैसे– धर्म + इक = धार्मिक, लक्षण + इक = लाक्षणिक आदि।

5. **इकी** – विषय के अर्थ में। जैसे– मानव + इकी = मानविकी, भूत + इकी = भौतिक, संख्या + इकी = सांख्यिकी आदि।

6. **इतर** – निषेध के अर्थ में। जैसे– मानव + इतर = मानवेतर, आयोजन + इतर = आयोजनेतर, कर्तव्य + इतर = कर्तव्येतर।

7. **इमा** - विशेषण शब्दों से भाव के अर्थ में। जैसे- लाल + इमा = लालिमा, काला + इमा = कालिमा, हरित + इमा = हरीतिमा आदि।

8. **ई** - विशेषण अथवा संज्ञा शब्दों से भाषा, शास्त्र, निवासी, पाने वाले अथवा भाव के अर्थ में। जैसे- पंजाब + ई = पंजाबी, गुजरात + ई = गुजराती, मद्रास + ई = मद्रासी, कश्मीर + ई = कश्मीरी आदि।

9. **ई** - विशेषण के अर्थ में। जैसे- संचार + ई = संचारी।

10. **एय** - सन्तान के अर्थ में। जैसे- गंगा + एय = गांगेय, कार्तिक + एय = कार्तिकेय आदि।

11. **क** - विशेषण या करने वाले के अर्थ में। जैसे- आरोप + क = आरोपक, लिपि + क = लिपिक, समादेश + क = समादेशक आदि।

12. **क** - संख्या सूचक शब्दों के समूह के अर्थ में। जैसे- शत + क = शतक, दश + क = दशक आदि।

13. **क** - स्वयं के अर्थ में। जैसे- बाल + क = बालक, पाल + अक = पालक।

14. **कर** - देने या करने के अर्थ में। जैसे- सुख + कर = सुखकर, दुख + कर = दुखकर, कष्ट + कर = कष्टकर आदि।

15. **करण** - भाव के अर्थ में। जैसे- सरल + करण = सरलीकरण, स्पष्ट + करण = स्पष्टीकरण, तुष्टि + करण = तुष्टिकरा आदि।

16. **कार** - करने वाले के अर्थ में। जैसे- चर्म + कार = चर्मकार, स्वर्ण + कार = स्वर्णकार आदि।

17. **ज, जात** - उत्पन्न होने के अर्थ में। जैसे- कुम्भ + ज = कुम्भज,मलय + ज = मलयज, जल + ज = जलज आदि।

18. **ज्ञ** - ज्ञाता के अर्थ में। जैसे- सर्व + ज्ञ = सर्वज्ञ, अल्प + ज्ञ = अल्पज्ञ, विशेष + ज्ञ = विशेषज्ञ आदि।

19. **तम** - सबसे अधिक के अर्थ में। जैसे- उच्च + तम = उच्चतम, उत्त + तम = उत्तम आदि।

20. **ता, त्व** - भाव के अर्थ में। जैसे- सुन्दर + ता = सुन्दरता, अनुरूप + ता = अनुरूपता, बन्धु + त्व = बन्धुत्व, कवि + त्व = कवित्व, लघु + त्व = लघुत्व आदि।

21. **द** – देने वाले के अर्थ में। जैसे- सुख + द = सुखद, दुख + द = दुखद, जल + द = जलद आदि।

22. **धर** – धारण करने वाले के अर्थ में। जैसे- हल + धर = हलधर, विष + धर = विषधर, खड्‌ग + धर = खड्‌गधर आदि।

23. **धा** – संख्या सूचक शब्दों के साथ 'प्रकार' के अर्थ में। जैसे- बहु + धा = बहुधा, शत + धा = शतधा आदि।

24. **प** – पालक के अर्थ में। जैसे- मही + प = महीप, गो + प = गोप आदि।

25. **पाल** – पालक के अर्थ में। जैसे- मही + पाल = महीपाल, राज्य + पाल = राज्यपाल, पृथ्वी + पाल = पृथ्वीपाल आदि।

26. **चर** – चलने वाला के अर्थ में। जैसे- गुप्त + चर = गुप्तचर, जल + चर = जलचर, नभ + चर = नभचर आदि।

27. **अर्थी** – चाहने वाला के अर्थ में। जैसे- विद्या + अर्थी = विद्यार्थी, शिक्षा + अर्थी = शिक्षार्थी, काम + अर्थी = कामार्थी आदि।

28. **दर्शी** – देखने वाला के अर्थ में। जैसे- प्रिय+ दर्शी = प्रियदर्शी, प्रत्यक्ष + दर्शी = प्रत्यक्षदर्शी, दूर + दर्शी = दूरदर्शी आदि।

29. **पन** – भाव के अर्थ में। जैसे- बालक + पन = बालकपन,लड़का + पन = लड़कपन, सयाना + पन = सयानापन आदि।

30. **प्रद** – देने वाले के अर्थ में। जैसे- शिक्षा + प्रद = शिक्षाप्रद,कष्ट + प्रद = कष्टप्रद, सुख + प्रद = सुखप्रद आदि।

31. **म** – संख्या सूचक शब्दों के साथ भाव अर्थ में। जैसे- पंच + म = पंचम, नव + म = नवम, दश + म = दशम आदि।

32. **य, ईय** – योग्य के अर्थ में। जैसे- अवलेह + य = अवलेह्य, प्रशंसा + य = प्रशंस्य, वर्णन + य = वर्ण्य, वर्णन + ईय = वर्णनीय, गणना + ईय = गणनीय आदि।

33. य – भाव के अर्थ में। जैसे- गौ + य = गव्य, पण्डित + य = पाणि डत्य, धीर + य = धैर्य आदि।

34. **लु** – शील के अर्थ में। जैसे- कृपा + लु = कृपालु, दया + लु = दयालु, निद्रा + लु = निद्रालु आदि।

35. **वन्त** – विशेषण के अर्थ में। जैसे- बल + वन्त = बलवन्त, गुण + वन्त = गुणवन्त आदि।

36. **वत्** – तरह या समान के अर्थ में। जैसे- पुत्र + वत् = पुत्रवत्, विधि + वत् = विधिवत् आदि।

37. **वान् , मान्** - रखने वाला के अर्थ में। जैसे- बल + वान् = बलवान, दीप्ति + वान = दीप्तिवान्, दीप्ति + मान् = दीप्तिमान् आदि।

38. **वाला** - विक्रेता, कर्ता या उत्पत्ति के अर्थ में। जैसे- केला + वाला = केलावाला, ठेला + वाला = ठेलावाला, खोमचा + वाला = खोमचावाला आदि।

39. **शः** - प्रकार या अनुसार के अर्थ में । जैसे- क्रम + शः क्रमशः, बहु + शः = बहुशः आदि।

(ग) स्त्री प्रत्यय

1. **आ** - सुत + आ = सुता।
2. **आनी** - सेठ + आनी = सेठानी, देवर + आनी = देवरानी।
3. **ई** - घोड़ा + ई = घोड़ी, जोड़ा + ई = जोड़ी।
4. **इका** - लेखक + इका = लेखिका, सेवक + इका = सेविका।
5. **नी** - मोर + नी = मोरनी, सिंह + नी = सिंहनी।
6. **इया** - बूढ़ा + इया = बुढ़िया, कुत्ता + इया = कुतिया।
7. **इन** - कहार + इन = कहारिन, तेली + इन = तेलिन।
8. **आइन** - नाऊ + आइन = नउआइन, डाक्टर + आइन = डाक्टराइन।

(घ) विदेशी प्रत्यय

1. **खाना** - घर के अर्थ में। जैसे- शफा + खाना = शफाखाना, कार + खाना = कारखाना, दौलत + खाना = दौलतखाना।
2. **ख़ोर** - खाने वाले के अर्थ में। जैसे- आदम + खोर = आदमखोर, घूस + खोर = घूसखोर, हराम + खोर = हरामखोर।
3. **ची** - करने वाला के अर्थ में। जैसे- नकल + ची = नकलची,तबला + ची = तबलची, मशाल + ची = मशालची।
4. **दाँ** - जानने वाले के अर्थ में। जैसे- कानून + दाँ = कानूनदाँ, फ़ारसी + दाँ = फ़ारसीदाँ, राज + दाँ = राजदाँ।
5. **दान** - रखने की चीज के अर्थ में। जैसे- कलम + दान = कलमदान, सिंगार + दान = सिंगारदान, इत्र + दान = इत्रदान, फूल + दान = फूलदान।
6. **दानी** - रखने की चीज के अर्थ में। जैसे- चाय + दानी = चायदानी, नमक + दानी = नमकदानी, गोंद + दानी = गोंददानी।

7. **दार** – रखने वाले के अर्थ में। जैसे– समझ + दार = समझदार, ईमान + दार = ईमानदार, चमक + दार = चमकदार।

8. **बन्द** – बाँधे हुए के अर्थ में। जैसे– कमर + बन्द = कमरबन्द, बिस्तर + बन्द = बिस्तरबन्द, मोहर + बन्द = मोहरबन्द आदि।

9. **बन्दी** – बाँधे हुए के अर्थ में। जैसे– चक + बन्दी = चकबन्दी, नशा + बन्दी = नशाबन्दी, तुक + बन्दी = तुकबन्दी।

10. **बाज़** – खेलने वाले के अर्थ में। जैसे– जुआ + बाज़ = जुआबाज, अखाड़े + बाज = अखाड़ेबाज आदि।

11. **बाज** – आदत के अर्थ में। जैसे– नशा + बाज = नशाबाज, दगा + बाज = दगाबाज आदि।

12. **बाजी** – करना के अर्थ में। जैसे– गप + बाजी = गपबाजी, सौदा + बाजी = सौदाबाजी, कला + बाजी = कलाबाजी।

13. **वार** – क्रम के रूप में। जैसे– हफ्ता + वार = हफ्तावार, तारीख + वार = तारीखवार।

14. **साज़** – बनाने वाले के अर्थ में। जैसे– घड़ी + साज़ = घड़ीसाज़, जिल्द + साज़ = जिल्दसाज़, रंग + साज़ = रंगसाज़।

15. **इज्म** – वाद या सिद्धान्त के अर्थ में। जैसे– गाँधी + इज्म = गाँधीज्म, सोशल + इज्म = सोशलिज्म, कम्यु + इज्म = कम्युनिज्म आदि।

16. **इस्ट** – वादी या मानने या होने वाले के अर्थ में। जैसे– मार्क्स + सिस्ट = मार्क्ससिस्ट, सोशल + इस्ट = सोशलिस्ट, बुद्ध + इस्ट = बुद्धिस्ट आदि।

◆◆◆

वस्तुनिष्ठ-प्रश्न

निम्नलिखित में प्रत्यय के चार विकल्प दिये गये हैं। सही का चुनाव कीजिए–

1. कृदन्त प्रत्यय किन शब्दों के साथ जुड़ते हैं?
   (क) क्रिया (ख) विशेषण (ग) संज्ञा (घ) सर्वनाम

2. निम्नलिखित में किस शब्द में 'आवा' प्रत्यय नहीं है–
   (क) भुलावा (ख) लावा (ग) दिखावा (घ) चढ़ावा

3. 'सूचना' शब्द में कौन-सा प्रतयय है?
   (क) आ (ख) ना (ग) अना (घ) चना

4. 'पान' शब्द में कौन-सा प्रत्यय है?
   (क) न (ख) आन (ग) अ (घ) अन

5. 'आंशिक' शब्द में कौन-सा प्रत्यय है?
   (क) क (ख) अ (ग) इक (घ) शिक

6. 'एकत्र' शब्द में कौन-सा प्रत्यय है?
   (क) अ (ख) अत्र (ग) तर (घ) त्र

7. 'अहंकार' शब्द में कौन-सा प्रत्यय है?
   (क) र (ख) अ (ग) आर (घ) कार

8. 'भवदीय' शब्द में कौन-सा प्रत्यय है?
   (क) य (ख) अ (ग) ईय (घ) दीय

9. 'भिक्षुक' शब्द में कौन-सा प्रत्यय है?
   (क) उक (ख) अक (ग) क (घ) अ

10. 'अजा' शब्द में कौन-सा प्रत्यय है?
    (क) जा (ख) आ (ग) अ (घ) इनमें से कोई नहीं

11. 'देवी' शब्द में कौन-सा प्रत्यय है?
    (क) ई (ख) वी (ग) ऐवी (घ) इनमें से कोई नहीं

12. 'हिन्दुस्तान' में कौन-सा प्रत्यय है?
    (क) आन (ख) तान (ग) स्तान (घ) उस्तान

13. निम्नलिखित में 'अनीय' प्रत्यय है?
    (क) तत्सम का (ख) तद्भव का (ग) विदेशी का (घ) प्रत्यय का

14. निम्नलिखित में स्त्री प्रत्यय है–
(क) अनीय (ख) इयत् (ग) आई (घ) इया

15. निम्नलिखित विकल्पों में तद्धित प्रत्यय युक्त शब्द कौन है?
(क) पढ़ाई (ख) कथित (ग) नैतिक (घ) जागृति

16. नीचे दिये गये विकल्पों में से 'कृत' प्रत्यय वाला शब्द है–
(क) चतुराई (ख) बचत (ग) मूलतः (घ) भलाई

17. नीचे दिये गये शब्द में 'स्त्री प्रत्यय' युक्त शब्द है–
(क) नशीला (ख) भवदीय (ग) याचिका (घ) भावुक

18. 'वचन' शब्द में कौन-सा प्रत्यय है?
(क) अन (ख) चन (ग) अ (घ) वच

19. 'नर्तक' शब्द में कौन-सा प्रत्यय है?
(क) क (ख) अ (ग) तक (घ) अक

20. 'रचित' शब्द में कौन-सा प्रत्यय है?
(क) त (ख) अ (ग) इत (घ) चित

21. 'पत्' प्रत्यय का मूल अर्थ है–
(क) पाना (ख) रुकना (ग) गिरना (घ) हरा होना

22. 'कलाविद्' शब्द में कौन-सा प्रत्यय है?
(क) अ (ख) द (ग) इद (घ) विद्

23. 'विद्' प्रत्यय का मूल अर्थ है–
(क) विदा होना (ख) त्यागना (ग) बैठक (घ) जानने वाला

24. दो प्रत्यय वाला शब्द है–
(क) अभ्यर्थनीय (ख) द्वितीया (ग) आचार्या (घ) भवदीय

25. 'मृदुल' शब्द का सही प्रत्यय-विन्यास है–
(क) मृत + उल (ख) मृदु + ल
(ग) मृदु + अल (घ) मृदुल् + अ

26. 'माधूर्य' शब्द में प्रयुक्त प्रत्यय किस कोटि का है?
(क) भाववाचक संज्ञा (ख) विशेषणवाचक
(ग) क्रिया-विशेषण (घ) स्त्री प्रत्यय

27. 'शान्तिपूर्ण' शब्द में प्रत्यय है–
(क) ण (ख) ऊर्ण (ग) पूर्ण (घ) अ

28. 'लाभप्रद' शब्द में प्रयुक्त 'प्रद' प्रत्यय का सही अर्थ है–

(क) बैठने वाला (ख) लगने वाला
(ग) जुड़ने वाला (घ) देने वाला

29. 'एकदा' शब्द में प्रत्यय है–

(क) दा (ख) आ (ग) कदा (घ) अदा

30. 'ओजस्वी' शब्द में प्रत्यय है–

(क) वी (ख) ई (ग) स्वी (घ) जस्वी

31. 'वर्चस्वी' शब्द में प्रत्यय है–

(क) ई (ख) वी (ग) स्वी (घ) चस्वी

32. 'खिलौना' शब्द में 'औना' प्रत्यय किस कोटि का है?

(क) कर्तृवाचक कृत प्रत्यय (ख) कर्मवाचक कृत प्रत्यय
(ग) करणवाचक कृत प्रत्यय (घ) भाववाचक कृत प्रत्यय

33. 'रंगीन' शब्द में 'ईन' प्रत्यय किस कोटि का है?

(क) कृत प्रत्यय (ख) तद्धित प्रत्यय
(ग) स्त्री प्रत्यय (घ) विदेशी प्रत्यय

34. 'महँगाई' शब्द में प्रत्यय है–

(क) ई (ख) आई (ग) अई (घ) गाई

35. 'जुर्माना' शब्द में प्रत्यय है–

(क) आना (ख) ना (ग) आ (घ) माना

36. 'रूहानी' शब्द में प्रत्यय है–

(क) नी (ख) ई (ग) हानी (घ) आनी

37. 'नशीला' शब्द में प्रत्यय है–

(क) आ (ख) ला (ग) ईला (घ) शीला

38. 'चतुराई' शब्द में प्रत्यय है–

(क) राई (ख) आई (ग) ई (घ) अ

39. 'ग्रामीण' शब्द का सही शब्द विन्यास है–

(क) ग्राम + मीण (ख) ग्राम + ईन
(ग) ग्रामी + ण (घ) ग्राम्य + यण्

40. 'गरिमा' शब्द का सही प्रत्यय-विन्यास है–

(क) गरि + मा (ख) गरि + अमा
(ग) गुरु + इमा (घ) गुरु + ईमा

41. 'चिड़िया' शब्द में प्रत्यय है–
   (क) या (ख) आ (ग) ड़िया (घ) इया

42. हिन्दी कृत प्रत्यय है–
   (क) सार (ख) मान (ग) इक (घ) इन

43. 'ईमानदार' शब्द में प्रयुक्त 'दार' प्रत्यय है?
   (क) तत्सम (ख) तद्भव (ग) विदेशी (घ) स्त्री

44. निम्नलिखित शब्दों में कौन-सा शब्द बिना प्रत्यय का है?
   (क) औदार्य (ख) वत्सत (ग) अन्त (घ) अन्त्य

45. निम्नलिखित शब्दों में प्रत्यय सम्बन्धी दो विकल्प दिये गये हैं। सही विकल्प का चयन करें।

1. अपमान	(क) आ	(ख) अ
2. कड़ाई	(क) ई	(ख) आई
3. तैराक	(क) राक	(ख) आक
4. प्यासा	(क) आसा	(ख) सा
5. पियक्कड़	(क) अक्कड़	(ख) पक्कड़

उत्तरमाला

1-(क) क्रिया, 2-(ख) लावा, 3-(ख) ना, 4-(क) न, 5-(ग) इक, 6-(घ) त्र, 7-(घ) कार, 8-(ग) ईय, 9-(क) उक, 10-(ख) आ, 11-(क) ई, 12-(ग) स्तान, 13-(क) तत्सम, 14-(घ) इया, 15-(ग) नैतिक, 16-(ख) बचत, 17-(ग) याचिका, 18-(क) अन, 19-(घ) अक, 20-(ग) इत, 21-(ग) गिरना, 22-(घ) विद्, 23-(घ) जानने वाला, 24-(क) अभ्यर्थनीय, 25-(ख) मृद + ल, 26-(क) भाववाचक, 27-(ग) पूर्ण, 28-(घ) देने वाला, 29-(क) दा, 30-(क) वी, 31-(ख) वी, 32-(ख) कर्मवाचक, 33-(घ) विदेशी प्रत्यय, 34-(ख) आई, 35-(क) आना, 36-(घ) आनी, 37-(ग) ईता, 38-(ख) आई, 39-(ख) ग्राम + ईन, 40-(ग) गुरु + इमा, 41-(क) इया, 42-(क) सार, 43 (ग) विदेशी, 44-(ग) अन्त, 45-(1-क) आ, (2-ख) आई, (3-ख) आक, (4-क) आसा, (5-क) अक्कड़ ।

◆◆◆

6

वर्ण-उच्चारण और वर्तनी

- किसी भी भाषा में प्रयुक्त होने वाली मूल ध्वनि को **वर्ण** कहते हैं। वर्णों के व्यवस्थित समूह को **वर्णमाला** कहते हैं।
- हिन्दी वर्णमाला में 52 वर्ण हैं। इनमें 11 स्वर, 4 अन्तस्थ व्यंजन, 4 संयुक्त व्यंजन, 1 अनुस्वार, 25 स्पर्श व्यंजन, 4 ऊष्म व्यंजन, 2 द्विगुण व्यंजन और 1 विसर्ग हैं।
- जिन ध्वनियों के उच्चारण में हवा मुख-विवर से बिना रुकावट अबाध गति से निकलती है, उन्हें स्वर कहते हैं। **स्वर** दो प्रकार के होते हैं– **मूल स्वर** और **सन्धि स्वर**।
- जिन स्वरों के उच्चारण में अन्य स्वरों की सहायता नहीं लेनी पड़ती, उन्हें **मूल** या **ह्रस्व स्वर** कहते हैं। जैसे- अ, इ, उ।
- जिन स्वरों के उच्चारण में मूल स्वरों की सहायता लेनी पड़ती है, उन्हें **सन्धि स्वर** कहते हैं।
- सजातीय स्वरों के मेल से बने स्वरों को **दीर्घ स्वर** कहते हैं। जैसे- अ + अ = आ, इ + इ = ई, उ + उ = ऊ।
- विजातीय स्वरों के मेल से निर्मित स्वरों को **संयुक्त स्वर** कहते हैं। जैसे- अ + इ = ए, अ + ए = ऐ, अ + उ = ओ, अ + ओ = औ।
- जिन ध्वनियों के उच्चारण में हवा मुख-विवर से अबाध गति से नहीं निकलती, वरन् उसमें पूर्ण या अपूर्ण अवरोध होता है, उन्हें **व्यंजन** कहते हैं।
- 'क' से 'म' तक 25 व्यंजन **स्पर्श** हैं। इनमें **क वर्ग** को कण्ठ्य या कोमल तालव्य, **च वर्ग** को तालव्य, **ट वर्ग** को मूर्द्धन्य, **त वर्ग** को दन्त्य और **प वर्ग** को ओष्ठ्य व्यंजन कहते हैं।

- इसके अतिरिक्त **ब** दन्त्योष्ठि, **न, र, ल** वर्त्स्य और **'ह'** स्वरयन्त्र मुखी या काकल्य व्यंजन कहे जाते हैं।
- ङ, ञ, ण, न, म अनुनासिक, **य, र, ल, व** अन्तस्थ, **श, ष, स, ह** ऊष्म, **ड़, ढ़** उत्क्षिप्त और **क्ष, त्र, ज्ञ** संयुक्त व्यंजन कहलाते हैं।
- **क, ख, च, छ, ट, ठ, त, थ, प, फ, श, ष, स** अघोष वर्ण हैं।
- प्रत्येक वर्ग का तीसरा, चौथा और पाँचवाँ वर्ण, सभी स्वर वर्ण **य, र, ल, व** और **ह** घोष वर्ण हैं।
- दो या दो से अधिक व्यंजन ध्वनियाँ परस्पर संयुक्त होकर **संयुक्त ध्वनियाँ** कहलाती हैं। जैसे- प्राण, घ्राण, क्लान्त, क्लान, प्रकर्ष, इत्यादि। संयुक्त ध्वनियाँ अधिकतर तत्सम शब्दों में पायी जाती हैं।
- एक ध्वनि जब दो ध्वनियों से संयुक्त होती है, तब यह **सम्पृक्त ध्वनि** कहलाती है। जैसे- **कम्बल**। यहाँ क और ब ध्वनियों के साथ म् ध्वनि संयुक्त हुई है।
- जब एक ही ध्वनि द्वित्व हो जाये, तब यह **युग्मक ध्वनि** कहलाती है। जैसे- अक्षुण्ण, उत्फुल्ल, दिक्कत, प्रसन्नता आदि।

वर्तनी

- किसी भी भाषा में शब्दों की ध्वनियों को जिस क्रम और जिस रूप में उच्चरित किया जाता है, उसे उसी क्रम और उसी रूप में लिखने की रीति को **वर्तनी** कहते हैं। इसे वर्ण **विन्यास** या **हिज्जे** भी कहते हैं।
- शुद्ध वर्तनी के लिए शुद्ध उच्चारण अनिवार्य है
- वर्तनी सम्बन्धित अशुद्धियों के तीन मुख्य कारण हैं–
  1. किसी शब्द का अशुद्ध उच्चारण करना या सुनना।
  2. अशुद्ध वर्तनी वाले शब्दों को बार-बार दोहराना।
  3. मत-भिन्नता के कारण विभिन्न समस्याएँ जैसे-

(क) 'श' और 'स' में भेद न करना।

(ख) गये-गए, लिये-लिए, चाहिए-चाहिये लिखनें में भेद न करना।

(ग) हिन्दी, उर्दू, अँग्रेजी शब्दों में अनुस्वार (ं) तथा अनुनासिक (ँ), वर्ण के नीचे बिन्दु (.) लगाने और अर्द्ध चन्द्र (ॅ) की मात्राओं के प्रयोग में अशुद्धियाँ।

◆◆◆

वस्तुनिष्ठ-प्रश्न (वर्ण उच्चारण)

नीचे दिये गये प्रश्नों के लिए चार-चार विकल्प दिये गये हैं। सही विकल्प पर निशान लगाएँ।

1. भाषा की मूलभूत इकाई कौन-सी है?
   (क) वाक्य (ख) भाव (ग) ध्वनि (घ) शब्द

2. 'ङ' का उच्चारण का स्थान क्या है?
   (क) कण्ठोष्ठ्य (ख) नासिक्य
   (ग) मूर्धन्य (घ) कण्ठ तालव्य

3. क्ष, त्र, ज्ञ वर्ण किस वर्ग में आते हैं?
   (क) संयुक्त व्यंजन (ख) दीर्घ व्यंजन
   (ग) स्वर व्यंजन (घ) व्यंजन

4. इनमें से अन्तस्थ व्यंजन कौन-सा है?
   (क) य (ख) र (ग) स (घ) ड

5. हिन्दी में अयोगवाह की कितनी संख्या है?
   (क) 4 (ख) 3 (ग) 2 (घ) 6

6. निम्नलिखित में संयुक्त व्यंजन कौन-सा है?
   (क) ढ़ (ख) ज्ञ (ग) ङ (घ) ड़

7. 'क्ष' का क्रम किस वर्ण के बाद आता है?
   (क) क (ख) ह (ग) त्र (घ) ज्ञ

8. 'ज्ञ' वर्ण किन वर्णों के संयोग से बना है?
   (क) ज + ञ (ख) ज् + ञ (ग) ज + य (घ) ज + न्य

9. 'क्ष' वर्ण किस वर्ण के योग से बना है?
   (क) क् + ष (ख) क् + च (ग) क् + छ (घ) क् + श

10. हिन्दी में मूलतः वर्णों की संख्या कितनी है?
    (क) 52 (ख) 50 (ग) 51 (घ) 53

11. य, व, र, ल किस प्रकार के व्यंजन हैं?
    (क) ऊष्म (ख) अन्तस्थ (ग) स्पर्श (घ) अयोगवाह

12. महाप्राण वर्ण का क्या अर्थ है?
(क) जिसके उच्चारण में श्वास का समय अधिक लगे।
(ख) दीर्घ मात्रा वाले वर्ण।
(ग) कम ध्वनि उच्चारण वाले वर्ण।
(घ) इनमें से कोई नहीं।

13. उच्चारण के समय जीभ की स्थिति के अनुसार स्वरों के कितने भेद किये गये हैं?
(क) दो (ख) तीन (ग) चार (घ) पाँच

14. सजातीय स्वरों के योग से निर्मित स्वर कहे जाते हैं–
(क) दीर्घ स्वर (ख) ह्रस्व स्वर (ग) मूल स्वर (घ) सन्धि स्वर

15. विजातीय स्वरों के योग से निर्मित स्वर कहे जाते हैं?
(क) मूल स्वर (ख) सन्धि स्वर (ग) दीर्घ स्वर (घ) संयुक्त स्वर

16. स्पर्श व्यंजनों की संख्या है–
(क) 20 (ख) 25 (ग) 30 (घ) 35

17. कण्ठ्य या कोमल तालव्य व्यंजन है–
(क) क वर्ग (ख) च वर्ग (ग) ट वर्ग (घ) त वर्ग

18. ङ्, ञ, ण, न, म व्यंजन कहलाते हैं–
(क) अन्तस्थ (ख) अनुनासिक (ग) ऊष्म (घ) उत्क्षिप्त

19. ट वर्ग किस प्रकार का व्यंजन है?
(क) कण्ठ्य (ख) तालव्य (ग) मूर्धन्य (घ) दन्त्य

20. 'व' का उच्चारण स्थान है–
(क) ओष्ठ्य (ख) दन्त्य (ग) दन्त्योष्ठि (घ) तालव्य

21. वर्त्स्य व्यंजन हैं–
(क) य, र, ल, व (ख) श, ष, स, ह
(ग) क्ष, त्र, ज्ञ (घ) न, र, ल

22. निम्नलिखित में कौन-सा पार्श्विक व्यंजन है?
(क) र (ख) ङ (ग) ल (घ) इनमें से कोई नहीं

23. उच्चारण के लिए उपयोगी अवयवों के अनुसार कितने व्यंजन हैं?
(क) छः (ख) सात (ग) आठ (घ) नौ

24. आयोगवाह किसे कहा जाता है?
(क) विसर्ग को (ख) महाप्राण को
(ग) संयुक्त व्यंजन को (घ) इनमें से काई नहीं

◆◆◆

वस्तुनिष्ठ-प्रश्न (वर्तनी)

निम्नलिखित चार विकल्पों वाले प्रश्नों में से एक सही विकल्प का चयन करें और सही (✓) का निशान लगायें।

1. निम्नलिखित में एक विकल्प अशुद्ध है, उस पर निशान लगायें–
   (क) अनंग (ख) परिहास (ग) हास्य (घ) व्यंग
2. निम्नांकित में कौन-सा शब्द अशुद्ध है?
   (क) अन्यथः (ख) विशेषतः (ग) सामान्यतः (घ) परिणामतः

प्रश्न 3 से प्रश्न 15 तक में कौन-कौन सा शब्द अशुद्ध है?

3. (क) अनुयायी (ख) राही (ग) अगामी (घ) स्वामी
4. (क) आवश्यक (ख) आर्शीवाद (ग) उच्चारण (घ) उत्सुक
5. (क) ईर्ष्या (ख) स्पर्द्धा (ग) द्वेष (घ) प्रयत्न
6. (क) ओजस्वी (ख) पूर्वोत्तर (ग) व्यावहारिक (घ) अन्त्याछरी
7. (क) कन्गान (ख) कन्दर्प (ग) कंकाल (घ) कंकड़
8. (क) कृति (ख) कर्कशा (ग) क्योंकी (घ) कष्ट
9. (क) अँत्येष्टि (ख) अँकड़ी (ग) अँगूठा (घ) अँगोठा
10. (क) पंक्ति (ख) पक्षी (ग) पंक्षी (घ) पंछी
11. (क) श्रीमती (ख) श्रीमति (ग) गुप्त (घ) ऐनक
12. (क) सन्मान (ख) सम्मान (ग) तालाब (घ) पहुँच
13. (क) सदृश्य (ख) सदृश (ग) भाग्यवान (घ) शताब्दी
14. (क) मूर्छा (ख) मूर्च्छा (ग) वीणा (घ) रेणु
15. (क) भष्म (ख) भस्म (ग) श्रृंगार (घ) भक्ति

प्रत्येक शुद्ध शब्द की वर्तनी के लिए चार विकल्प दिये गये हैं। सही विकल्प का चयन करें।

16. (क) ऋषी (ख) ऋषि (ग) रिषि (घ) ऋशि
17. (क) विसेषण (ख) विशेशण (ग) विशेषण (घ) विषेषण
18. (क) दुशाशन (ख) दुशासन (ग) दुःशासन (घ) दुसाशन
19. (क) संस्कृती (ख) संस्कृति (ग) संसकृति (घ) संस्क्रति
20. (क) अनुग्रही (ख) अनुग्रहीत (ग) अनूग्रहीत (घ) अनुग्रहित
21. (क) प्राक्रम (ख) पराक्रम (ग) प्राकर्म (घ) पराकर्म
22. (क) युधिष्ठिर (ख) युधिस्टिर (ग) युधिस्टर (घ) युद्धिष्ठिर

23. (क) वाल्मीकि (ख) बाल्मीकि (ग) बाल्मीकी (घ) बाल्मिक
24. (क) पारलोकिक (ख) परलोकिक (ग) पारलौकिक (घ) परलौकिक
25. (क) बृटिश (ख) ब्रिटिश (ग) ब्रिटिस (घ) बृटिस
26. (क) व्योहार (ख) व्यौहार (ग) व्यवहार (घ) ब्योहार
27. (क) मनः कामना (ख) मनाकामना (ग) मनोकामना (घ) मनस्कामना
28. (क) शुश्रूषा (ख) सुश्रूषा (ग) सुश्रूसा (घ) शुसूषा
29. (क) संमान (ख) सम्मान (ग) सन्मान (घ) सनमान्
30. (क) अन्र्तनिहित (ख) अन्तर्निर्हित (ग) अन्तर्निहीत (घ) अन्तरनिहि
31. (क) प्रज्जवलन (ख) प्रज्ज्वलन (ग) प्रजवलन (घ) प्रज्वलन
32. (क) अतिथी (ख) अतिथि (ग) अतीथी (घ) आतिथि

प्रश्न 33 से 46 तक दिये गये वर्तनी के विश्लेषण स्वरूप चार-चार विकल्प दिये गये हैं। प्रत्येक प्रश्न में सही विकल्प चुनिए।

33. **अनुबन्ध–**

(क) अ + न् + उ + ब् + न् + ध + अ
(ख) अं + न् + उ + ब + अं + ध् + अ
(ग) आ + न + अं + ब् + ध् + अ
(घ) अ + नं + ब् + अ् + ध् + अ

34. **आरक्षण–**

(क) आ + र् + च् + छ् + ण् + अ
(ख) आ + र् + अ + क् + ष् + अ + ण् + अ
(ग) अ + र + आ + च् + छ् + ण
(घ) अ + आ + र् + क् + छ् + ण

35. **ईश्वर–**

(क) ई + श + व + र + आ
(ख) ई + श + उ + अ + र + अ
(ग) ई + श् + व् + अ + र् + अ
(घ) ई + श + अ + व + र + अ

36. **ऋषभ–**

(क) ऋ + इ + ष + भ + अ
(ख) ऋ + अ + ष् + भ् + अ
(ग) ऋ + उ + क् + छ् + भ + अ
(घ) ऋ + ष् + अ + भ् + अ

37. **कुटुम्ब–**

(क) क् + उ + ट् + उ + म् + ब् + अ

(ख) क + उ + ट + उ + म् + अ + ब + अ

(ग) क् + औ + ट + अं + ब + अ

(घ) क + अं + उ + ट + अं + ब + अ

38. **ज्योत्सना–**

(क) ज् + अ + ओ + त् + स + न + आ

(ख) ज् + य् + ओ + त् + स् + अ + न् + आ

(ग) ज + ओ + त् + ष् + न + आ

(घ) ज + औ + त् + श् + न + आ

39. **त्वरित–**

(क) त + उ + र + इ + त + अ

(ख) त् + ऊ + इ + र + त + अ

(ग) त् + व + अ + र् + इ + त् + अ

(घ) त् + ओ + र + इ + त + अ

40. **निष्कर्ष–**

(क) नि + स् + अ + क् + अ + ऋ + ष

(ख) न + ई + स + क + र + स + अ

(ग) न् + स् + इ + ष् + क + र + ष

(घ) न् + इ + ष् + क् + अ + र् + ष् + अ

41. **भ्रष्टाचार–**

(क) भ् + र् + अ + ष् + ट् + आ + च् + आ + र् + अ

(ख) भ् + र + श + ट + आ + च + आ + र

(ग) भ + ऋ + ष + ट + आ + च + आ + र

(घ) भ + र + इ + ष + ट + आ + चा + र

42. **मनोवृत्ति–**

(क) म् + न् + उ + व + र + त + त + इ

(ख) म् + अ + न् + ओ + व् + ऋ + त् + त + इ

(ग) म + न + अः + व् + र + त + इ

(घ) म् + न् + अ + ओ + व + र + त + इ

43. **मीमांसा–**

(क) म् + अ + ई + न + स + अ

(ख) म + इ + अ + स् + अ

(ग) म् + ई + म् + आ + अं + स् + आ

(घ) म् + ई + म् + न + म् + अ

44. **यत्किंचित–**

(क) य् + त् + इ + न् + च + इ + त + अ

(ख) य् + त् + अ + क + अं + क + इ + त

(ग) य + त्कि + अं + क + इ + त

(घ) य + अ + त् + क् + इ + ञ् + च + इ + त्

45. **युधिष्ठिर–**

(क) य + उ + ध् + इ + ष् + इ + ठ् + अ + र् + अ

(ख) यु + ध + इ + ष + ठ + इ + र + अ

(ग) य + ऊ + इ + ष + ठ + र + अ

(घ) य + ओ + ष् + ट + र + ई + य

46. **वृषभ–**

(क) व् + र् + इ + ष् + भ् + अ

(ख) व् + ऋ + ष् + अ + भ् + अ

(ग) व् + र् + ष + अ + भ

(घ) व् + रि + ष + आ + भ् + अ

उत्तरमाला (वर्ण उच्चारण)

1-(ग) ध्वनि, 2-(ग) मूर्धन्य, 3-(क) संयुक्त व्यंजन, 4-(क) य, 5-(ग) 2, 6-(ख) ज्ञ, 7-(ख) ह, 8-(ख) ज + ञ, 9-(क) क् + ष, 10-(क) 52, 11-(ख) अन्तस्थ, 12-(क) जिसके उच्चारण में श्वास का अधिक समय लगे, 13-(ख) तीन, 14-(क) दीर्घ स्वर, 15-(घ) संयुक्त स्वर, 16-(ख) 25, 17-(क) 'क' वर्ग, 18-(ख) अनुनासिक, 19-(ग) मूर्धन्य, 20-(ग) दन्त्योष्ठि, 21-(घ) न, र, ल, 22-(ग) ल, 23-(ग) आठ, 24-(क) विसर्ग को।

उत्तरमाला (वर्तनी)

1-(घ) व्यंग, 2-(क) अन्यथ:, 3-(ग) अगामी, 4-(ख) आर्शीवाद, 5-(क) ईर्श्या, 6-(घ) अन्त्याछरी, 7-(क) कन्नान, 8-(ग) क्योंकी, 9-(क) अँत्येष्टि, 10-(ग) पंक्षी, 11-(ख) श्रीमति, 12-(क) सन्मान, 13-(क) सदृश्य, 14-(क) मूर्छा, 15-(क) भष्म, 16-(ख) ऋषि, 17-(ग) विशेषण, 18-(ग) दु:शासन, 19-(ख) संस्कृति, 20-(क) अनुगृहीत, 21-(ख) पराक्रम, 22-(क) युधिष्ठिर, 23-(क) वाल्मीकि, 24-(ग) पारलौकिक, 25-(ख) ब्रिटिश, 26-(ग) व्यवहार, 27-(ग) मनोकामना, 28-(ख) सुश्रूषा, 29-(ग) सम्मान, 30-(ग) अन्तर्निहित, 31-(ख) प्रज्ज्वलन, 32-(ख) अतिथि,

33-(क) अ + न् + उ + ब् + न् + ध + अ,

34-(ख) आ + र् + अ + क् + ष् + अ + ण् + अ,

35-(ग) ई + श् + व् + अ + र् + अ,

36-(घ) ऋ + ष् + अ + भ् + अ,

37-(ख) क + उ + ट + उ + म् + अ + ब् + अ,

38-(ख) ज् + य् + ओ + त् + स् + अ + न् + आ,

39-(ग) त् + व + अ + र् + इ + त् + अ,

40-(घ) न् + इ + ष् + क् + अ + र् + ष् + अ,

41-(क) भ् + र् + अ + ष् + ट् + आ + च् + आ + र् + अ,

42-(ख) म् + अ + न् + ओ + व् + ऋ + त् + त + इ,

43-(ग) म् + ई + म् + आ + अं + स् + आ,

44-(घ) य + अ + त् + क् + इ + ञ् + च + इ + त्,

45-(क) य + उ + ध् + इ + ष् + इ + ठ् + अ + र् + अ,

46-(ख) व् + ऋ + ष् + अ + भ् + अ।

◆◆◆

7

सन्धि-प्रकरण

सन्धि का तात्पर्य है– मेल या जोड़। ध्वनियों या वर्णों के मेल या संयोग से जो ध्वनिपरिवर्तन होता है, उसे **सन्धि** कहते हैं। सन्धियाँ तीन प्रकार की होती हैं– 1. स्वर सन्धि, 2. व्यंजन सन्धि और 3. विसर्ग सन्धि।

1. स्वर सन्धि- दो स्वरों के संयोग से उत्पन्न विकार को **स्वर सन्धि** कहते हैं। स्वर सन्धियाँ पाँच प्रकार की होती हैं– (क) दीर्घ सन्धि, (ख) गुण सन्धि, (ग) वृद्धि सन्धि, (घ) यण् सन्धि, (च) अयादि सन्धि।

(क) दीर्घ सन्धि- अ, आ, इ, ई, उ, ऊ में से कोई भी स्वर अपने सजातीय ह्रस्व या दीर्घ स्वर के पास आये, तो दोनों बदल कर दीर्घ हो जाते हैं। जैसे–

अ + अ = आ	देव + असुर = देवासुर
अ + आ = आ	हिम + आलय = हिमालय
आ + अ = आ	माया + अधीन = मायाधीन
आ + आ = आ	विद्या + आलय = विद्यालय
इ + इ = ई	कवि + इच्छा = कवीच्छा
इ + ई = ई	हरि + इच्छा = हरीक्षा
ई + इ = ई	मही + इन्द्र = महीन्द्र
ई + ई = ई	नदी + ईश = नदीश
उ + उ = ऊ	सु + उक्ति = सूक्ति
उ + ऊ = ऊ	सिन्धु + ऊर्मि = सिन्धूर्मि
ऊ + उ = ऊ	वधू + उत्सव = वधूत्सव
ऊ + ऊ = ऊ	भू + ऊर्ध्व = भूर्ध्व
ऋ + ऋ = ॠ	मातृ + ऋण = मातॄण

(ख) गुण सन्धि- अ तथा आ के बाद इ, ई, उ, ऊ तथा ऋ आने पर क्रमशः ए, ओ तथा अन्तस्थ 'र' (अर) हो जाते हैं। इस परिवर्तन को **गुण सन्धि** कहते हैं। जैसे-

अ + इ = ए	स्व + इच्छा = स्वेच्छा
अ + ई = ए	परम + ईश्वर = परमेश्वर
आ + इ = ए	यथा + इच्छा = यथेच्छा
आ + ई = ए	रमा + ईश = रमेश
अ + उ = ओ	अन्त्य + उदय = अन्त्योदय
अ + ऊ = ओ	समुद्र + ऊर्मि = समुद्रोर्मि
आ + उ = ओ	यथा + उचित = यथोचित
आ + ऊ = ओ	गंगा + ऊर्मि = गंगोर्मि
अ + ऋ = अर्	देव + ऋषि = देवर्षि
आ + ऋ = अर्	महा + ऋर्षि = महर्षि

(ग) वृद्धि सन्धि- जब 'अ' या 'आ' के बाद 'ए' या 'ऐ' आये, तो दोनों के स्थान पर 'ऐ' तथा 'ओ' या 'औ' आये, तो दोनों के स्थान पर 'औ' हो जाता है। जैसे-

अ + ए = ऐ	हित + एषी = हितैषी
अ + ऐ = ऐ	मत + ऐक्य = मतैक्य
आ + ए = ऐ	सदा + एव = सदैव
आ + ऐ = ए	महा + ऐश्वर्य = महैश्वर्य
अ + ओ = औ	जल + ओक = जलौक
अ + औ = औ	परम + औषध = परमौषध
आ + औ = औ	महा + औषध = महौषध

(घ) यण् सन्धि- जब इ, ई, उ, ऊ, ऋ के आगे कोई स्वर आता है, तो ये क्रमशः य, व, र में परिवर्तित हो जाते हैं। इस परिवर्तन को 'यण' सन्धि कहते हैं। जैसे-

इ + अ = य	अति + अधिक = अत्यधिक
ई + अ = य	देवी + अर्पण = देव्यर्पण
ई + आ = य	नदी + आमुख = नद्यामुख
उ + अ = व	अनु + अय = अन्वय

उ + आ = व	सु + आगत = स्वागत
ऊ + आ = व	वधू + आगमन = वध्वागमन
ऋ + अ = अर्	पितृ + आज्ञा = पित्राज्ञा

(च) अयादि सन्धि– ए, ऐ तथा ओ, औ के आगे जब कोई भिन्न स्वर आये, तो इनके स्थान पर क्रमशः अय्, आय्, अव् और आव् हो जाता है। जैसे–

ए + अ = अय	ने + अयन = नयन
ऐ + अ = आय	नै + अक = नायक
ओ + अ = अव	पो + अन = पवन
औ + अ = आव	पौ + अक = पावक

विशेष– संस्कृत में शब्द के अ, इ, इक, एय, अयन, आदि प्रत्यय लगाने पर उस शब्द के प्रथम स्वर में परिवर्तन होता है। जैसे–

अ – आ	व्यवहार + इक = व्यावहारिक
	दम्पति + य = दाम्पत्य
	मनु + अ = मानव
	गंगा + एय = गांगेय
इ, ई, ए – ऐ	दिति + य = दैत्य
	वेद + इक = वैदिक
	ईश्वर + य = ऐश्वर्य
उ, ऊ, ओ – औ	उपचार + इक = औपचारिक
	सुन्दर + य = सौन्दर्य
	मूल + इक = मौलिक
	कुन्ती + एय = कौन्तेय

2. व्यंजन सन्धि- व्यंजन के साथ व्यंजन या स्वर का मेल होने से जो विकार या परिवर्तन होता है, उसे **व्यंजन सन्धि** कहते हैं। व्यंजन सन्धि के भेद न होकर, उसके अनेक नियम होते हैं। इसके प्रमुख नियम निम्नलिखित हैं–

(1) यदि स्पर्श व्यंजनों के प्रथम अक्षर अर्थात् **क्, च्, ट्, त्, प्** के आगे कोई स्वर या किसी वर्ग का तीसरा या चौथा वर्ण अथवा **य, र, ल, व** आये, तो **क्, च्, ट्, त्, प्** के स्थान पर उसी वर्ग का तीसरा वर्ण अर्थात् क् के स्थान पर **ग, च्** के स्थान पर **ज, ट्** के स्थान पर **ड, त्** के स्थान पर **द** और **प्** के स्थान पर **ब** हो जाता है। जैसे–

दिक् + गज = दिग्गज

वाक् + ईश = वागीश

अच् + अन्त = अजन्त

षट् + आनन = षडानन

सत् + आचार = सदाचार

उत् + घाटन = उद्घाटन

सुप् + अन्त = सुबन्त

(2) यदि स्पर्श व्यंजनों के प्रथम अक्षर अर्थात् **क्, च्, ट्, प्** के आगे कोई अनुनासिक व्यंजन आये, तो उसके स्थान पर उसी वर्ग का पाँचवाँ अक्षर हो जाता है या विकल्प से अनुस्वार होता है। जैसे–

वाक् + मय = वांगमय/वाङ्मय

उत् + मान = उन्मान

सम् + धि = सन्धि

सत् + निहित = सन्निहित

सम् + चय = संचय / सञ्चय

पम् + चम = पंचम / पञ्चम

दम + ड = दंड (दण्ड)

(3) जब किसी ह्रस्व या दीर्घ स्वर के पीछे 'छ' आता है, तो 'छ' के पहले 'च्' बढ़ जाता है। जैसे–

परि + छेद = परिच्छेद

आ + छादन = आच्छादन

लक्ष्मी + छाया = लक्ष्मीच्छाया

उत् + श्रृंखल = उच्छृंखल

पद + छेद = पदच्छेद

गृह + छिद्र = गृहच्छिद्र

(4) यदि 'त' और 'द' के आगे 'ज' या 'झ' आये, तो उसका 'ज्ज' हो जाता है। जैसे–

सत् + जन = सज्जन

यावत् + जीवन = यावज्जीवन

विद्वत् + जन = विद्वज्जन

विपत् + जाल = विपज्जाल

(5) यदि **'त्'** के आगे **'ल'** आये, तो उसका **'ल्ल'** हो जाता है। जैसे-

तत् + लीन = तल्लीन

उत् + लिखित = उल्लिखित

उत् + लंघन = उल्लंघन

उत् + लास = उल्लास

(6) यदि **'त्'** के आगे **'ह'** आये, तो उसका **'द्ध' (द्ध)** हो जाता है। जैसे-

उत् + धार = उद्धार / उद्धार

तत् + द्धित = तद्धित

उत् + हरण = उद्धरण

उत् + द्धत = उद्धत

(7) यदि **'म'** के आगे कोई अन्तस्थ या ऊष्म व्यंजन आये अर्थात् **य्, र्, ल्, व्, श्, ष्, स्, ह्** आये, तो **'म'** अनुस्वार में बदल जाता है। जैसे-

सम् + सार = संसार

सम् + योग = संयोग

स्वयं + वर = स्वयंवर

सम् + रक्षा = संरक्षा

(8) यदि **'त्'** के बाद **'स्'** आये, तो **'स्'** लुप्त हो जाता है। जैसे-

उत् + स्थान = उत्थान

उत् + स्थित = उत्थित

उत् + स्तम्भ = उत्तम्भ

(9) यदि **'अ'** को छोड़कर किसी की स्वर के आगे **'स्'** आता है, तो प्राय, **'स्'** के स्थान पर **'ष्'** हो जाता है। जैसे-

अभि + सेक = अभिषेक

वि + सम = विषम

नि + सेध = निषेध

सु + सुप्त = सुषुप्त

(10) यदि **'ष्'** के बाद **'त्'** या **'थ्'** आये, तो उसके स्थान पर क्रमशः **'ट'** और **'ठ'** हो जाता है। जैसे-

आकृष + त् = आकृष्ट

षष् + थ = षष्ठ

तुष + त = तुष्ट

पृष + थ = षष्ठ

(11) यदि **'ऋ'**, **'र्'**, या **'ष'** के आगे **'न्'** आये और बीच में चाहे स्वर **'क वर्ग'**, **'प वर्ग'** अनुस्वार अथवा **'य'**, **'ह'** आये, तो **'न'** के स्थान पर **'ण'** हो जाता है। जैसे-

भर् + अन = भरण

राम + अयन = रामायण

भूष + अन = भूषण

परि + मान = परिमाण

3. विसर्ग सन्धि– विसर्ग के साथ स्वर या व्यंजन के संयोग से जो विकार होता है, उसे **विसर्ग सन्धि** कहते हैं। इसके प्रमुख नियम निम्नलिखित हैं–

(1) यदि विसर्ग के आगे **श, ष, स** आये, तो वह क्रमशः **श्, ष्, स्** में परिवर्तित हो जाता है। जैसे-

निः + शब्द = निश्शब्द

निः + चय = निश्चय

दुः + शासन = दुश्शासन

(2) यदि विसर्ग के पहले **'इ'** या **'उ'** हो और बाद में **'र'** आये, तो विसर्ग का लोप हो जायेगा और **'इ'** तथा **'उ'** दीर्घ **'ई'**, **'ऊ'** में परिवर्तित हो जायेंगे। जैसे-

निः + रव = नीरव

निः + रस = नीरस

(3) यदि विसर्ग के बाद **च, छ, ट, ठ** तथा **त, थ** आये, तो विसर्ग क्रमशः **श्, ष्, स्** में बदल जाते हैं। जैसे-

दुः + चरित्र = दुश्चरित्र

धनु + टंकार = धनुष्टंकार

निः + छल = निश्छल

निः + तार = निस्तार

(4) विसर्ग के बाद **क, ख, प, फ** रहने पर विसर्ग में कोई विकार नहीं होता। जैसे-

अन्तः + करण = अन्तःकरण

प्रातः + काल = प्रातःकाल

पयः + पान = पयःपान

(5) यदि विसर्ग (:) के पहले **'अ'** या **'आ'** को छोड़कर कोई स्वर हो और बाद में वर्ग के तृतीय, चतुर्थ और पंचम वर्ण अथवा **य, र, ल, व** में से कोई वर्ण हो, तो विसर्ग **'र'** में बदल जाता है। जैसे-

निः + आधार = निराधार

निः + गुण = निर्गुण

दुः + निवार = दुर्निवार

निः + झर = निर्झर

निः + धन = निर्धन

दुः + बोध = दुर्बोध

(6) यदि विसर्ग से पहले **अ, आ** को छोड़ कर कोई अन्य स्वर आये और बाद में कोई भी स्वर आये, तो भी विसर्ग **'र'** में परिवर्तित हो जायेगा। जैसे-

निः + अर्थक = निरर्थक

निः + ईह = निरीह

निः + आशा = निराशा

निः + उपाय = निरुपाय

(7) यदि विसर्ग से पहले **'अ'** आये और बाद में **य, र, ल, व** या **'ह'** आये, तो विसर्ग का लोप हो जाता है तथा **'अ'** **'ओ'** में बदल जाता है। जैसे-

मनः + रम = मनोरम

मनः + रथ = मनोरथ

मनः + विकार = मनोविकार

पुरः + हित = पुरोहित

(8) यदि विसर्ग से पहले **'इ'** या **'उ'** आये और बाद में **क, ख, प, फ** में से कोई वर्ण आये, तो विसर्ग **'ष्'** में परिवर्तित हो जाता है। जैसे-

निः + काम = निष्काम

निः + करुण = निष्करुण

निः + कपट = निष्कपट

निः + पाप = निष्पाप

निः + कर्म = निष्कर्म

निः + फल = निष्फल

◆◆◆

वस्तुनिष्ठ-प्रश्न

1. सन्धि के मुख्य भेद कितने हैं?
   (क) दो (ख) तीन (ग) चार (घ) पाँच

2. सन्धि का कौन-सा अर्थ इनमें सही है?
   (क) दो शब्दों को जोड़ना।
   (ख) दो अक्षरों को जोड़ना।
   (ग) दो अक्षरों के मेल से तीसरा अक्षर बनाना।
   (घ) दो अक्षरों में रूप-परिवर्तन।

3. व्यंजन सन्धि में किस-किस का मेल होता है?
   (क) केवल व्यंजन का (ख) केवल विसर्ग का
   (ग) व्यंजन और विसर्ग का (घ) केवल विसर्ग का

4. इनमें से कौन-सी सन्धि स्वर-सन्धि का भेद नहीं है?
   (क) विसर्ग सन्धि (ख) दीर्घ सन्धि
   (ग) यण् सन्धि (घ) गुण सन्धि

5. स्वर सन्धि के कितने भेद हैं?
   (क) तीन (ख) चार (ग) पाँच (घ) छः

6. विसर्ग सन्धि में किसका मेल होता है?
   (क) विसर्ग के साथ स्वर या व्यंजन।
   (ख) विसर्ग के साथ विसर्ग।
   (ग) विसर्ग और स्वर।
   (घ) विसर्ग और व्यंजन।

7. एक ही जाति के लघु और दीर्घ स्वरों को मिलाकर दीर्घ होना किस सन्धि का लक्षण है?
   (क) गुण सन्धि (ख) दीर्घ सन्धि
   (ग) वृद्धि सन्धि (घ) अयादि सन्धि

8. निम्नलिखित में कौन-सा सन्धि-विच्छेद व्यंजन सन्धि के अन्तर्गत नहीं है?
   (क) किम् + चित् (ख) उत् + अय
   (ग) जगत् + नाथ (घ) पौ + धन

9. 'सजातीय ह्रस्व या दीर्घ स्वरों के मिलने से, वे सजातीय दीर्घ स्वर हो जाते हैं'– यह किस सन्धि का लक्षण है?
   (क) दीर्घ (ख) गुण (ग) वृद्धि (घ) अयादि

10. 'यदि अ, आ के बाद इ, ई, उ, ऊ, ऋ आये, तो क्रमशः 'ए', ओ, अर् में परिवर्तित हो जाते हैं।' उपर्युक्त परिभाषा किस सन्धि की है?

(क) यण् (ख) गुण (ग) वृद्धि (घ) अयादि

11. 'जब अ, आ के बाद 'ए', या 'ऐ' आता है, तो दोनों का 'ऐ' हो जाता है, इसी प्रकार अ, आ के आगे 'ओ' या 'औ' आता है, तो 'औ' हो जाता है'– उक्त परिभाषा किस सन्धि की है?

(क) दीर्घ (ख) अयादि (ग) वृद्धि (घ) यण

12. 'जब इ, ई, उ, ऊ, ऋ के आगे कोई स्वर आता है, तो ये क्रमशः य, व, र में परिवर्तित हो जाते हैं'– उक्त परिभाषा किस सन्धि की है?

(क) दीर्घ (ख) वृद्धि (ग) गुण (घ) यण्

13. 'जब ए, ऐ, ओ, और के बाद कोई शब्द आता है, तो 'ए' का 'अय', ऐ का 'आय' तथा औ का 'आव' हो जाता है,' उक्त परिभाषा किस सन्धि की है–

(क) अयादि (ख) दीर्घ (ग) वृद्धि (घ) गुण

प्रश्न 14 से 34 तक के प्रश्नों में चार विकल्प दिये गये हैं। सही उत्तर का चयन करें।

14. **कपीश–**

(क) दीर्घ सन्धि (ख) वृद्धि सन्धि
(ग) अयादि सन्धि (घ) यण् सन्धि

15. **रेखांश–**

(क) वृद्धि सन्धि (ख) दीर्घ सन्धि
(ग) गुण सन्धि (घ) यण् सन्धि

16. **चन्द्रोदय–**

(क) दीर्घ सन्धि (ख) वृद्धि सन्धि
(ग) गुण सन्धि (घ) अयादि सन्धि

17. **यद्यपि–**

(क) वृद्धि सन्धि (ख) दीर्घ सन्धि
(ग) गुण सन्धि (घ) यण् सन्धि

18. **अन्वेषण–**

(क) यण् सन्धि (ख) गुण सन्धि
(ग) अयादि सन्धि (घ) दीर्घ सन्धि

19. **सदैव–**

(क) दीर्घ सन्धि (ख) वृद्धि सन्धि

(ग) यण् सन्धि (घ) गुण सन्धि

20. **नवैश्वर्य–**

(क) अयादि सन्धि (ख) यण् सन्धि

(ग) वृद्धि सन्धि (घ) दीर्घ सन्धि

21. **चयन–**

(क) गुण सन्धि (ख) यण् सन्धि

(ग) वृद्धि सन्धि (घ) अयादि सन्धि

22. **पावन–**

(क) वृद्धि सन्धि (ख) अयादि सन्धि

(ग) दीर्घ सन्धि (घ) गुण सन्धि

23. **तेजोमय–**

(क) स्वर सन्धि (ख) व्यंजन सन्धि

(ग) विसर्ग सन्धि (घ) इनमें से कोई नहीं

24. **संरक्षण–**

(क) स्वर सन्धि (ख) व्यंजन सन्धि

(ग) विसर्ग सन्धि (घ) कोई नहीं

25. **पराधीन–**

(क) स्वर सन्धि (ख) व्यंजन सन्धि

(ग) विसर्ग सन्धि (घ) कोई सन्धि नहीं

26. **उद्घाटन–**

(क) स्वर सन्धि (ख) व्यंजन सन्धि

(ग) विसर्ग सन्धि (घ) कोई सन्धि नहीं

27. **यथोचित–**

(क) स्वर सन्धि (ख) व्यंजन सन्धि

(ग) विसर्ग सन्धि (घ) कोई सन्धि नहीं

28. **'विद्यार्थी'** में कौन-सी सन्धि है?

(क) दीर्घ सन्धि (ख) गुण सन्धि

(ग) वृद्धि सन्धि (घ) यण् सन्धि

29. **'आपत्काल'** शब्द की सन्धि का सही विकल्प बताइए।

(क) आपद् + काल (ख)आप + काल

(ग) अपदा + कल (घ) आप् + द्काल

30. **'व्याप्त'** शब्द की सन्धि का सही विकल्प बताइए।

(क) वि + अप्त (ख) वि + आप्त

(ग) वि + व्याप्त (घ) वे + आप्त

31. **'विपत्ति'** शब्द की सन्धि का सही विकल्प बताइए।

(क) विप + त्ति (ख) विपद् + इति

(ग) विपद् + ति (घ) विपदा + ति

32. **'दिग्भ्रम'** शब्द की सन्धि का सही विकल्प बताइए।

(क) दि: + भ्रम (ख) दिक् + भ्रम

(ग) दिक + भम (घ) दि: + भम्र

33. **अन्नाभाव–**

(क) अन् + अभाव (ख) अंन्आ + भाव

(ग) अन्न + अभाव (घ) अन्ना + भाव

34. **अभीष्ट–**

(क) अभी + इष्ट (ख) अभि + ईष्ट

(ग) अभि + इष्ट (घ) अभ + ईष्ट

35. **गणेश–**

(क) गण + ईश (ख) गणि + ईश

(ग) गण + एश (घ) गण + ऐश

36. **चन्द्रोदय–**

(क) चन्द्रा + उदय (ख) चन्द्र + उदय

(ग) चन्द्रो + दय (घ) चन्द्र + ओदय

37. **जितेन्द्रिय–**

(क) जीत + इन्द्रिय (ख) जिते + इन्द्रिय

(ग) जित + इन्द्रिय (घ) जित्य + इन्द्रिय

38. **द्वारकाधीश–**

(क) द्वारका + अधीश (ख) द्वारका + अधीश

(ग) द्वारक + आधीश (घ) द्वारका + धीश

39. **देव्यौदार्य–**

(क) देव + औदार्य　　(ख) देवी + औदार्य

(ग) देवि + उदार　　(घ) देव्यो + उदार

40. **धनुष्टंकार–**

(क) धनुः + टंकार　　(ख) धनुष + टंकार

(ग) धन + उस + टंकार　　(घ) धनुटं + कार

41. **नमस्कार–**

(क) नमस् + आकार　　(ख) नमः + कार

(ग) नम् + स्कार　　(घ) नमः + आकार

42. **निस्तेज–**

(क) निसः + तेज　　(ख) नी + स्तेज

(ग) निः + तेज　　(घ) निस + तेज

43. **प्रत्युपकार–**

(क) प्रत्युप + अकार　　(ख) प्रत्यु + उपकार

(ग) प्रत्य + उपकार　　(घ) प्रति + उपकार

44. **प्रवेशोत्सव–**

(क) प्रविश + उत्सव　　(ख) प्रवेश्य + उत्सव

(ग) प्रवेश + उत्सव　　(घ) प्रवेशो + त्सव

45. **प्राणोत्सर्ग–**

(क) प्राणो + त्सर्ग　　(ख) प्रणत + सर्ग

(ग) प्राणि + उत्सर्ग　　(घ) प्राण + उत्सर्ग

46. **गीतांजलि–**

(क) गीतां + जली　　(ख) गीता + अंजलि

(ग) गीत + अंजलि　　(घ) गीत + जंलि

47. **स्वागत–**

(क) स्व + आगत　　(ख) स्वा + आगत

(ग) सु + आगत　　(घ) सु + वागत

48. **यशोधरा–**

(क) यश् + उधरा　　(ख) यशो + धरा

(ग) यश + अधरा　　(घ) यशः + धरा

49. **निरर्थक–**

(क) निः : अर्थक (ख) निर् + अर्थक

(ग) निरअ + र्थक (घ) निरा + अर्थक

प्रश्न- नं. 50 से 68 तक निम्नलिखित शब्दों के सन्धि-विच्छेद दिये गये हैं। सही विकल्प का चयन करें।

50. **अनु + ईक्षा–**

(क) अन्वेक्षा (ख) अन्वीक्षा (ग) अनिच्छा (घ) अन्येक्षा

51. **अनु + एषण–**

(क) अनूषण (ख) अनुवैषण (ग) अन्वेषण (घ) उक्त सभी

52. **उत् + योग–**

(क) उत्तोग (ख) उद्योग (ग) उत्योग (घ) उयोग्य

53. **उत् + वेग–**

(क) उद्वेग (ख) उवेग (ग) उतेग (घ) उतवेग

54. **ऊह + अपोह–**

(क) ऊहापोह (ख) ऊपोह (ग) ऊपापोह (घ) अपोह

55. **गै + अक–**

(क) गैक (ख) गएक (ग) गायक (घ) गावक

56. **चे + अन–**

(क) चैन (ख) चेन (ग) चमान (घ) चयन

57. **तथा + एव–**

(क) तथ्येव (ख) तथैव (ग) तथीव (घ) इनमें से कोई नहीं

58. **दुः + प्रकृति–**

(क) दुष्कृति (ख) दुष्प्रकृति (ग) दुप्रकृति (घ) दुरप्रकृति

59. **धौ + अक–**

(क) धौक (ख) धावक (ग) धवक (घ) ध्वक

60. **भवत् + ईय–**

(क) भवदीय (ख) भवती (ग) भवतीय (घ) भौतीय

61. **मनः + नयन–**

(क) मनोनयन (ख) मन्नयन (ग) मन्नायन (घ) मनुनयन

62. **यशः + धरा–**

(क) यशद्धरा (ख) यशोधरा (ग) यशधरा (घ) यद्धारा

63. **रजनी + ईश–**

(क) रजनेश (ख) रंज्जेश (ग) रजनीश (घ) राज्यीश

64. **विद्या + अलंकार–**

(क) विद्वलंकार (ख) विद्वालंकार

(ग) विद्वोलंकार (घ) विद्यालंकार

65. **हस्त + अक्षर–**

(क) हस्ताक्षर (ख) हस्तेछर (ग) हस्तच्छर (घ) हस्त्याक्षर

66. **कथ + उपकथन–**

(क) कथानुथन (ख) कथोपकथन

(ग) कथ्यउपकथन (घ) उक्त सभी

67. **हिम + आलय–**

(क) हिमालय (ख) हिमालअय (ग) हिमोलय (घ) हिमआलय

68. **निः + उपाय–**

(क) निरुपाय (ख) निरोपाय (ग) निरउपाय (घ) निरोपाय

उत्तरमाला

1–(ख) तीन, 2–(ग) दो अक्षरों के मेल से तीसरा अक्षर बनाना, 3–(क) केवल व्यंजन का, 4–(क) विगर्ग सन्धि, 5–(ख) चार, 6–(क) विसर्ग के साथ स्वर या व्यंजन, 7–(ख) दीर्घ सन्धि, 8–(घ) पौ + अन, 9–(क) दीर्घसन्धि, 10–(ख) गुण सन्धि, 11–(ग) वृद्धि सन्धि 12–(घ) यण, 13–(क) अयादि, 14–(क) दीर्घ सन्धि, 15–(ख) दीर्घ सन्धि, 16–(ग) गुण सन्धि, 17–(घ) यण् सन्धि, 18–(क) यण् सन्धि, 19–(ख) वृद्धि सन्धि, 20–(ग) वृद्धि सन्धि, 21–(घ) अयादि सन्धि, 22–(ख) अयादि सन्धि, 23–(ग) विसर्ग सन्धि, 24–(ख) व्यंजन सन्धि, 25–(क) स्वर सन्धि, 26–(ख) व्यंजन सन्धि, 27–(क) स्वर सन्धि, 28–(क) दीर्घ सन्धि, 29–(क) आपद् + काल, 30–(ख) वि + आप्त, 31–(ग) विपद् + ति, 32–(ख) दिक् + भ्रम, 33–(ग) अन्न + अभाव, 34–(ग) अभि + इष्ट, 35–(क) गण + ईश, 36–(ख) चन्द्र + उदय, 37–(ग) जित् + इन्द्रिय, 38–(क) द्वारका + अधीश, 39–(ख) देवी + औदार्य, 40–(क) धनुः + टंकार, 41–(ख) नमः +

कार, 42-(ग) निः + तेज, 43 (घ) प्रति + उपकार, 44-(ग) प्रवेश + उत्सव, 45-(घ) प्राण + उत्सर्ग 46-(ग) गीत + अंजलि, 47-(ग) सु + आगत, 48-(घ) यशः + धरा, 49-(क) निः + अर्थक, 50-(ख) अन्वीक्षा, 51-(ग) अन्वेषण, 52-(ख) उद्योग, 53-(क) उद्वेग, 54-(क) ऊहापोह, 55-(ग) गायक, 56-(ग) अन्वेषण 57-(ख) तथैव, 58-(ख) दुष्प्रकृति, 59-(ख) धावक, 60-(क) भवदीय, 61-(क) मनोनयन, 62-(ख) यशोधरा, 63-(क) रजनीश, 64-(घ) विद्यालंकार, 65-(क) हस्ताक्षर, 66-(ख) कथोपकथन, 67-(क) हिमालय, 68-(क) निरुपाय।

◆◆◆

8

समास

समास का अर्थ है– संक्षेप करना। जब दो या दो से अधिक शब्द मिलते हैं, तो उनके मध्य सम्बन्ध-सूचक शब्द हट जाते हैं और अनेक शब्दों के लिए एक समस्त पद बना लिया जाता है। जैसे- 'पर्ण से बनी हुई शाला' में पाँच शब्द हैं। इनमें से मुख्य दो शब्द **पर्ण** और **शाला** मिला देने से **पर्णशाला** शब्द बना, मध्य के तीन शब्द हट गये। इस प्रक्रिया को **समास** कहते हैं। इस प्रकार जो यौगिक शब्द **पर्णशाला** बना, उसे **समास** या **समस्त पद** या **सामासिक** पद कहते हैं।

सन्धि और समास में अन्तर

1. समास में दो पदों या शब्दों का योग होता है, सन्धि में दो वर्णों या ध्वनियों का योग होता है।

2. सन्धि को अलग करने (तोड़ने) को सन्धि-विच्छेद कहते हैं, जबकि **सामासिक** पदों के अलग करने को समास-विग्रह कहते हैं।

समास के भेद

समास के परम्परागत छः भेद हैं–

1. तत्पुरुष समास, 2. अव्ययीभाव समास, 3. द्वन्द्व समास, 4. द्विगु समास, 5. कर्मधारय समास, 6. बहुब्रीहि समास।

1. तत्पुरुष समास– तत्पुरुष समास में पूर्व पद गौण तथा उत्तर पद प्रधान होता है। दोनों पदों के मध्य परसर्ग का लोप होता है। परसर्ग- लोप के आधार पर तत्पुरुष समास के छः भेद हैं–

(क) कर्म तत्पुरुष– इसमें 'को' का लोप हो जाता है। जैसे-

मतदाता = मत को देने वाला।

गिरहकट = गिरह को काटने वाला।

(ख) करण तत्पुरुष– इसमें 'से' का लोप होता है। जैसे–

गुणहीन = गुणों से हीन।

जन्मजात = जन्म से ही।

(ग) सम्प्रदाय तत्पुरुष– इसमें 'के लिए' का लोप होता है। जैसे–

युद्ध भूमि = युद्ध के लिए भूमि।

सत्याग्रह = सत्य के लिए आग्रह।

(घ) अपादान तत्पुरुष– इसमें भी 'से' को लोप होता है। जैसे–

जन्मान्ध = जन्म से अन्धा, धनहीन = धन से हीन।

(ङ) सम्बन्ध तत्पुरुष– इसमें 'का' का लोप होता है। जैसे–

प्रेमसागर = प्रेम का सागर।

भारतरत्न = भारत का रत्न।

(च) अधिकरण तत्पुरुष– इसमें 'में पर' का लोप होता है। जैसे–

नीति-निपुण = नीति में निपुण।

आत्म-विश्वास = आत्मा पर विश्वास।

2. अव्ययी भाव समास– अव्ययी भाव समास में पूर्वपद अव्यय होता है और यह वाक्य में क्रिया-विशेषण का कार्य करता है। जैसे–

यथास्थान = स्थान के अनुसार।

प्रतिदिन = प्रत्येक दिन।

आजीवन = जीवन भर।

3. द्वन्द्व समास– इसमें पूर्व पद और उत्तर पद दोनों ही प्रधान होते हैं। अर्थात् अर्थ की दृष्टि से दोनों का स्वतन्त्र अस्तित्व होता है तथा उनके बीच में संयोजक शब्द का लोप होता है। जैसे–

पाप-पुण्य = पाप और पुण्य।

सप्त दीप = सात द्वीपों का समूह।

नवरत्न = नौ रत्नों का समूह।

4. द्विगु समास– इसमें पूर्व पद संख्यावाचक होता है। जैसे–

पंचकर्म = पाँच कर्मों का समूह।

सप्त दीप = सात दीपों का समूह।

नवरत्न = नौ रत्नों का समूह।

5. कर्मधारय समास– इसमें पूर्वपद 'विशेषण' होता है और उत्तरपद 'विशेष्य' होता है। जैसे–

कालीमिर्च = काली है मिर्च।

चन्द्रमुखी = चन्द्र के समान मुख वाली।

नीलकमल = नीला है कमल।

6. बहुव्रीहि समास– इसमें दोनों पदों के माध्यम से एक विशेष (तीसरे) अर्थ का बोध होता है। जैसे–

गिरिधर = गिरि को धारण करनेवाला अर्थात् श्रीकृष्ण।

नीलकण्ठ = नीला है कण्ठ जिसका अर्थात् शिवजी।

मक्खीचूस = मक्खी को चूसने वाला अर्थात् कंजूस।

◆◆◆

वस्तुनिष्ठ-प्रश्न

दिये गये विकल्पों में से सही उत्तर का चयन करें–

1. किस समास में प्रथम पद में संख्यावाचक शब्द होता है?
   (क) कर्मधारय (ख) तत्पुरुष (ग) द्वन्द्व (घ) अव्ययी भाव
2. विभक्ति पर आधारित सर्वाधिक भेद किस समास में है?
   (क) बहुब्रीहि (ख) तत्पुरुष (ग) द्वन्द्व (घ) अव्ययीभाव
3. विशेषण और संज्ञा से सम्बन्ध वाले शब्द में कौन-सा समास होता है?
   (क) कर्मधारय (ख) बहुब्रीहि (ग) द्वन्द्व (घ) अव्ययीभाव
4. किस समास का अन्तिय पद प्रधान होता?
   (क) तत्पुरुष (ख) कर्मधारय (ग) अव्ययीभाव (घ) बहुब्रीहि
5. विभक्ति के आधार पर तत्पुरुष समास के कितने भेद हैं?
   (क) चार (ख) पाँच (ग) छः (घ) सात
6. सामान्य अर्थ को छोड़कर विशेष अर्थ प्रकट करने वाले शब्द में कौन-सा समास होता है?
   (क) अव्ययीभाव (ख) द्विगु (ग) बहुब्रीहि (घ) द्वन्द्व
7. द्वन्द्व समास में निम्नलिखित में से कौन-सा लक्षण नहीं है?
   (क) दो पदों के बीच का 'और' हट जाता है।
   (ख) प्रथम पद 'संज्ञा' और दूसरा पद 'विशेषण' होता है।
   (ग) दोनों पद प्रधान होता है।
   (घ) इससे बने शब्द प्राय: बहुवचन में होते हैं।

प्रश्न 8 से 45 तक के प्रश्नों में सही विकल्प के उत्तर पर (✓) चिह्न लगायें।

8. **अंगरक्षक–**
   (क) बहुब्रीहि (ख) द्विगु (ग) द्वन्द्व (घ) अव्ययीभाव
9. **अन्धविश्वास–**
   (क) बहुब्रीहि (ख) कर्मधारय (ग) तत्पुरुष (घ) द्वन्द्व
10. **अकालमृत्यु–**
    (क) द्वन्द्व (ख) तत्पुरुष (ग) कर्मधारय (घ) द्विगु
11. **आगा-पीछा–**
    (क) कर्मधारय (ख) बहुब्रीहि (ग) द्विगु (घ) द्वन्द्व

12. **लम्बोदर–**
(क) तत्पुरुष (ख) कर्मधारय (ग) बहुब्रीहि (घ) द्विगु

13. **पंचवटी–**
(क) द्वन्द्व (ख) तत्पुरुष (ग) द्विगु (घ) कर्मधारय

14. **मिठबोला–**
(क) कर्मधारय (ख) अव्ययीभाव (ग) बहुब्रीहि (घ) तत्पुरुष

15. **अठन्नी–**
(क) तत्पुरुष (ख) द्विगु (ग) बहुब्रीहि (घ) कर्मधारय

16. **सुमति–**
(क) बहुब्रीहि (ख) कर्मधारय (ग) अव्ययीभाव (घ) तत्पुरुष

17. **सुखप्राप्त–**
(क) द्विगु (ख) तत्पुरुष (ग) द्वन्द्व (घ) कर्मधारय

18. **अन्नजल–**
(क) द्वन्द्व (ख) द्विगु (ग) अव्ययीभाव (घ) बहुब्रीहि

19. **अनारदाना–**
(क) अधिकरण तत्पुरुष (ख) अपादान तत्पुरुष
(ग) सम्बन्ध तत्पुरुष (घ) सम्प्रदान तत्पुरुष

20. **अवगुण–**
(क) तत्पुरुष (ख) कर्मधारय (ग) द्विगु (घ) द्वन्द्व

21. **इकतारा–**
(क) द्विगु (ख) द्वन्द्व (ग) बहुब्रीहि (घ) कर्मधारय

22. **इधर-उधर–**
(क) तत्पुरुष (ख) अव्ययीभाव (ग) द्विगु (घ) द्वन्द्व

23. **ईश्वरदत्त–**
(क) बहुब्रीहि (ख) द्वन्द्व (ग) द्विगु (घ) इनमें से कोई नहीं

24. **गगनचुम्बी–**
(क) द्वन्द्व (ख) तत्पुरुष (ग) कर्मधारय (घ) अव्ययीभाव

25. **लौहपुरुष–**
(क) कर्मधारय (ख) तत्पुरुष (ग) बहुब्रीहि (घ) द्विगु

26. **बारहसिंगा–**
(क) द्विगु (ख) बहुब्रीहि (ग) कर्मधारय (घ) द्वन्द्व

27. **शैलनन्दिनी–**
(क) द्विगु (ख) द्वन्द्व (ग) बहुब्रीहि (घ) तत्पुरुष

28. **चौहद्दी–**
(क) द्वन्द्व (ख) द्विगु (ग) बहुब्रीहि (घ) तत्पुरुष

29. **उपन्यासकार–**
(क) कर्मधारय (ख) तत्पुरुष (ग) द्वन्द्व (घ) इनमें से कोई नहीं

30. **कमलनयन–**
(क) कर्मधारय (ख) बहुब्रीहि (ग) अव्ययीभाव (घ) तत्पुरुष

31. **खाना-पीना–**
(क) कर्मधारय (ख) बहुब्रीहि (ग) द्वन्द्व (घ) द्विगु

32. **घनश्याम–**
(क) विशेषणपूर्व पद (ख) विशेषण उत्तर पद
(ग) उभय विशेषण पद (घ) इनमें से कोई नहीं

33. **चन्द्रमुखी–**
(क) कर्मधारय (ख) बहुब्रीहि (ग) अव्ययीभाव (घ) द्वन्द्व

34. **चरणकमल–**
(क) द्वन्द्व (ख) द्विगु (ग) बहुब्रीहि (घ) कर्मधारय

35. **जनसाधारण–**
(क) अव्ययीभाव (ख) बहुब्रीहि (ग) तत्पुरुष (घ) कर्मधारय

36. **जलपानगृह–**
(क) सम्प्रदान तत्पुरुष (ख) अपादान तत्पुरुष
(ग) सम्बन्ध तत्पुरुष (घ) अधिकरण तत्पुरुष

37. **चतुर्भुज–**
(क) बहुब्रीहि (ख) कर्मधारय (ग) द्विगु (घ) द्वन्द्व

38. **पंचपात्र–**
(क) कर्मधारय (ख) बहुब्रीहि (ग) द्विगु (घ) अव्ययीभाव

39. **महापुरुष–**
(क) द्विगु (ख) तत्पुरुष (ग) कर्मधारय (घ) बहुब्रीहि

40. **राम-लक्ष्मण–**

(क) तत्पुरुष (ख) बहुब्रीहि (ग) द्वन्द्व (घ) द्विगु

41. **चक्रपाणि–**

(क) तत्पुरुष (ख) द्वन्द्व (ग) बहुब्रीहि (घ) द्विगु

42. निम्नलिखित में अव्ययीभाव समास किसमें है?

(क) पंचप्यारे (ख) नवरत्न (ग) भूखा-प्यासा (घ) आजन्म

43. निम्नलिखित में कर्मधारय समास किसमें है?

(क) चरणकमल (ख) लेन-देन (ग) नीलाम्बर (घ) विद्यारत्न

44. इसमें से किसमें द्वन्द्व समास नहीं है?

(क) धन-धान्य (ख) घर-बाहर (ग) हरिशंकर (घ) दिन-दिन

45. किस शब्द में अव्ययीभाव समास नहीं है?

(क) द्वार-द्वार (ख) प्रतिवर्ष (ग) कपड़ालत्ता (घ) बीचो-बीच

उत्तरमाला

1-(ग) द्वन्द्व समास, 2-(ख) तत्पुरुष समास, 3-(क) कर्मधारय समास, 4-(क) तत्पुरुष समास, 5-(ग) छः, 6-(ख) द्विगु समास, 7-(ख) प्रथम पद संज्ञा और दूसरा पद विशेषण होता है, 8-(क) बहुब्रीहि, 9-(ख) कर्मधारय, 10-(ग) कर्मधारय, 11-(घ) द्वन्द्व समास 12-(ग) बहुब्रीहि समास, 13-(ग) द्विगु समास, 14-(क) कर्मधारय, 15-(ख) द्विगु समास, 16-(ख) कर्मधारय समास, 17-(ख) तत्पुरुष समास, 18-(क) द्वन्द्व समास, 19-(ग) सम्बन्ध तत्पुरुष, 20-(ख) कर्मधारय, 21-(ग) बहुब्रीहि, 22-(घ) द्वन्द्व समास, 23-(क) बहुब्रीहि समास, 24-(ख) तत्पुरुष समास, 25-(क) कर्मधारय समास, 26-(क) द्विगु समास, 27-(ग) बहुब्रीहि समास, 28-(ख) द्विगु समास, 29-(ख) तत्पुरुष समास, 30-(क) कर्मधारय, 31-(ग) द्वन्द्व समास, 32-(ख) विशेषण उत्तर पद, 33-(ख) बहुब्रीहि समास, 34-(घ) कर्मधारय समास 35-(घ) तत्पुरुष समास, 36-(क) सम्प्रदान तत्पुरुष, 37-(क) बहुब्रीहि समास, 38-(ग) द्वन्द्व समास, 39-(ग) कर्मधारय समास, 40-(ग) द्वन्द्व समास, 41-(ग) बहुब्रीहि समास, 42-(घ) आजन्म, 43 (घ) चरणकमल 44-(ग) हरिशंकर, 45-(घ) प्रतिवर्ष।

◆◆◆

9

मुहावरे और कहावतें/लोकोक्तियाँ

ऐसा वाक्यांश जो सामान्य अर्थ का बोध न कराकर किसी विलक्षण अर्थ का बोध कराये, वह 'मुहावरा' कहलाता है। अरबी भाषा का **'मुहावर:'** शब्द हिन्दी में **मुहावरा** और उर्दू में **मुहाविरा** कहलाता है। कुछ लोग **मुहावरा** को **रोजमर्रा** या **वाग्धारा** भी कहते हैं।

मुहावरों की उत्पत्ति गाँवों में होती है। प्राय: ग्रामीणों की बोलचाल में मुहावरे इस प्रकार घुले-मिले रहते हैं कि उन्हें बातचीत में से निकालना कठिन है। भाषा में मुहावरों और कहावतों का बहुत अधिक महत्त्व होता है। मुहावरे का शब्दार्थ नहीं उसके अर्थ का बोध कराने वाला अर्थ ही ग्रहण किया जाता है।

मुहावरा तथा कहावत या लोकोक्ति का अर्थ और उनकी परिभाषा में अन्तर–

- **मुहावरा** का अर्थ होता है– जनजीवन में प्रचलित ऐसा विशेष प्रयोग या वाक्यांश जो लक्षणा या व्यंजना से सिद्ध हो और एक ही भाषा में प्रयुक्त होकर प्रकट (वास्तविक) अर्थ से अलग अर्थ दे। उदाहरणार्थ- **'नौ-दो ग्यारह होना'** का अर्थ होता है– भाग जाना। यह अर्थ व्यंजना से ही लिया जा सकता है, क्योंकि इस वाक्यांश का अर्थ तो होता है- नौ और दो मिलकर ग्यारह होना, किन्तु व्यंजना में अर्थ हुआ- भाग जाना।
- मुहावरों के लिए यह आवश्यक नहीं कि ये व्याकरण के नियमों से बँधे हों, किन्तु न तो इनके शब्द-स्थान को परिवर्तित किया जा सकता है और न ही किसी शब्द-विशेष के स्थान पर उसका पर्यायवाची शब्द प्रयोग किया जा सकता है। जैसे- वह अपना-पराया बहुत देखता है, के स्थान पर 'वह पराया-अपना बहुत देखता है' लिखना अशुद्ध प्रयोग है।
- **'कहावत'** या **'लोकोक्ति'** का तात्पर्य एक ऐसे वाक्य से है, जो चमत्कारी रूप से संक्षेप में, किन्तु पूर्ण वाक्य में किसी सत्य या नीति के आशय को

स्पष्ट या सशक्त रूप में व्यक्त करता है और जो अधिक समय तक प्रयोग में आकर जनजीवन में प्रचलित हो गया हो। जैसे- दूध का जला मट्ठा भी फूँक-फूँक कर पीता है।

- मुहावरा और कहावत में कुछ विशेष अन्तर होता है–

1. 'मुहावरा' पूर्ण वाक्य नहीं होता है, जबकि कहावत या लोकोक्ति पूर्ण वाक्य होता है।
2. मुहावरे का स्वतन्त्र अस्तित्व नहीं होता। 'मुहावरा' किसी काव्य या वाक्य के अधीन रह कर ही प्रयुक्त हो सकता है, जबकि कहावत या लोकोक्ति की स्वतन्त्र सत्ता होती है और इसके द्वारा किसी कथन की पुष्टि की जाती है।
3. मुहावरे के प्रयोग से किसी कथन में चमत्कार उत्पन्न होता है, जबकि कहावत या लोकोक्ति किसी सत्य या नीति के आशय को स्पष्ट करता है।
4. मुहावरा छोटा होता है, जबकि लोकोक्तियाँ दीर्घ और भावपूर्ण होती हैं।
5. तीन-पाँच करना, जले पर नमक छिड़कना- मुहावरे हैं तथा 'तेते पाँव पसारिये जेती चादर होय' तथा 'दबी बिल्ली चूहों से कान कटवाती है'- ये कहावतें या लोकोक्तियाँ हैं।

◆◆◆

वस्तुनिष्ठ-प्रश्न

मुहावरे

नीचे दिये गये मुहावरों के अर्थ के चार विकल्प दिये गये हैं। सही विकल्प का चयन कीजिए।

1. **अँगूठा दिखाना–**
   (क) स्वीकार करना (ख) इनकार करना
   (ग) इशारा करना (घ) मजाक करना

2. **अँगूठा लगाना–**
   (क) मना करना (ख) बाधा पहुँचाना
   (ग) स्वीकार करना (घ) दोषारोपण करना

3. **अन्धे के हाथ बटेर लगना–**
   (क) अयोग्य को पुरस्कार मिलना
   (ख) अन्धे के हाथ कोई मूल्यवान वस्तु मिल जाना
   (ग) अन्धे व्यक्ति को खुश करना
   (घ) अनायास ही कोई वस्तु मिल जाना

4. **अक्ल के पीछे लट्ठ लेकर फिरना–**
   (क) मूर्खता पूर्ण कार्य करना (ख) झगड़ालू प्रकृति का होना
   (ग) मनमानी करना (घ) उदण्डतापूर्ण कार्य करना

5. **अगर-मगर करना–**
   (क) बहाने बनाना (ख) असलियत का ज्ञान होना
   (ग) आसान काम होना (घ) कपट करना

6. **अपना उल्लू सीधा करना–**
   (क) स्वावलम्बी बनना (ख) अपना मतलब निकालना
   (ग) कपटी होना (घ) बदनाम करना

7. **आग में घी डालना–**
   (क) हवन करना
   (ख) किसी के क्रोध को भड़काना
   (ग) मूल्यवान वस्तु को नष्ट करना
   (घ) शुभकार्य में विघ्न डालना

8. **आसमान पर थूकना–**

(क) ऊपर की ओर थूकना

(ख) किसी की प्रशंसा करना

(ग) प्रतिष्ठित व्यक्ति की निन्दा करना

(घ) अधिक लाभ लेकर बेचना

9. **इधर-उधर की हाँकना–**

(क) एक-दूसरे को लड़ाना (ख) झूठी शिकायत करना

(ग) गाली-गलौज करना (घ) अप्रासंगिक बातें करना

10. **ईंट का जवाब पत्थर से देना–**

(क) दुष्ट के साथ दुष्टता करना

(ख) शत्रु को मार डालना

(ग) गाली-गलौज करना

(घ) विरोधी को पराजित करना

11. **ईद का चाँद होना–**

(क) बहुत दिनों बाद मिलना

(ख) बहुत दिनों बाद दिखायी देना

(ग) बहुत दिनों बाद खुशियाँ मनाना

(घ) दुर्लभ वस्तु होना

12. **उँगली उठाना–**

(क) किसी की कमजोरी दूसरे को बताना

(ख) अपने स्वार्थ के लिए दूसरों की बुराई करना

(ग) इशारा करना या आलोचना करना

(घ) किसी को हानि पहुँचाने के लिए इशारा करना

13. **उँगली पकड़कर पहुँचा पकड़ना–**

(क) प्रेमालाप करना

(ख) किसी महिला का हाथ पकड़ना

(ग) विरोधी का हाथ पकड़ लेना

(घ) किसी का थोड़ा-सा सहारा पाकर फिर सहारा देने वाले पर अधिकार जमा लेना

14. **उड़ता तीर झेलना–**

(क) दूसरे के संकट को अपने ऊपर लेना

(ख) अचानक तीर चुभ जाना

(ग) वीरतापूर्वक शत्रु का सामना करना

(घ) अपरिचित से प्रेम हो जाना

15. **एक लाठी से सबको हाँकना–**
   (क) एक तरफ से सभी को मारना
   (ख) सभी के साथ समान व्यवहार करना
   (ग) सभी को भयभीत करना
   (घ) सभी को बलपूर्वक अनुशासित करना

16. **एक ही थैले के चट्टे-बट्टे–**
   (क) सभी एक ही गाँव के रहने वाले व्यक्ति
   (ख) सभी एक ही कक्षा के मेधावी छात्र
   (ग) सभी समान रूप से बुरे व्यक्ति
   (घ) एक ही दूकान से खरीदे गये सभी खिलौने

17. **कच्चा चिट्ठा सुनाना–**
   (क) किसी को अपशब्दों से अपमानित करना
   (ख) किसी की अच्छाइयों का वर्णन करना
   (ग) किसी निरक्षर को उसका पत्र पढ़ कर सुनाना
   (घ) किसी की कमजोरियों को विस्तार से बताना

18. **कान भरना–**
   (क) किसी को दुराग्रहपूर्वक झूठी-सच्ची बातें बताना
   (ख) किसी को केवल बातों से ही सन्तुष्ट करना
   (ग) किसी को गुरुमन्त्र देना
   (घ) किसी को मूर्ख बनाना

19. **कूएँ में ही भाँग पड़ी होना–**
   (क) किसी को धोखे से मादक पदार्थ खिलाना
   (ख) सभी लोगों की मति भ्रष्ट होना
   (ग) सार्वजनिक रूप से नशे का सेवन
   (घ) किसी वस्तु का अत्यन्त सस्ता होना

20. **खटाई में पड़ना–**
   (क) कष्ट झेलना
   (ख) अनिष्ट की आशंका होना
   (ग) व्यवधान पड़ना
   (घ) वैमनस्य होना

21. **खिचड़ी पकाना–**
   (क) कार्याधिक्य से स्वास्थ्य पर ध्यान न देना
   (ख) कार्य शीघ्रता से निपटाना
   (ग) विरोधी से तालमेल बिठाना
   (घ) गुप्त योजना बनाना

22. **खून सूखना–**

(क) बहुत भयभीत हो जाना (ख) बहुत क्रोधित हो जाना

(ग) बहुत उत्साहित हो जाना (घ) बहुत हानि हो जाना

23. **गाँठ पड़ना–**

(क) विरोधी दल का मेल होना (ख) विवाह होना

(ग) द्वेष का स्थायी होना (घ) मित्रता का मजबूत होना

24. **घड़ों पानी पड़ना–**

(क) शर्मिन्दा होना (ख) अच्छी तरह स्नान करना

(ग) शीतलता प्राप्त करना (घ) स्वच्छता प्राप्त करना

25. **गाँठ बाँधना–**

(क) शुभ विवाह होना

(ख) विरोधी से मित्रता करना

(ग) किये गये उपकार को याद करना

(घ) स्थायी रूप से याद रखना

26. **घास काटना/छीलना–**

(क) निकृष्ट कार्य करना

(ख) गुणवत्ता का ध्यान रखे बिना जैसे-तैसे काम निपटा देना

(ग) गरीबी में दिन गुजारना

(घ) अनावश्यक कार्य करना

27. **घुटने टेकना–**

(क) अच्छी तरह साँस न लेना

(ख) अत्यन्त कमजोर होना

(ग) अपनी असमर्थता स्वीकार करना

(घ) बलवान से टक्कर लेना

28. **चिकना घड़ा होना–**

(क) अत्यन्त खूबसूरत व्यक्ति (ख) मधुर वचन बोलने वाला

(ग) कपटी किन्तु हँसमुख होना (घ) कुछ भी असर न होना

29. **छाती पर साँप लेटना–**

(क) ईर्ष्या होना (ख) संकट में डाल देना

(ग) खतरनाक कार्य करना (घ) विपत्ति में विचलित न होना

30. **छाती पर मूँग दलना–**

(क) विपत्ति में विचलित न होना
(ख) निकट रहकर निरन्तर कष्ट देते रहना
(ग) कुछ भी असर न होना
(घ) साहस पूर्वक सामना करना

31. **जहर का घूँट पीना–**

(क) विष पीकर आत्महत्या कर लेना
(ख) अत्यधिक शराब पीना
(ग) असह्य स्थिति को भी सहन करना
(घ) हानि हो जाने पर भी धैर्य न खोना

32. **टाँग अड़ाना–**

(क) अन्याय का विरोध करना
(ख) विरोधी का डटकर सामना करना
(ग) धन देकर काम करवाना
(घ) अवांछित व्यवधान उत्पन्न करना

33. **टोपी उछालना–**

(क) अपमानित करना (ख) सम्मानित करना
(ग) परोपकार का प्रदर्शन करना (घ) लालच देकर कार्य करना

34. **डकार जाना–**

(क) किसी की हत्या कर देना
(ख) अनुचित रूप से किसी का धन हड़प कर लेना
(ग) व्यवधान उपस्थित करना
(घ) अह्य स्थिति को भी सहन करना

35. **तलवा सहलाना–**

(क) चरण स्पर्श करना (ख) सेवा करना
(ग) खुशामद करना (घ) स्वार्थ सिद्ध करना

36. **थाह लेना–**

(क) लाठी के सहारे चलना (ख) पानी की गहराई जानना
(ग) डुबकी लगाकर तैरना (घ) किसी गुप्त बात का रहस्य जानना

37. **थूक कर चाटना–**
(क) अपनी बात से फिर जाना
(ख) अत्यन्त लालची होना
(ग) भिक्षा देकर वापस ले लेना
(घ) उपेक्षा के बाद स्नेह प्रदर्शित करना

38. **दर-दर की ठोकरें खाना–**
(क) प्रत्येक व्यक्ति से सहायता माँगना
(ख) बहुत कष्ट उठाना
(ग) समाज द्वारा उपेक्षित होना
(घ) समस्याओं से संघर्ष करना

39. **दाँत काटी रोटी–**
(क) परिश्रम से कमायी गयी पूँजी
(ख) जूठा भोजन
(ग) आपस में अत्यधिक घनिष्ठता
(घ) अनुचित साधन से अर्जित धन

40. **दिल थामना–**
(क) कष्ट सहना (ख) अत्यधिक खुशी होना
(ग) आकर्षित होना (घ) मन को समझाना

41. **दिल की गाँठ खोलना–**
(क) वैर-भाव दूर कर देना (ख) सही-सही बात करना
(ग) गुप्त बात को प्रकट करना (घ) मित्रता का त्याग करना

42. **धूल झाड़ना–**
(क) झटके से धूल अलग करना (ख) कष्ट को भुला देना
(ग) सम्बन्ध अलग करना (घ) धोखा देना

43. **नमक-मिर्च लगाना–**
(क) रोचकता उत्पन्न करना
(ख) आकर्षक बनाना
(ग) किसी बात को बढ़ा-चढ़ा कर कहना
(घ) सीमा का उल्लंघन करना

44. **नाक का बाल होना–**
(क) सम्मानित होना (ख) उत्साहित होना
(ग) अत्यन्त कष्ट झेलना (घ) अत्यन्त प्रिय होना

45. **नाक-भौं सिकोड़ना–**

(क) नफरत करना (ख) संकोच करना

(ग) प्यार करना (घ) खुशामद करना

46. **नाकों चने चबाना–**

(क) असम्भव कार्य करना (ख) बहुत कष्ट झेलना

(ग) अनुभवी होना (घ) सही न्याय करना

47. **नानी याद आना–**

(क) स्मरणशक्ति तीव्र होना (ख) सुखद अनुभव होना

(ग) मुसीबत का अहसास होना (घ) बचपन के दिन याद आना

48. **पानी में आग लगाना–**

(क) परिवार में कलह उत्पन्न करना

(ख) मित्र को धोखा देना

(ग) पानी से आग बुझाना

(घ) असम्भव-सा कार्य करना

49. **पापड़ बेलना–**

(क) बहुत कष्ट उठाना (ख) मजदूरी करना

(ग) निम्नस्तरीय कार्य करना (घ) उपकार करना

50. **पेट में दाढ़ी होना–**

(क) तेज भूख लगना (ख) बचपन में ही समझदार हो जाना

(ग) निष्कपट होना (घ) अपने स्वार्थ के लिए खुशामद करना

51. **पेट में चूहे कूदना–**

(क) गुप्त बात को प्रकट कर देना

(ख) अधिक खाने से अपच हो जाना

(ग) अत्यन्त भूख लगना

(घ) बोलने के लिए व्याकुल होना

52. **फूँक-फूँक कर कदम रखना–**

(क) धीरे-धीरे आगे बढ़ना

(ख) अत्यन्त भयभीत होना

(ग) आडम्बरपूर्ण जीवन यापन करना

(घ) सावधानी पूर्वक काम करना

53. **बीड़ा उठाना–**

(क) किसी कार्य को करने का संकल्प करना
(ख) नाच-गाने का प्रबन्ध करना
(ग) पान खाने की इच्छा करना
(घ) निर्लज्ज होना

54. **दिल बाग-बाग होना–**

(क) रोना (ख) खुश होना (ग) खेलना (घ) नाराज होना

55. **बावन तोले पाँच रत्ती–**

(क) गलत हिसाब (ख) सही निर्णय
(ग) निरर्थक कार्य (घ) बिल्कुल ठीक हिसाब

56. **भींगी बिल्ली बनना–**

(क) अनावश्यक रूप से लोगों को भयभीत करना
(ख) व्यर्थ दिखावा करना
(ग) किसी मजबूरी में शान्त-सहमे हुए रहना
(घ) आडम्बरपूर्ण आचरण करना

57. **मुँह की खाना–**

(क) परनिन्दा सुनना (ख) असत्य बातों पर विश्वास करना
(ग) जूठा भोजन ग्रहण करना (घ) पराजित हो जाना

58. **मुँह काला करना–**

(क) कलंकित या बदनाम कर देना
(ख) निम्न स्तर के कार्य करना
(ग) किसी को अनावश्यक परेशान करना
(घ) लेखन कार्य में लगे रहना

59. **राई का पहाड़ बनाना–**

(क) किसी छोटी-सी बात को बढ़ा-चढ़ाकर कहना
(ख) पर्वतीय यात्रा की योजना बनाना
(ग) क्षुद्र व्यक्ति का अत्यधिक सम्मान करना
(घ) चुगली करना

60. **लल्लो-चप्पो करना–**

(क) रूठे मित्र को मनाना (ख) छोटे बच्चे को प्यार करना
(ग) चिकनी-चुपड़ी बातें करना (घ) किसी को मूर्ख बनाना

61. **लाल-पीला होना–**

(क) रंग बदलना (ख) प्रसन्न होकर सुस्त हो जाना

(ग) बहुत प्रसन्न होना (घ) बहुत गुस्सा आना

62. **लोहा मानना–**

(क) श्रेष्ठता स्वीकार करना (ख) पराजित न होना

(ग) आतंकित होना (घ) किसी से भयभीत होना

63. **लोहे के चने चबवाना–**

(क) कठिन संघर्ष करना (ख) किसी को परेशान या परास्त करना

(ग) परेशानी में डालना (घ) कठिन परिश्रम के लिए प्रेरित करना

64. **विष उगलना–**

(क) अपराध स्वीकार करना

(ख) उल्टी करना

(ग) किसी के विरुद्ध जली-कटी कहना

(घ) हास-परिहास करना

65. **श्रीगणेश करना–**

(क) मन्त्रोच्चार करना (ख) गणेश वन्दना करना

(ग) कार्य को पूरा करना (घ) कार्य आरम्भ करना

66. **सब्जबाग दिखाना–**

(क) अच्छी बातें कहकर बहकाना

(ख) अमोरी का प्रदर्शन करना

(ग) अपनी अयोग्यता को छिपाना

(घ) योग्यता का प्रदर्शन करना

67. **सिर उठाना–**

(क) समर्थन करना (ख) विरोध करना

(ग) सहयोग करना (घ) शक्ति-सम्पन्न होना

68. **सूरज को दीपक दिखाना–**

(क) हाथ में दीपक लेकर सूर्य की पूजा करना

(ख) सूर्य की आरती करना

(ग) सुविख्यात व्यक्ति का परिचय देना

(घ) प्रसिद्ध व्यक्ति की निन्दा करना

प्रत्येक कथन के चार विकल्प दिये गये है, उपर्युक्त अर्थ के लिए सही मुहावरे का चयन करें।

69. **आत्म-निर्भर होना–**
(क) कमाऊ होना (ख) धन्धा करना
(ग) स्वाधीन होना (घ) अपने पैरों पर खड़ा होना

70. **अपनी प्रशंसा करना–**
(क) शेखी बघारना
(ख) डींग हाँकना
(ग) अपने मुँह मियाँ मिट्ठू बनना
(घ) अपनी तारीफ के पुल बाँधना

71. **धोखा देना–**
(क) उल्लू बनाना (ख) मनगढ़न्त बातें करना
(ग) आँखों में धूल झोंकना (घ) बेपर की उड़ाना

72. **बुद्धि भ्रमित होना–**
(क) चक्कर में पड़ना (ख) अक्ल पर पत्थर पड़ना
(ग) धोखा खाना (घ) उल्लू बनना

73. **झूठा भय दिखाना–**
(क) धौंस देना (ख) धमकी देना
(ग) बन्दर घुड़की देना (घ) भपकी देना

74. **एकमात्र सहारा–**
(क) धरती की गोद (ख) नीली छतरीवाला
(ग) आँखों का तारा (घ) अन्धे की लाठी

75. **एकलौता पुत्र–**
(क) आँखों का तारा (ख) अन्धेरे का दीपक
(ग) आँखों का उजाला (घ) नयन तारा

76. **महामूर्ख के सामने वेदपाठ करना–**
(क) अन्धे के आगे रोना (ख) भैंस के आगे बीन बजाना
(ग) बूढ़े तोते को पढ़ाना (घ) रेत से तेल निकालना

77. **हृदयहीन व्यक्ति के आगे दया की याचना करना–**
(क) अन्धे के आगे रोना (ख) पत्थर पर सिर पटकना
(ग) भैंस के आगे बीन बजाना (घ) रेत से तेल निकालना

78. **अपने हाथों अपना ही अहित करना–**

(क) जिस थाली में खाना उसी में छेद करना

(ख) जिस डाल बैठना, उसी को काटना

(ग) घर-फूँक तमाशा देखना

(घ) अपने पैरों पर आप कुल्हाड़ी मारना

79. **गुण के विपरीत नामधारी व्यक्ति–**

(क) आँख का अन्धा नाम नयनसुख

(ख) गूँगी का नाम बड़बोली

(ग) धनीराम को भीकाराम कहना

(घ) भीकू को धनीराम कहना

80. **बिना परिश्रम के अप्रत्याशित लाभ होना–**

(क) अन्धे के हाथ बटेर लगना

(ख) छप्पर फाड़ कर मिलना

(ग) आँधी के आम

(घ) उचट कर लगना

81. **अत्यधिक शोर होना–**

(क) होहल्ला मचाना

(ख) कान के पास की आवाज न सुनना

(ग) आसमान सिर पर उठाना

(घ) कान फाड़ना

82. **प्रेम हो जाना–**

(क) आँखें चार होना (ख) आँखें लड़ना

(ग) आँखें लगना (घ) आहें भरना

83. **नष्ट-भ्रष्ट कर देना–**

(क) सर्वनाश करना (ख) बण्टाधार करना

(ग) मिसमार कर देना (घ) ईंट से ईंट बजाना

84. **संकट आया देखकर भाग जाना–**

(क) दुम दबा कर भागना (ख) उड़न-छू होना

(ग) नौ-दो ग्यारह होना (घ) सिर पर पैर रखकर भागना

उत्तरमाला

1-(ख) इनकार करना, 2-(ग) स्वीकार करना, 3-(घ) अनायास ही कोई वस्तु मिल जाना, 4-(क) मूर्खतापूर्ण कार्य करना, 5-(क) बहाने बनाना, 6-(ख) अपना मतलब निकालना, 7-(ख) किसी के क्रोध को भड़काना, 8-(ग) प्रतिष्ठित व्यक्ति की निन्दा करना, 9-(घ) अप्रासंगिक बातें करना, 10-(क) दुष्ट के साथ दुष्टता करना, 11-(ख) बहुत दिनों बाद दिखायी देना, 12-(ग) इशारा करना या आलोचना करना, 13-(घ) किसी का थोड़ा-सा सहारा पाकर फिर सहारा देने वाले पर अधिकार जमा लेना, 14-(क) दूसरे के संकट को अपने ऊपर ले लेना, 15-(ख) सभी के साथ समान व्यवहार करना, 16-(ग) सभी समान रूप से बुरे व्यक्ति, 17-(घ) किसी की कमजोरियों को विस्तार से बताना, 18-(क) किसी को दुराग्रहपूर्वक झूठी बातें बताना, 19-(ख) सभी लोगों की मति भ्रष्ट होना, 20-(ग) व्यवधान पड़ना, 21-(घ) गुप्त योजना बनाना, 22-(क) बहुत भयभीत हो जाना, 23-(ग) द्वेष का स्थायी होना, 24-(क) शर्मिन्दा होना, 25-(घ) स्थायी रूप से याद रखना, 26-(घ) अनावश्यक कार्य करना, 27-(ग) अपनी असमर्थता स्वीकार करना, 28-(घ) कुछ भी असर न होना, 29-(क) ईर्ष्या होना, 30-(ख) निकट रहकर निरन्तर कष्ट देते रहना, 31-(ग) असह्य स्थिति को भी सहन करना, 32-(घ) अवांछित व्यवधान उपस्थित करना, 33-(क) अपमानित करना, 34-(ख) अनुचित रूप से किसी का धन हड़प कर लेना 35-(ग) खुशामद करना, 36-(घ) किसी गुप्त बात का रहस्य जानना, 37-(क) अपनी बात से फिर जाना, 38-(ख) बहुत कष्ट उठाना, 39-(ग) आपस में बहुत घनिष्ठता, 40-(घ) मन को समझाना, 41-(क) वैर-भाव दूर कर देना, 42-(ख) कष्ट को भुला देना, 43 (ग) किसी बात को बढ़ा-चढ़ा कर कहना 44-(घ) अत्यन्त प्रिय होना, 45-(क) नफरत करना, 46-(ख) बहुत कष्ट झेलना, 47-(ग) मुसीबत का अहसास होना, 48-(घ) असम्भव-सा कार्य करना, 49-(क) बहुत कष्ट उठाना, 50-(ख) बचपन में ही समझदार हो जाना, 51-(ग) अत्यन्त भूख लगना, 52-(क) धीरे-धीरे आगे बढ़ना, 53-(क) किसी कार्य को करने का संकल्प करना, 54-(ख) खुश होना, 55-(घ) बिलकुल ठीक हिसाब, 56-(ग) किसी मजबूरी में शान्त सहमे हुए रहना, 57-(घ) पराजित हो जाना, 58-(क) कलंकित या बदनाम कर देना, 59-(क) किसी छोटी-सी बात को बढ़ा-चढ़ाकर कहना, 60-(ग) चिकनी-चुपड़ी बातें करना, 61-(घ) बहुत गुस्सा आना, 62-(क) श्रेष्ठता स्वीकार करना, 63-(घ) कठिन संघर्ष के लिए प्रेरित करना, 64-(घ) कार्य आरम्भ करना, 65-(क) अच्छी बातें कहकर बहकाना,

66–(ख) विरोध करना, 67–(ग) सुविख्यात व्यक्ति का परिचय देना, 68–(घ) अपने पैरों पर खड़ा होना, 69–(ग) अपने मुँह मियाँ मिटठू बनना, 70–(ग) आँखों में धूल झोकना, 71–(क) चक्कर में पड़ना, 72–(ग) बन्दर घुड़की देना, 73–(घ) अन्धे की लाठी, 74–(ख) अन्धेरे का दीपक, 75–(ख) भैंस के आगे बीन बजाना, 76–(ख) पत्थर पर सिर पटकना, 77–(घ) अपने पैरों पर आप कुल्हाड़ी मारना, 78–(क) आँख का अन्धा नाम नयनसुख, 79–(ग) आँधी के आम, 80–(ग) आसमान सिर पर उठाना, 81–(क) आँखें चार होना, 82–(ग) मिसमार कर देना, 83–(ख) उड़न–छू हो जाना।

लोकोक्तियाँ या कहावतें

नीचे कुछ लोकोक्तियाँ दी गयी हैं, प्रत्येक के चार विकल्प हैं। सही विकल्प पर निशान लगाइए।

1. **अधजल गगरी छलकल जाये–**
   (क) सम्भल कर न चलना।
   (ख) कायदे से काम करना।
   (ग) अल्पज्ञ या कम धनाढ्य द्वारा गर्व का प्रदर्शन।
   (घ) अपने काम का प्रदर्शन।

2. **आ बैल मुझे मार–**
   (क) छेड़-छाड़ करना (ख) जान-बूझ कर मुसीबत में पड़ना
   (ग) किसी को गाली देना (घ) बैल के सामने बैठ जाना

3. **आग लगने पर कुआँ खोदना–**
   (क) तुरन्त काम में लग जाना।
   (ख) विपत्ति आने पर निराकरण का उपाय करना।
   (ग) आवश्यकता के अनुसार काम करना।
   (घ) व्यर्थ भाग-दौड़ करना।

4. **आये थे हरि भजन को ओटन लगे कपास–**
   (क) साधुओं की संगति को छोड़ देना।
   (ख) भक्ति छोड़कर व्यापार करने लगना।
   (ग) गृहस्थी के झंझटों में फँस जाना।
   (घ) वांछित कार्य छोड़कर अन्य कार्य में लग जाना।

5. **घर की खाँड़ किरकिरी लगे, बाहर का गुड़ मीठा–**
   (क) बाजार में हमेशा ताजी वस्तु मिलती है।
   (ख) दूसरे की पत्तल का भात मीठा लगता है।
   (ग) चटोरे लोग घर के भोजन को बुरा बताते हैं।
   (घ) सरलता से उपलब्ध होने वाली श्रेष्ठ वस्तु भी अच्छी नहीं लगती, जबकि अन्य व्यक्ति के पास उपलब्ध वही वस्तु अपेक्षाकृत कम श्रेष्ठ होने पर भी आकर्षक प्रतीत होती है।

6. **होनहार बिरवान के होत चीकने पात–**
   (क) जो व्यक्ति भविष्य में महान बनने वाले होते हैं, उनके गुण बचपन में ही प्रकट हो जाते हैं।
   (ख) कल्ले को देखकर पता चल जाता है कि यह कैसा पौधा है।
   (ग) अच्छे पौधे की यह पहचान है कि उसके पत्ते चिकने होते हैं।
   (घ) चिकने पत्तों को सब देखना चाहते हैं।

7. **जो गरजते हैं, वे बरसते नहीं–**
   (क) गरजने वाले बादल प्रायः खाली चले जाते हैं।
   (ख) गरजने वाले व्यक्ति कुछ देते नहीं।
   (ग) चिल्लाने वाला व्यक्ति किसी की हानि नहीं करता।
   (घ) जो ज्यादा बोलते हैं, वे विशेष सफल नहीं होते।

8. **नाच न आवे, आँगन टेढ़ा–**
   (क) मूर्ख लोग बहाने बनाते हैं।
   (ख) टेढ़े आँगन में नाच ठीक तरह नहीं होता।
   (ग) शेखी मारना।
   (घ) कार्य करने की क्षमता न होने पर दूसरों को दोष देना।

9. **ऊधो का लेना, न माधो का देना–**
   (क) सबसे अलग रहना, अपने काम से काम।
   (ख) देश छोड़कर चले जाना।
   (ग) हिसाब साफ करना उधार-खाता न करना।
   (घ) भक्ति-भाव से दूर रहना।

10. **घर की मुर्गी दाल बराबर–**
   (क) घर में आसानी से प्राप्त होने वाली वस्तु का कोई महत्त्व नहीं होता।
   (ख) घर में मुर्गी हो, तो उसको दाल की तरह रोज खाना।
   (ग) घर में बनाया हुआ मुर्गी का शोरबा दाल की तरह अच्छा लगता है।
   (घ) घर में पकायी हुई मुर्गी में स्वाद नहीं आता।

11. **पढ़ें फ़ारसी बेचें तेल–**
   (क) बेकार रहना।
   (ख) योग्यता होने पर भी विवशता में निम्नस्तर का कार्य करना।
   (ग) विद्या का अपमान करना।
   (घ) फारस में पढ़े-लिखे लोग तेल का व्यापार करते हैं।

12. **धोबी का कुत्ता घर का न घाट का–**
   (क) दल-बदल की हालत धोबी के कुत्ते की तरह हो जाती है।
   (ख) धोबी के कुत्ते की कद्र नहीं होती।
   (ग) किसी का भी विश्वासपात्र न होना।
   (घ) कुत्ता धोबी के किसी काम में नहीं आता है।

13. **कोयले की दलाली में हाथ काला–**
   (क) सोहबत का असर पड़ता है।
   (ख) बुरे काम का बुरा नतीजा होता है।
   (ग) बुरे काम में सहायता करने पर बुराई हाथ लगती है।
   (घ) कोयले के पास न जाने पर भी कालिख लग ही जाती है।

14. **कहाँ राजा भोज, कहाँ गंगू तेली–**
   (क) दोस्ती बराबर वालों की ही ठीक होती है।
   (ख) अच्छी जगह से बुरी जगह जाना।
   (ग) अमीरी के बाद गरीबी के दिन देखना।
   (घ) बड़े लोगों के साथ छोटे लोगों की बराबरी नहीं हो सकती।

15. **थोथा चना बाजे घना–**
   (क) अल्पज्ञ व्यक्ति बातें अधिक करता है।
   (ख) ठलुआ व्यक्ति केवल बातें करता है।
   (ग) थोथा चना आवाज बहुत करता है।
   (घ) चने की आवाज से पता लग जाता है कि उसमें कितना पदार्थ है।

16. **जल में रह कर मगर से बैर–**
   (क) पड़ोसी से दुश्मनी नहीं करनी चाहिए।
   (ख) होशियारी से न रहना।
   (ग) आगा-पोछा सोचे बिना व्यवहार करना।
   (घ) बड़े से शत्रुता नहीं करनी चाहिए।

17. **गुड़ खाये गुलगुलों से परहेज–**

(क) ठीक तरह से परहेज न करना।

(ख) झूठे ढोंग रचना।

(ग) ना–समझी का व्यवहार करना।

(घ) रहस्य न समझना।

18. **नेकी और पूछ-पूछ–**

(क) नेकी करके चाहते हो कि कोई तुम्हें पूछे।

(ख) नेकी पूछ–पूछ कर नहीं की जाती है।

(ग) भलाई करने वाले को कोई नहीं पूछता।

(घ) सोच–समझ कर किसी के साथ नेकी करनी चाहिए।

19. **अन्धे के आगे रोवे, अपना नैना (दीदा) खोवे–**

(क) मूर्ख को समझाने से कोई लाभ नहीं होता।

(ख) व्यर्थ परिश्रम से कोई लाभ नहीं।

(ग) जो कष्ट को न समझे, उसके आगे दुखड़ा कहने से लाभ नहीं।

(घ) अन्धे को राह बताने से काम नहीं चलता।

20. **अन्धी पीसे, कुत्ता खाये–**

(क) किसी के कार्य का लाभ अन्य को मिले।

(ख) कृपण का धन ठगी में जाता है।

(ग) श्रमजीवी का सदैव शोषण होता है।

(घ) अन्धों का परिश्रम व्यर्थ होता है।

21. **अन्धेर नगरी चौपट राजा–**

(क) किसी के कार्यों का उपहास होना।

(ख) अन्याय का बोलबाला।

(ग) अत्याचार का बोलबाला।

(घ) शासक का विलास प्रिय होना।

22. **अन्धों में काना राजा–**

(क) एक अमीर, अन्य सभी गरीब।

(ख) अन्धे लोग कानों की इज्जत करते हैं।

(ग) मूर्खों के बीच में थोड़ा चतुर व्यक्ति।

(घ) एक शरीफ, अन्य सभी बदमाश।

23. **अक्ल बड़ी या भैंस–**

(क) अक्ल से भैंस बड़ी होती है।

(ख) अक्ल और भैंस में कौन बड़ा।

(ग) भैंस के बुद्धि नहीं होती।

(घ) शारीरिक बल से बुद्धिबल श्रेष्ठ।

24. **अपनी करनी पार उतरनी–**

(क) अपने किये कर्मों का फल भोगना पड़ता है

(ख) अच्छे कर्मों से सफलता मिलती है

(ग) बुरे कर्मों का फल बुरा होता है

(घ) उपर्युक्त सभी

25. **अब पछताये होत क्या, जब चिड़ियाँ चुग गयीं खेत–**

(क) समय से पूर्व व्यवस्था करनी चाहिए।

(ख) अवसर निकल जाने पर पछताना व्यर्थ है।

(ग) प्रायश्चित करने से कोई लाभ नहीं।

(घ) अपने खेत की रखवाली करनी चाहिए।

26. **ऊँची दुकान फीका पकवान–**

(क) बड़ी दुकानों पर सौदा महँगा मिलता है।

(ख) बड़े दुकानदार घटिया माल बेच देते हैं।

(ग) बड़े दुकानदार उधार नहीं देते हैं।

(घ) बाहरी दिखावा अधिक, किन्तु गुण या कर्मों का अभाव।

27. **एक अनार, सौ बीमार–**

(क) एक दोष के बाद, दूसरा दोष।

(ख) सामान कम और चाहने वाले अधिक।

(ग) बीमार व्यक्तियों के लिए अनार लाभकारी है।

(घ) वस्तुएँ अनेक, पर चाहने वाला एक।

28. **एक और एक ग्यारह होते हैं–**

(क) किसी को गलत जानकारी देना।

(ख) एक साथ अनेक काम करना।

(ग) एकता में शक्ति है।

(घ) किसी से उपहास करना।

29. **ओछे की प्रीति बालू की भीत–**

(क) ओछे व्यक्ति बहुत जल्दी मिला करते हैं।

(ख) निकृष्ट व्यक्ति की मित्रता स्थायी नहीं होती।

(ग) कमजोर दीवारों पर छत नहीं टिकती।

(घ) निकृष्टजन बालू की दीवार के समान कमजोर होते हैं।

30. **कंगाली में आटा गीला–**

(क) गरीबी में आटा भी महँगा होता है।

(ख) निर्धनता में प्रत्येक चीज दुर्लभ है।

(ग) विपत्ति पर विपत्ति आना।

(घ) निर्धन व्यक्ति का बीमार होना।

31. **काबुल में क्या गधे नहीं होते–**

(क) मूर्ख सभी जगह होते हैं।

(ख) अच्छाई सब जगह होती है।

(ग) अपवाद तो सब जगह होते हैं।

(घ) बुद्धिमान सभी जगह नहीं होते हैं।

32. **का बरखा जब कृषि सुखानी–**

(क) सिंचाई के समय वर्षा आवश्यक है।

(ख) अतिवृष्टि से फसल नष्ट हो जाती है।

(ग) अवसर निकल जाने पर पछताना मूर्खता है।

(घ) अवसर निकल जाने पर की गयी सहायता व्यर्थ होती है।

33. **कौआ चला हंस की चाल–**

(क) किसी दुष्ट व्यक्ति द्वारा अच्छे व्यवहार का प्रदर्शन करना।

(ख) कौआ चालाक होता है।

(ग) सभ्य व्यक्ति द्वारा चालाकी का प्रदर्शन।

(घ) अच्छे-बुरे का भेद न होना।

34. **गुदड़ी में लाल नहीं छिपता–**

(क) लाल रंग का कपड़ा कम गन्दा होता है।

(ख) सद्‌गुणी छिपाये नहीं छिपता।

(ग) दुर्गुणी छिपाये नहीं छिपता।

(घ) ओछा व्यक्ति किसी बात को हजम नहीं कर सकता।

35. **घर का भेदी लंका ढावै–**
(क) विश्वासघाती मित्र हानिकारक है।
(ख) चुगलखोर सर्वथा हानिकारक है।
(ग) घर की फूट विध्वंसक होती है।
(घ) घर की एकता से विजय होती है।

36. **चोर-चोर मौसेरे भाई–**
(क) बदमाशों से अन्तर्सम्बन्ध।
(ख) सहयोगी भावना वाले व्यक्ति।
(ग) समान गुणों वाले व्यक्ति।
(घ) समान विचारों वाले व्यक्ति।

37. **छोटा मुँह, बड़ी बात–**
(क) बड़ों से वाकयुद्ध करना।
(ख) अपनी योग्यता से बढ़कर बात करना।
(ग) किसी को कटुवचन कहना।
(घ) सामर्थ्य से अधिक बड़ा काम करना।

38. **जब तक साँस, तब तक आस–**
(क) जीवनपर्यन्त उपचार करना चाहिए।
(ख) असाध्य रोग भी ठीक हो जाते हैं।
(ग) आशा अन्त तक बनी रहती है।
(घ) अन्त तक रोगी की सेवा करनी चाहिए।

39. **जिसकी लाठी उसकी भैंस–**
(क) शक्तिसम्पन्न सब कुछ पा लेता है।
(ख) मूर्ख बिना दण्ड के समझता नहीं।
(ग) भैंसपालक के पास लाठी होना अनिवार्य है।
(घ) पशु भय से ही नियन्त्रित होते हैं।

40. **न नौ मन तेल होगा, न राधा नाचेगी–**
(क) नृत्यकला में प्रकाश का महत्व।
(ख) कलाकार को दिया जाने वाला प्रोत्साहन।
(ग) न पूरी होने वाली शर्त।
(घ) नृत्यकला प्रदर्शन का अत्यधिक पारिश्रमिक।

41. **गुरु कीजै जान के, पानी पीजै छान के–**
   (क) अच्छी तरह समझकर काम करना चाहिए।
   (ख) श्रेष्ठ गुरु और स्वच्छ जल पीना चाहिए।
   (ग) योग्य शिक्षक ही सही दिशा दे सकता है।
   (घ) छान कर जल सेवन करना सर्वथा उचित है।

42. **चट मँगनी, पट व्याह–**
   (क) शुभ कार्य में विलम्ब नहीं।
   (ख) पसन्द आते ही शादी कर लेना।
   (ग) शुभ घड़ी में शादी करना।
   (घ) तुरन्त कार्य होना।

43. **नाच न जाने आँगन टेढ़ा–**
   (क) विकलांगता नृत्य में बाधक है।
   (ख) विकलांग द्वारा नृत्यकला का श्रेष्ठ प्रदर्शन।
   (ग) नृत्य कला अन्य अवगुणों को छिपा लेती है।
   (घ) बहाना बनाकर अपना दोष छिपाना।

44. **बन्दर क्या जाने अदरक का स्वाद–**
   (क) बन्दर के लिए अदरक विष है।
   (ख) बन्दर को खाँसी-जुकाम नहीं होता।
   (ग) मूर्ख किसी अच्छी वस्तु की कद्र नहीं करता।
   (घ) बन्दर को अदरक पसन्द नहीं।

45. **बिन माँगे मोती मिले, माँगे मिले न भीख–**
   (क) माँगना व्यर्थ है।
   (ख) माँगने से भीख नहीं मिलती।
   (ग) मोती बिना माँगे ही मिल जाती है।
   (घ) परिश्रम पर विश्वास करना चाहिए।

46. **भई गति साँस-छँ छून्दर के री (की-सी)–**
   (क) आक्रामक स्थिति (ख) हास्यास्पद स्थिति
   (ग) असमंजस की स्थिति (घ) शिकार की स्थिति

47. **भेड़ की खाल में भेड़िया–**
   (क) देखने में बहादुर, किन्तु वास्तव में कायर।
   (ख) देखने में सरल, किन्तु वास्तव में धूर्त।
   (ग) देखने में क्रूर, किन्तु वास्तव में सरल।
   (घ) देखने में भेड़िया किन्तु वास्तव में भेड़।

48. **मुल्ला की दौड़ मसज़िद तक–**

(क) पूर्णरूपेण धर्म पर निर्भर (ख) सीमित क्षेत्र तक पहुँच होना

(ग) आस्तिक होना (घ) नास्तिक होना

49. **हाथ कंगन को आरसी क्या–**

(क) खरा सोना परखते की आवश्यकता नहीं।

(ख) प्रत्यक्ष को प्रमाण की आवश्यकता नहीं।

(ग) कर्मठ को डरने की आवश्यकता नहीं।

(घ) कलाई के आभूषण को सुरक्षा की आवश्यकता नहीं।

भाव को व्यक्त करने के लिए लोकोक्ति के चार विकल्प दिये गये हैं, सही लोकोक्ति का चयन कीजिए।

50. कम मूल्य की वस्तु की सुरक्षा के लिए बहुमूल्य वस्तु को सुरक्षा में लगाने की **लोकोक्ति** है–

(क) कोयलों की रक्षा के लिए हीरों का बाड़ा।

(ख) अरहर की टाट और गुजराती ताला।

(ग) चुहिया मारने के लिए साँप की खोज।

(घ) गधों के चरने हेतु अँगूर की खेती।

51. बुद्धि की श्रेष्ठता प्रदर्शित करने के लिए **लोकोक्ति** है–

(क) पैसों से अकल नहीं मिलती।

(ख) बाजार में अक्ल नहीं बिकती।

(ग) अकल बड़ी या भैंस।

(घ) अकल के अन्धे, गाँठ के पूरे।

52. अयोग्य व्यक्ति के आडम्बर करने पर कहा जाता है–

(क) थोथा चना, बाजे घना।

(ख) रंगा सियार।

(ग) ऊँची दुकान, फीका पकवान।

(घ) अधजल गगरी छलकत जाये।

53. अपने कर्मों का फल स्वयं भोगना पड़ता है–

(क) जैसी करनी, वैसी भरनी।

(ख) जस करिये सो तस फल चाखा।

(ग) अपनी करनी पार उतरनी।

(घ) बोये पेड़ बबूल का आम कहाँ ते होय?

54. 'अकेला व्यक्ति कोई कार्य नहीं कर सकता'– की लोकोक्ति है–

(क) अकेले की क्या बिसात?

(ख) अकेला आदमी फूँस बराबर।

(ग) अकेला चना भाड़ नहीं फोड़ता।

(घ) एक फूल क्या हार बनेगा।

55. 'अपनी-अपनी बात को महत्त्व देने की' **लोकोक्ति** है–

(क) अपनी दाल अलग गलेगी।

(ख) अपनी बात सवा हाथ

(ग) अपना खून खून है, औरों का पानी?

(घ) अपनी-अपनी ढपली, अपना-अपना राग।

56. 'अपने में ही कमी, तो आलोचना करने वालों को दोष क्यों?' की **लोकोक्ति** है–

(क) अपनी आँख का टेट न देखना।

(ख) काने को काना कहना।

(ग) अपनी नाक कटी है, तो नकटा कहने से चिढ़ना क्यों?

(घ) अपना सोना खोटा, तो सोनार को दोष क्यों?

57. 'गुण के विपरीत नाम या नाम के विपरीत काम करने' की **लोकोक्ति** है–

(क) धनीराम जी भीख माँगते।

(ख) आँखों के अन्धे नाम नयनसुख।

(ग) जेब काटते दीनदयाल।

(घ) चैत के चन्दा सो, मगर नाम है तारा।

58. 'बुरे आदमी के साथ भला आदमी भी कष्ट पाता है' इसके लिए **'कहावत'** है–

(क) अन्य करे अपराध और फल पाये कोई अन्य।

(ख) रावन ने सीता हरी, बाँध्यो गयो समुद्र।

(ग) चोरी कर गये चोरी वाले, पकड़े गये दाढ़ी वाले।

(घ) गेहूँ के साथ घुन पिसना।

59. 'एक तरफ से झगड़ा नहीं होता' वाक्य के लिए **'लोकोक्ति'** है–

(क) आग लगाये बिना धुआँ नहीं होता।

(ख) अकेला चना भाड़ नहीं फोड़ता।

(ग) हवा में हाथ मारने से आवाज नहीं होती।

(घ) एक हाथ से ताली नहीं बजती।

60. 'असमान व्यक्तियों की तुलना' के लिए **लोकोक्ति** है–

(क) भेड़-भेड़िया एक समझना।

(ख) कहाँ राम-राम, कहाँ टें-टें।

(ग) कहाँ राजा भोज, कहाँ गंगू तेली।

(घ) इनमें से कोई नहीं।

61. 'भाग्यहीन को हर जगह असफलता मिलती है'– के लिए **लोकोक्ति** है–

(क) कानी के व्याह में सौ जौंखें।

(ख) जहाँ जाये भूखा, वहाँ पड़े सूखा।

(ग) दूबरी और दो अषाढ़।

(घ) करमहीन खेती करे, सूखा परे और बैल मरे।

62. 'संगत का प्रभाव पड़ता ही है'– की **लोकोक्ति** है–

(क) काजल की कोटरी में जाने से कालिख लगती ही है।

(ख) जैसी संगत, वैसी रंगत।

(ग) खरबूजे को देखकर खरबूजा रंग बदलता है।

(घ) जैसा खाये अन्न, वैसा होये मन।

63. 'वेश बदलने से गुण नहीं बदलता'– कथन की **लोकोक्ति** है?

(क) मोर के पंख लगाकर कौवा मोर नहीं बनता।

(ख) देशी गधी और पूर्वी चाल।

(ग) शेर की खाल ओढ़कर गधा शेर नहीं बनता।

(घ) कौआ चले हंस की चाल।

64. 'अधिक परिश्रम करने पर भी थोड़ा लाभ होना'– की **लोकोक्ति** है–

(क) समुद्र मथा, पर निकला जहर।

(ख) कुआँ खोदा, पर निकला चुल्लू भर पानी।

(ग) खोदा पहाड़, निकली चुहिया।

(घ) चढ़े हिमालय, मिली बतास।

65. 'कुपात्र की सहायता करना व्यर्थ है'– की **लोकोक्ति** है–

(क) अन्धे को न्यौता, दो जने आये।

(ख) कुत्ते को खिलायी खीर, पाप में, न पुण्य में।

(ग) गधे की खायी खेती, न पाप में, न पुण्य में।

(घ) इनमें से कोई नहीं।

66. 'आपस की फूट का बुरा परिणाम'- की **लोकोक्ति** है–

(क) खेत में उपजे सब कोई खाये, घर में उपजे घर मिट जाये।

(ख) घर का भेदी लंका ढाये।

(ग) फूट पड़ी सो फट पड़ी।

(घ) फूट पड़ी तो किस्मत फूटी।

67. 'घर की वस्तु का महत्त्व न होने, की' **लोकोक्ति** है–

(क) घर का जोगी जोगड़ा, आन गाँव का सिद्ध।

(ख) घर की मुर्गी दाल बराबर।

(ग) अपनी कोठी टूटी मड़ैया, पड़ोसी की मड़ैया रंगमहल।

(घ) पड़ोसी की चटनी-रोटी, घर के हलवे से बेहतर।

68. 'लज्जाहीन से कुछ भी कहना व्यर्थ है'- की **लोकोक्ति** है–

(क) जिसकी उतर गयी है लोई, उससे क्या कहेगा कोई?

(ख) चिकने घड़े पर पानी नहीं ठहरता।

(ग) मोटी चमड़ी पर मार नहीं लगती।

(घ) अपनी पगड़ी बगल में दबाना।

उत्तरमाला

1-(ग) अल्पज्ञ या कम धनाढ्य द्वारा गर्व का प्रदर्शन, 2-(ख) जान-बूझ कर मुसीबत में पड़ना, 3-(ख) विपत्ति आने पर निराकरण का उपाय करना, 4-(घ) वांछित कार्य छोड़ कर अन्य कार्य में लग जाना, 5-(घ) सरलता से उपलब्ध होने वाली श्रेष्ठ वस्तु भी अच्छी नहीं लगती, जबकि अन्य व्यक्ति के पास उपलब्ध वहीं वस्तु अपेक्षाकृत कम श्रेष्ठ होने पर भी आकर्षक प्रतीत होती है, 6-(क) जो व्यक्ति भविष्य में महान बनने वाले होते है, उनके गुण बचपन में ही प्रकट हो जाते हैं, 7-(घ) जो ज्यादा बोलते हैं, वे विशेष सफल नहीं होते, 8-(घ) कार्य करने की क्षमता न होने पर भी दूसरों को दोष देना, 9-(क) सबसे अलग रहना, अपने काम से काम, 10-(क) घर में आसानी से प्राप्त होने वाली वस्तु का कोई महत्त्व नहीं होता, 11-(ख) योग्यता होने पर भी विवशता में निम्नस्तर का कार्य करना, 12-(ग) किसी का भी विश्वासपात्र न होना, 13-(ग) बुरे काम में सहायता करने पर बुराई हाथ लगती है, 14-(घ) बड़े लोगों के साथ छोटे लोगों की बराबरी नहीं हो सकती, 15-(क) अल्पज्ञ व्यक्ति बातें अधिक करता है, 16-(घ) बड़े से शत्रुता नहीं करनी चाहिए, 17-(ख) झूठे ढोंग रचना, 18-(ख) नेकी भी पूछ-पूछ कर नहीं की जाती है, 19-(ख) व्यर्थ परिश्रम से कोई लाभ नहीं, 20-(क) किसी

के कार्य का लाभ अन्य को मिले, 21-(ख) अन्याय का बोलबाला, 22-(ग) मूर्खों के बीच में थोड़ा चतुर व्यक्ति, 23-(घ) शारीरिक बल से बुद्धिबल श्रेष्ठ, 24-(क) अपने किये कर्मों का फल भोगना पड़ता है, 25-(ख) अवसर निकल जाने पर पछताना व्यर्थ है, 26-(घ) बाहरी दिखावा अधिक, किन्तु गुण या कर्मों का अभाव, 27-(ख) सामान कम किन्तु चाहने वाले अधिक, 28-(ग) एकता में शक्ति है, 29-(ख) निकृष्ट व्यक्ति की मित्रता स्थायी नहीं होती है, 30-(ग) विपत्ति पर विपत्ति आना, 31-(ग) अपवाद तो सब जगह होते हैं, 32-(घ) अवसर निकल जाने पर की गयी सहायता व्यर्थ होती है, 33-(क) किसी दुष्ट व्यक्ति द्वारा अच्छे व्यवहार का प्रदर्शन करना, 34-(ख) सद्‌गुणी छिपाये नहीं छिपता 35-(ग) घर की फूट विध्वंसक होती है, 36-(क) बदमाशों से अन्तर्सम्बन्ध, 37-(ख) अपनी योग्यता से बढ़कर बात करना, 38-(ग) आशा अन्त तक बनी रहती है, 39-(क) शक्तिसम्पन्न व्यक्ति सब कुछ पा लेता है, 40-(ग) न पूरी होने वाली शर्त, 41-(क) अच्छी तरह समझ कर कार्य करना चाहिए, 42-(घ) तुरन्त कार्य होना, 43 (घ) बहाना बना कर अपना दोष छिपाना, 44-(ग) मूर्ख व्यक्ति किसी अच्छी वस्तु की कद्र नहीं करता, 45-(क) माँगना व्यर्थ है, 46-(ग) असमंजस की स्थिति, 47-(ख) देखने में सरल किन्तु वास्तव में मूर्ख, 48-(घ) सीमित क्षेत्र तक पहुँच होना, 49-(ख) प्रत्यक्ष को प्रमाण की आवश्यकता नहीं, 50-(ख) अरहर की टट्‌टी और गुजराती ताला, 51-(ग) अक्ल बड़ी या भैंस, 52-(घ) अध जल गगरी छलकत जाये, 53-(ग) अपनी करती पार उतरनी, 54-(ग) अकेला चना भाड़ नहीं फोड़ सकता, 55-(घ) अपनी-अपनी ढपली अपना-अपना राग, 56-(घ) अपना सोना खोटा, तो सोनार को दोष क्यों?, 57-(ख) आँखों के अन्धे, नाम नयनसुख, 58-(घ) गेहूँ के साथ घुन पिसना, 59-(घ) एक हाथ से ताली नहीं बजती, 60-(ग) कहाँ राजा भोज, कहाँ गंगू तेली, 61-(घ) करमहीन खेती करे, सूखा पड़े और बैल मरे, 62-(ग) खरबूजे को देखकर खरबूजा रंग बदलता है, 63-(ग) शेर की खाल ओढ़ कर गधा शेर नहीं बनता, 64-(ग) खोदा पहाड़ निकली चुहिया, 65-(ग) गधे की खायी खेती, न पाप में न पुण्य में, 66-(ख) घर का भेदी लंका ढाये, 67-(ख) घर की मुर्गी दाल बराबर, 68-(ख) जिसकी उतर गयी है लोई, उससे क्या कहेगा कोई।

◆◆◆

10

अनेक शब्दों के स्थान पर एक शब्द

भावों को प्रकट करने में जितने की कम शब्दों का प्रयोग किया जाता है, उनका प्रभाव उतना ही अधिक पड़ता है। अनेक शब्दों के स्थान पर एक शब्द रखने की भावना और परम्परा काफी पुरानी है। गम्भीर विषयों का प्रतिपादन संक्षिप्त रूप में सूत्र शैली में प्राचीन काल से होता आया है। सन्धि और समास को व्याकरण में स्थान इसी कारण मिला है।

वर्तमान युग में व्यस्तता के कारण सभी महत्त्वपूर्ण व्यक्ति संक्षेप में सुनना, समझना और कहना पसन्द करते हैं। कम शब्दों में अधिक भावों को व्यक्त करना भाषा या वाणी का सर्वश्रेष्ठ गुण माना जाता है। संक्षेप में, अपनी बात प्रभावपूर्ण ढंग से प्रस्तुत करने की प्रवृत्ति संयमित व्यक्तित्व का प्रमुख लक्षण है। संक्षिप्त, चुस्त और सारगर्भित भाषा का अपना आकर्षण और प्रभाव होता है। इसके लिए शब्दकोश का अध्ययन बहुत उपयोगी है।

आधुनिक युग में संक्षिप्त भाषा का महत्त्व बहुत अधिक बढ़ गया है। कम से कम समय में हम अधिक से अधिक ज्ञान प्राप्त करना या प्रदान करना चाहते हैं और अनेक शब्दों के स्थान पर एक शब्द का प्रयोग इस आकांक्षा की पूर्ति में काफी सहायक सिद्ध होता है। हिन्दी में ऐसे शब्दों की बहुतायत है। इससे न केवल उपर्युक्त उद्देश्य पूरा होता है, अपितु सारांश लिखने में भी बहुत सहायता मिलती है।

वस्तुनिष्ठ-प्रश्न

प्रश्न- दिये गये वाक्यों में, से सही विकल्प का चयन करें-

1. **अण्डे से जन्म लेने वाला-**
   (क) अण्डज (ख) चिड़िया (ग) पिण्डज (घ) स्वेदज
2. **गुरु के समीप रहने वाला-**
   (क) अन्त:पुर (ख) अन्तेवासी (ग) वज्र वटकु (घ) ब्रह्मचारी
3. **जिसके पास कुछ न हो-**
   (क) भिखारी (ख) याजक (ग) अकिंचन (घ) अन्त्यज
4. **जिसका ज्ञान इन्द्रियों द्वारा न हो सके-**
   (क) अनुभूति (ख) अन्तर्यामी (ग) गोचर (घ) अगोचर
5. **जिसे जीता न जा सके-**
   (क) अजेय (ख) अजीत (ग) अजय (घ) अजातशत्रु
6. **जो बीत चुका है-**
   (क) वर्तमान (ख) अतीत (ग) भविष्य (घ) जीर्ण
7. **जो वाणी द्वारा व्यक्त न किया जा सके-**
   (क) आत्म-साक्षात्कार (ख) स्वानुभूति
   (ग) अनिर्वचनीय (घ) अनुश्रुति
8. **परम्परा से चली आयी हुई बात या कथा-**
   (क) रूढ़ि (ख) प्रथा (ग) अनुभूति (घ) अनुश्रुति
9. **जिसके बिना काम न चल सके-**
   (क) अपरिहार्य (ख) परिहार्य (ग) निवार्य (घ) अनावश्यक
10. **जिसकी आशा न की जा सकती हो-**
    (क) अप्रत्याशित (ख) प्रत्याशित (ग) निराशा (घ) ग्लानि
11. **देश-विदेश से माल आने की क्रिया-**
    (क) आगमन (ख) प्रत्यागमन (ग) आयात (घ) निर्यात
12. **इतिहास को जानने वाला-**
    (क) इतिहासकार (ख) अन्वेषी (ग) पूर्वज्ञानी (घ) इतिहासज्ञ
13. **पूरब और उत्तर के बीच की दिशा-**
    (क) अग्निकोण (ख) ईशान (ग) प्राची (घ) उदीची

14. **जिसकी कृत्ति उदार हो–**
(क) कृपालु (ख) सदाचारी (ग) उदारचेता (घ) दयालु

15. **जिसका चित्त स्थिर हो–**
(क) दत्तचित्त (ख) स्थिर (ग) प्रज्ञावान (घ) एकाग्रचित्त

16. **वैधानिक ढंग से किया गया कार्य–**
(क) औपचारिक (ख) वैध (ग) सत्कार्य (घ) सदाचार

17. **जिस स्त्री के सन्तान न हो–**
(क) बाँझ (ख) कुलटा (ग) पतिता (घ) विधवा

18. **एहसान न मानने वाला–**
(क) कृतघ्न (ख) कृतज्ञ (ग) नास्तिक (घ) विश्वासघाती

19. **जिसने देश के साथ विश्वासघात किया हो–**
(क) विश्वासघाती (ख) बागी (ग) विद्रोही (घ) देशद्रोही

20. **ग्रहों के घूमने का वक्र मार्ग–**
(क) वलय (ख) वृत्त (ग) कक्षा (घ) परिवृत्त

21. **निराशाजन्य अतृप्त भावना–**
(क) हीन भावना (ख) कुण्ठा (ग) उदासी (घ) बेचैनी

22. **जिसका हाथ बहुत तेज चलता हो–**
(क) आततायी (ख) आतंकी (ग) हस्तलाघव (घ) क्षिप्रहस्त

23. **वह स्थान जहाँ पृथ्वी और आकाश मिले हुए दिखयी देते हैं–**
(क) क्षितिज (ख) क्षेपक (ग) अन्तरिक्ष (घ) अनन्त

24. **किसी तथ्य या बात को गलत ठहराना–**
(क) पूर्वाग्रह (ख) खण्डन (ग) दुराग्रह (घ) विग्रह

25. **जिसने राष्ट्रहित में अपना जीवन बलिदान कर दिया हो–**
(क) देशभक्त (ख) शहीद (ग) राष्ट्रपुत्र (घ) सपूत

26. **वह जमीन जिसमें कुछ भी पैदा न हो–**
(क) ऊजड़ (ख) ऊसर (ग) बंजर (घ) नुनिहाई

27. **जो दूसरों के सहारे जीवित रहे–**
(क) परावलम्बी (ख) पराधीन (ग) परोपजीवी (घ) आश्रित

28. **वह व्यक्ति जिसका परमात्मा एवं आत्मा में विश्वास न हो–**
(क) नास्तिक (ख) अविश्वासी (ग) काफिर (घ) म्लेच्छ

29. **जो किसी अन्य व्यक्ति के स्थान पर कार्यरत् हो–**
(क) अस्थायी (ख) स्थानापन्न (ग) अल्पकालीन (घ) काम चलाऊ

30. **जिसकी पत्नी मर गयी हो–**
(क) अविवाहित (ख) विधुर (ग) पत्नी विहीन (घ) एकला

31. **जो केवल एक आँख वाला हो–**
(क) शुक्राचार्य (ख) समदर्शी (ग) काना (घ) अक्षविहीन

32. **जिसका जन्म श्रेष्ठ कुल में हुआ हो–**
(क) अभिजात्य (ख) श्रेष्ठ (ग) उच्चवंशी (घ) कुलीन

33. **जो हर काम में देर लगाता हो–**
(क) दीर्घसूत्री (ख) सुस्त (ग) जाहिल (घ) दीर्घकालीन

34. **जिसका वध अनुचित हो–**
(क) अमर (ख) अबध्य (ग) क्षम्य (घ) अभय

35. **जो पूजा का अधिकारी हो–**
(क) श्रद्धेय (ख) अर्चनीय (ग) पूजनीय (घ) सम्माननीय

36. **जिसने निद्रा को जीत लिया हो–**
(क) जितेन्द्रिय (ख) इन्द्रियातीत (ग) हृषीकेश (घ) गुडाकेश

37. **जिसके साथ अत्यधिक मित्रता का सम्बन्ध हो–**
(क) सखा (ख) मित्र (ग) घनिष्ठता (घ) आत्मीयता

38. **सार्वजनिक रूप से किया गया ऐलान–**
(क) विज्ञापन (ख) प्रचार (ग) प्रसार (घ) घोषणा

39. **जिसके हाथ में चक्र है–**
(क) चक्रधर (ख) चक्रपाणि (ग) चक्रारूढ़ (घ) चक्रधारी

40. **बहुत समय तक जीवित रहने वाला–**
(क) वृद्ध (ख) महात्मा (ग) चिरजीवी (घ) चिरस्थायी

41. **सावधान होने के लिए कही जाने वाली बात–**
(क) खबरदार (ख) होशियार (ग) सावधान (घ) चेतावनी

42. **जिसे हल्की नींद ने घेर रखा हो–**
(क) प्रमाद (ख) तन्द्राच्छन्न (ग) आलस्य (घ) निद्रावस्था

43. **सर्दी, गरमी, दुःख आदि सहन करने की शक्ति–**
(क) तीणी (ख) तर्जित (ग) तितिक्षा (घ) तितीर्षा

44. **आवश्यकता पूरी होने पर मिलने वाली मानसिकशक्ति–**
(क) त्राटक (ख) सन्तोष (ग) शान्ति (घ) तृप्ति

45. **भावनाओं पर पूर्ण नियन्त्रण रखने वाला नायक–**
(क) अधीर (ख) धीर ललित (ग) धीरोद्धत (घ) धीरोदात्त

46. **जिसका ध्यान किया जाये–**
(क) प्रतिमा (ख) ध्यानाकर्षण (ग) ध्यातव्य (घ) ध्येय

47. **इच्छा, कामना आदि से रहित–**
(क) उदासीन (ख) त्यागी (ग) निःस्पृह (घ) रागी

48. **वह स्थान जो पृथ्वी, चन्द्रमा, सूर्य आदि लोकों के मध्य स्थित है–**
(क) क्षितिज (ख) आकश (ग) द्युलोक (घ) अन्तरिक्ष

49. **जिसका प्रयोजन सिद्ध हो चुका हो–**
(क) सफल (ख) पूर्णकाम (ग) सिद्धकाम (घ) सिद्धिप्राप्त

50. **वह जो कष्ट से छुटकारा दिलाता है–**
(क) उद्धारक (ख) मुक्तिदाता (ग) त्राता (घ) कष्टहर

51. **जिसको व्याकरण का ज्ञान हो–**
(क) व्याकरण पण्डित (ख) व्याकरण प्रणेता
(ग) वैयाकरण (घ) व्याकरणाचार्य

52. **वह स्थान जहाँ सेना रहती है–**
(क) छावनी (ख) हरावल (ग) शिखिर (घ) कैम्प

53. **बहुत समय तक स्थिर रहने वाला–**
(क) दीर्घकालीन (ख) जटायु (ग) स्थिर (घ) चिरस्थायी

54. **जिसका उत्साह नष्ट कर दिया गया हो–**
(क) दलित (ख) दमित (ग) पीड़ित (घ) निरुत्साहित

55. **घूम-घूम कर सौदा बेचने वाला–**
(क) यायावर (ख) घुमन्तू (ग) फेरीवाला (घ) टहलुआ

56. **बहुत-सी भाषाओं को जानने वाला–**
(क) बहुज्ञ (ख) बहुभाषाविद् (ग) बहुभाषाभाषी (घ) अनेकभाषी

57. **जिसके मुकाबले कोई न हो–**
(क) अजातशत्रु (ख) शत्रुंजय (ग) मृत्युंजय (घ) बेजोड़

58. **जो भविष्य में निश्चित रूप से होने को हो–**
(क) होनहार (ख) अनहोनी (ग) भवितव्य (घ) भविष्य

59. **जो मद्यपान का आदी हो–**
(क) विषयी (ख) आसक्त (ग) मधुप (घ) मद्यप

60. **युद्ध की प्रबल इच्छा करने वाला–**
(क) युयुत्सु (ख) जिहार्षा (ग) चिकीर्षा (घ) तितीर्षा

61. **जिसकी रक्षा करना उचित हो–**
(क) असहाय (ख) रक्षणीय (ग) असुरक्षित (घ) रक्षित

62. **जिसका वर्णन असम्भव हो–**
(क) वर्णनातीत (ख) मूक (ग) रहस्यमय (घ) लोकेत्तर

63. **जिसके सम्बन्ध में सन्देह हो–**
(क) अविश्वास (ख) धोखा (ग) संकलेषण (घ) सन्दिग्ध

64. **किसी विषय का विशेष ज्ञाता–**
(क) निष्णात (ख) अधिकारी (ग) विशेषज्ञ (घ) विशेषज्ञता

65. **बिना पढ़ा हुआ अंश–**
(क) अपठनीय (ख) अदृश्य (ग) अपठित (घ) मौलिक

66. **जिसका कोई शत्रु न हो–**
(क) शत्रुहीन (ख) सर्वप्रेमी (ग) शत्रुहन्ता (घ) अजातशत्रु

67. **जिसके विषय में कुछ न कहा जा सके–**
(क) अकथनीय (ख) अवर्णनीय (ग) अनिर्वचनीय (घ) अकथ्य

68. **वह अग्रि जो जंगल में अपने-आप लग जाती है–**
(क) दावानल (ख) बड़वानल (ग) वनाग्नि (घ) पंचाग्नि

69. **वह बालक जिसे गोद लिया हो–**
(क) दत्तक (ख) औरस (ग) परपुत्र (घ) रेहन्तुक

70. **पहाड़ के ऊपर चौरस जमीन–**
(क) उपत्यकर (ख) अधित्यका (ग) प्लेटो (घ) बेसिन

71. **कार्य में संलग्र रहने वाला व्यक्ति–**
(क) कर्मठ (ख) कर्मयोगी (ग) करमी (घ) कर्मवीर

72. **ऐसी जमीन जो उत्पादक हो–**
(क) वन्ध्या (ख) चिकनी (ग) उर्वरा (घ) रेगड़

73. **जो पसीने से उत्पन्न हो–**
(क) उद्भिज (ख) स्वेदज (ग) कृत्रिम (घ) जलज

74. **गरीबों हेतु नि:शुल्क भोजन–**
(क) भण्डारा (ख) दातव्य (ग) धर्मादा (घ) सदाव्रत

75. **जिसको प्रसन्न करना कठिन हो–**
(क) आशुतोष (ख) दम्भी (ग) दुराराध्य (घ) क्रोधी

76. **पाप करने के बाद स्वयं दण्ड पाना–**
(क) प्रायश्चित (ख) पश्चाताप
(ग) प्रताड़ना (घ) इनमें से कोई नहीं

77. **जिसका इलाज न हो सके–**
(क) असाध्य (ख) दु:साध्व (ग) क्लिष्ट (घ) अशोच्य

78. **जो धन को व्यर्थ व्यय करता है–**
(क) कृपण (ख) मितव्ययी (ग) अल्पव्ययी (घ) अपव्ययी

79. **जो काम न करना चाहे–**
(क) आलसी (ख) निकम्मा (ग) अकर्मण्य (घ) दुष्कर

80. **जानने की इच्छा रखने वाला–**
(क) ऋषि (ख) ज्ञानी (ग) जिज्ञासु (घ) विज्ञ

81. **जिसमें सन्देह न हो–**
(क) सन्दिग्ध (ख) असन्दिग्ध (ग) चिन्तनीय (घ) विचारणीय

82. **जो आँखों के सामने हो–**
(क) प्रत्यक्ष (ख) परोक्ष (ग) अप्रत्यक्ष (घ) विलुप्त

83. **पानी में लगी हुई आग–**
(क) बड़वानल (ख) दावाग्नि (ग) जठराग्नि (घ) विरहाग्नि

84. **जो कानून के विरुद्ध हो–**
(क) अनियन्त्रित (ख) अतिरिक्त (ग) अवैध (घ) असम्भव

उत्तरमाला

1-(क) अण्डज, 2-(ख) अन्तेवासी, 3-(ग) अकिचन, 4-(घ) अगोचर, 5-(क) अजेय, 6-(ख) अतीत, 7-(ग) अनिर्वचनीय, 8-(घ) अनुश्रुति, 9-(क) अपरिहार्य, 10-(क) अप्रत्याशित, 11-(ग) आयात, 12-(घ) इतिहास, 13-(ख) ईशान,

14-(ग) उदारचेता, 15-(घ) एकाग्रचित्त, 16-(ख) वैध, 17-(क) बाँझ, 18-(क) कृतघ्न, 19-(घ) देशद्रोही, 20-(ग) कक्षा, 21-(ख) कुण्ठा, 22-(घ) क्षिप्रहस्त, 23-(क) क्षितिज, 24-(ख) खण्डन, 25-(ख) शहीद, 26-(ख) ऊसर, 27-(ग) परोपजीवी, 28-(क) नास्तिक, 29-(ख) स्थानापन्न, 30-(ख) विधुर, 31-(ग) काना, 32-(घ) कुलीन, 33-(क) दीर्घसूत्री, 34-(ख) अवध्य 35-(ग) पूजनीय, 36-(घ) गुडाकेश, 37-(ग) घनिष्ठता, 38-(घ) घोषणा, 39-(ख) चक्रपाणि, 40-(ग) चिरजीवी, 41-(घ) चेतावनी, 42-(ख) तन्द्राच्छन्न, 43 (ग) तितिक्षा, 44-(ग) शान्ति, 45-(घ) धीरोदात्त, 46-(घ) ध्येय, 47-(ग) निःस्पृह, 48-(घ) अन्तरिक्ष, 49-(ग) सिद्धकाम, 50-(ग) त्राता, 51-(ग) वैयाकरण, 52-(क) छावनी, 53-(घ) चिरस्थायी, 54-(घ) निरुत्साहित, 55-(ग) फेरीवाला, 56-(ख) बहुभाषा विद्, 57-(घ) बेजोड़, 58-(ग) भवितव्य, 59-(घ) मद्यप, 60-(क) युयुत्सु, 61-(ख) रक्षणीय, 62-(क) वर्णनातीत, 63-(घ) सन्दिग्ध, 64-(ग) विशेषज्ञ, 65-(ग) अपठित, 66-(घ) अजातशत्रु, 67-(क) अकथनीय, 68-(क) दावानल, 69-(क) दत्तक, 70-(ख) अधित्यका, 71-(क) कर्मठ, 72-(ग) उर्वरा, 73-(ख) स्वेदज, 74-(क) भण्डारा, 75-(ग) दुराराध्य, 76-(क) प्रायश्चित, 77-(ख) दुःसाध्य, 78-(घ) अपव्ययी, 79-(ग) अकर्मण्य, 80-(ग) जिज्ञासु, 81-(ख) असन्दिग्ध, 82-(क) प्रत्यक्ष, 83-(क) बड़वानल, 84-(ग) अवैध।

◆◆◆

11

पर्यायवाची शब्द

समान अर्थ व्यक्त करने वाले शब्दों को पर्यायवाची शब्द कहते हैं। इन्हें **प्रतिशब्द** या **समानार्थक** शब्द भी कहते हैं। ये शब्द विभिन्न भाषाओं के भी शब्द हो सकते हैं। हिन्दी भाषा में तत्सम पर्यायवाची शब्द ही अधिक पाये जाते हैं।

पर्याय से तात्पर्य एकार्थबोधक, तुल्यार्थक अथवा समान अर्थ वाले शब्दों से है। जब अनेक शब्दों से एक ही अर्थ की प्रतीति होती है, तब उन्हें एक-दूसरे का **'पर्याय'** कहा जाता है। कोई शब्द, दूसरे शब्द का सामान्य रूप से समानार्थी हो सकता है, किन्तु सूक्ष्म दृष्टि से प्रयोग के अनुसार उसके अर्थ में भिन्नता भी हो सकती है।

इस प्रकार पर्यायवाची शब्दों के दो भेद होते हैं–

1. पूर्ण पर्याय, 2. अपूर्ण पर्याय।

1. पूर्ण पर्याय- पूर्ण पयार्य का अभिप्राय उन शब्दों से है, जो सामान्य एवं सूक्ष्म दोनों प्रकार की अर्थ-व्यंजना की दृष्टि से एकार्थबोधक हों। जैसे- **ओंठ** के पर्याय ओष्ठ, ओठ, अधर, और **खून** के पर्याय- रक्त, रुधिर, लहू तथा **बन्दर** के पर्याय- कपि, वानर, बन्दर, मर्कट आदि हैं।

2. अपूर्ण पर्याय- अपूर्ण पर्याय का आशय उन शब्दों से है, जो सामान्य रूप से समानार्थी होते हैं, किन्तु भाषा वैज्ञानिक प्रयोग की दृष्टि से उनके अर्थ में सूक्ष्म अन्तर होता है। उदाहरण के लिए- अपराध और पाप को ले सकते हैं। दोनों शब्द एक-दूसरे के पर्याय प्रतीत होते हैं, किन्तु दोनों में तनिक अन्तर है। विधि या कानून के विरुद्ध किये गये कार्य को **'अपराध'** कहते हैं, जबकि धार्मिक या ईश्वरीय नियमों की दृष्टि में किये गये दुष्कृति को **'पाप'** कहते हैं।

वर्तमान में ज्यों-ज्यों हिन्दी भाषा का विकास हो रहा है, बहुत से ऐसे शब्द जो पहले **पूर्ण पर्याय** थे, अब अपूर्ण पर्याय बन गये हैं। जैसे- भक्तिकाल और रीतिकाल

तक **मन्त्री** शब्द और **सचिव** शब्द पूर्ण पर्याय के **द्योतक थे**, किन्तु आधुनिक काल में **मन्त्री शब्द** एक राजनीतिक नेता के लिए प्रयुक्त होता है और अँग्रेजी शब्द **मिनिस्टर** का पर्याय है, जबकि **सचिव** शब्द एक प्रशासनिक अधिकारी का द्योतक है और अँग्रेजी शब्द **सेक्रेटरी** का पर्याय है।

संस्कृत शब्दों के अधिकांश शब्दों को आत्मसात् कर लेने के कारण हिन्दी भाषा में पर्यायवाची या समानार्थी शब्दों की ज्ञान बहुलता है। पर्यायवाची शब्दों का हिन्दी साहित्य के अध्ययन में सहायता प्रदान करता है। एक ही शब्द की पुनरावृत्ति को रोकने या भाषा में सौम्यता एवं चमत्कार लाने के लिए इनका प्रयोग किया जाता है।

◆◆◆

वस्तुनिष्ठ-प्रश्न

निम्नलिखित प्रश्नों में प्रत्येक शब्द के चार विकल्प दिये गये हैं। इनमें से तीन पर्यायवाची शब्द हैं। जो विकल्प पर्यायवाची नहीं हैं, उसको चिह्नांकित कीजिए।

1. **अंक–** (क) हिस्सा (ख) गिनती (ग) संख्या (घ) क्रमांक
2. **अमृत–** (क) सोम (ख) हेम (ग) पीयूष (घ) अमिय
3. **अश्व–** (क) हय (ख) बाजि (ग) मतंग (घ) हाथी
4. **अभियोग–** (क) गलती (ख) अपराध (ग) कसूर (घ) अपरिमित
5. **अन्वेषण–** (क) अधिभ्रष्ट (ख) गवेषण (ग) खोज (घ) जाँच
6. **आकाश–** (क) व्योम (ख) श्रान्ति (ग) दिव (घ) पुष्कर
7. **इच्छा–** (क) ईहा (ख) ईप्सा (ग) इत्वर (घ) स्पृहा
8. **इन्द्राणी–** (क) शची (ख) सुरेन्द्री (ग) इन्द्रा (घ) इन्दिरा
9. **ईमानदार–** (क) आज्ञाकारी (ख) निष्कपट (ग) सत्यनिष्ठ (घ) सत्यपरायण
10. **ईर्ष्या–** (क) मत्स्य (ख) मत्सर (ग) जलन (घ) डाह
11. **ईश्वर–** (क) प्रभु (ख) परमात्मा (ग) पार्थ (घ) परमेश्वर
12. **उन्नति–** (क) उद्‌भव (ख) उत्कर्ष (ग) उत्थान (घ) प्रगति
13. **उल्लंघन–** (क) अवज्ञा (ख) अनुज्ञा (ग) उपेक्षा (घ) निरस्कार
14. **ऊर्जा–** (क) ओज (ख) स्फूर्ति (ग) उष्मा (घ) शक्ति
15. **ऊसर–** (क) शस्यहीन (ख) अनुपजाऊ (ग) अनुर्वर (घ) उर्वरा
16. **एकल–** (क) एकाकी (ख) इकट्‌ठा (ग) पुंजीभूत (घ) समवेत
17. **कमल–** (क) उत्पल (ख) नीरस (ग) अब्ज (घ) अम्बुज
18. **कमजोर–** (क) अशक्त (ख) दुर्बल (ग) अक्षीण (घ) निर्बल
19. **किरण–** (क) अंशु (ख) रश्मि (ग) कर (घ) कृत्य
20. **खग–** (क) द्विरेफ (ख) द्विज (ग) पक्षी (घ) पखेरू
21. **खामोश–** (क) नीरव (ख) नीरस (ग) मौन (घ) शान्त
22. **गौरव–** (क) महत्व (ख) सम्मान (ग) दम्भ (घ) बड़प्पन
23. **घड़ा–** (क) कलश (ख) कुट (ग) कुम्भ (घ) कुंजर

24. **घृणा–** (क) भर्त्सना (ख) जुगुप्सा (ग) वीभत्स (घ) घिन

25. **चरित्र–** (क) आचार (ख) चपलता (ग) आचरण (घ) शील

26. **चाँदनी–** (क) ज्योत्सना (ख) कौमुदी (ग) चंचला (घ) चन्द्रिका

27. **छात्र–** (क) शिक्षार्थी (ख) विद्यार्थी (ग) शिष्य (घ) छात्र

28. **जिज्ञासा–** (क) वृत्तिका (ख) उत्कण्ठा (ग) उत्सुकता (घ) कुतूहल

29. **झण्डा–** (क) केतु (ख) पातक (ग) निसान (घ) ध्वजा

30. **झरना–** (क) उत्स (ख) निर्झर (ग) स्तोत्र (घ) स्रोत

31. **टीका–** (क) व्याख्या (ख) भाष्य (ग) विकृत्ति (घ) प्रकृति

32. **ठेस–** (क) खौफ (ख) आघात (ग) धक्का (घ) चोट

33. **ढोंग–** (क) छल (ख) खल (ग) कपट (घ) पाखण्ड

34. **तलवार–** (क) असि (ख) खड्ग (ग) कृपण (घ) चन्द्रहास

35. **तुरन्त–** (क) अविलम्ब (ख) तत्काल (ग) तत्क्षण (घ) तत्पूर्व

36. **तोप–** (क) तृष्णा (ख) तृप्ति (ग) तुष्टि (घ) सन्तोष

37. **थकान–** (क) श्रान्ति (ख) विश्रान्ति (ग) क्लान्ति (घ) थकावट

38. **दर्पण–** (क) आईना (ख) आरसी (ग) दर्शन (घ) मुकुर

39. **दिव्य–** (क) अलौकिक (ख) लोकातीत (ग) दुर्लभ (घ) लोकेत्तर

40. **दुःख–** (क) क्लेश (ख) खेद (ग) विषाद (घ) भ्रान्ति

41. **देवता–** (क) असुर (ख) सुर (ग) अमर (घ) वसु

42. **दैत्य–** (क) सुरारि (ख) सुरपति (ग) रजनीचर (घ) दनुज

43. **धरती–** (क) अम्बर (ख) अवनि (ग) क्षिति (घ) वसुधा

44. **धीरज–** (क) धृष्टता (ख) धीरत्व (ग) धैर्य (घ) धृति

45. **धूप–** (क) आतप (ख) घाम (ग) द्युति (घ) निदाघ

46. **नाव–** (क) तरिणी (ख) नौका (ग) नैया (घ) तटिनी

47. **नाश–** (क) क्षिति (ख) ध्वंश (ग) विनाश (घ) क्षय

48. **नित्य–** (क) शाश्वत (ख) सारस्वत (ग) सदैव (घ) सर्वदा

49. **पत्थर–** (क) उपल (ख) अश्म (ग) चश्म (घ) प्रस्तर

50. **पत्नी–** (क) त्रिया (ख) दारा (ग) सहचरी (घ) नारी

नीचे कुछ शब्द दिये गये हैं। इनमें **एक शब्द पर्यायवाची** है, उसका चयन कीजिए।

51. **असुर–** (क) दैत्य (ख) दशानन (ग) पक्ष (घ) आतुर

52. **अमृत–** (क) गरल (ख) सुधा (ग) सरस (घ) जीवन

53. **कृष्ण–** (क) स्वर्ण (ख) नीरज (ग) गार्व (घ) श्याम

54. **अंकुर–** (क) अश्रु (ख) कोपल (ग) कलिका (घ) आम्र

55. **अधर–** (क) रद-पट (ख) भक्षिका (ग) बिम्बा (घ) नवांकुर

56. **ईर्ष्यालु–** (क) द्वेषी (ख) द्रोही (ग) प्रतियोगी (घ) वैरी

57. **अवकाश–** (क) समय (ख) क्षण (ग) काल (घ) फुरसत

58. **उद्देश्य–** (क) कथन (ख) ध्येय (ग) बात (घ) भाषण

59. **कपाल–** (क) कोटा (ख) पाप (ग) खोपड़ी (घ) सिर के बाल

60. **आर्तनाद–** (क) कराह (ख) संगीत (ग) गीत (घ) शोरगुल

61. **कामातुर–** (क) लालची (ख) विषयी (ग) शरारती (घ) जिज्ञासु

62. **ऊब–** (क) खिन्नता (ख) तंगी (ग) उकताहट (घ) घबराहट

63. **उषाकाल–** (क) रात (ख) सूर्योदय (ग) गोधूलि (घ) तड़के

64. **उपद्रव–** (क) उत्पात (ख) युद्ध (ग) लड़ाई (घ) शोरगुल

65. **घोषणा–** (क) आवाज (ख) बुलावा (ग) पुकारना (घ) ऐलान

66. **उत्कर्ष–** (क) विकर्षण (ख) आकर्षण (ग) प्रकर्ष (घ) निष्कर्ष

67. **उदय–** (क) अन्त (ख) व्यस्त (ग) उगना (घ) विराम

68. **दीप्ति–** (क) जलन (ख) कान्ति (ग) आग (घ) झुलसना

69. **जहर–** (क) विष (ख) क्रोध (ग) माली (घ) रत

70. **संवाद–** (क) झगड़ा (ख) वक्तव्य (ग) वार्तालाप (घ) संगीत

71. **दुविधा–** (क) दूसरा (ख) असमंजस (ग) द्वैत (घ) जोड़ा

72. **मनोज–** (क) कामदेव (ख) मनोरम (ग) कमल (घ) हार्दिक

73. **अग्नि–** (क) सोम (ख) हुतासन (ग) अक्षि (घ) आलम

74. **कमल–** (क) जलज (ख) पीयूष (ग) जलधि (घ) जलद

75. **इन्द्र–** (क) बाजीगर (ख) राजराज (ग) मघवा (घ) विनायक

76. **घर–** (क) नग (ख) निकेतन (ग) इला (घ) विहार

77. **हरिण**– (क) विहग (ख) खग (ग) हंस (घ) मृग

78. **सौमित्र**– (क) भरत (ख) लक्ष्मण (ग) लव (घ) कुशध्वज

79. **इन्दिरापति**– (क) ब्रह्मा (ख) विष्णु (ग) वरुण (घ) कुबेर

80. **कन्धा**– (क) अंश (ख) अंशु (ग) अश्रु (घ) अंस

81. **हाथी**– (क) द्विपा (ख) द्विरद (ग) तरणि (घ) सिन्धुरी

82. **अजिर**– (क) बूढ़ा (ख) अमर (ग) आँगन (घ) ज्वररहित

83. **वायु**– (क) अनल (ख) अनिल (ग) अलिन्द (घ) अलिनी

84. **अर्जुन**– (क) धनंजय (ख) धनद (ग) धर्मराज (घ) धन्वन्तरि

85. **शत्रु**– (क) आरति (ख) आराति (ग) आरती (घ) अति

86. **स्वर्ग**– (क) नाक (ख) ब्रह्माण्ड (ग) देवलोक (घ) द्यौ

87. **कुबेर**– (क) किन्नरेश (ख) कोविद (ग) धनाधिप (घ) राजराज

88. **रात्रि**– (क) क्षपा (ख) तमीचर (ग) अमा (घ) विभावरी

89. **भागीरथी**– (क) सरिता (ख) गंगा (ग) यमुना (घ) निर्झरिणी

90. **दिनकर**– (क) रवि (ख) आदित्य (ग) आदित (घ) प्रभाकर

नीचे दिये हुए वाक्यों में एक शब्द काले में है। उन वाक्यों के नीचे चार-चार विकल्प दिये गये हैं। उनमें एक शब्द ऐसा है, जिसका अर्थ प्राय: वही है, जो उस काले शब्द का अर्थ है। निकटतम अर्थ वाले शब्द का चयन करें।

91. श्रीराम ने सीताजी से कहा कि वह **अनल में प्रवेश** करें।
(क) लपट (ख) आग (ग) ज्वाला (घ) अंगारा

92. आयुर्वेद में **काढ़े** का बहुत महत्त्व है।
(क) अकौआ (ख) रस (ग) पानी (घ) निचोड़

93. दुराचरण और लम्पटता **राक्षस** होने के लक्षण हैं।
(क) मनुष्येतर प्राणी (ख) दैत्य (ग) पिशाच (घ) प्रेत

94. विरहिणियों की आहें टकराने से **अम्बर** नीला पड़ गया।
(क) मेघ (ख) शून्य (ग) बादल (घ) आसमान

95. **अनार** के दाने के समान दाँत किसको प्रिय नहीं लगेंगे।
(क) दाड़िम (ख) पुरुष (ग) अनाड़ी (घ) नारीहीन

96. रस के लोभी **अलि** बसन्त में मतवाले हो जाते हैं।
(क) पक्षी (ख) मधुकर (ग) रसिक (घ) रसलोलुप

97. बसन्त में **आम्र-बौर की गन्ध बहुत** ही मादक होती है।
(क) रसाल (ख) **सेब** (ग) सहकार (घ) सौरभ

98. भगवान् से **करबद्ध** प्रार्थना करने पर मन की इच्छा अवश्य पूरी होती है।
(क) हाथ (ख) भुजा (ग) किराया (घ) कार्य करने के निर्देश

99. **काल** बीतते देर नहीं लगती।
(क) समय (ख) बुलावा **(ग)** अन्तक (घ) दण्डधर

100. **कटाक्ष** करने वाले सबको अपना शत्रु बना लेते हैं।
(क) व्यंग्य (ख) कटीला (ग) **ताना** कसना (घ) उँगली

101. चकोर **चन्द्रमा** की ही किरणें चुगता है।
(क) रेखा (ख) निशेश (ग) **मयंक** (घ) सूर्य

102. अधजल **गगरी छलकत** जाये।
(क) घट **(ख)** आकाश (ग) दूध (घ) पात्र

103. मनुष्य के **जीवन** का परम लक्ष्य सेवा है।
(क) आत्मा (ख) जीव (ग) जिन्दगी (घ) ज्ञानार्जन

104. वे ही **ढाक** के तीन पात।
(क) बबूल (ख) जामुन (ग) टेसू **(घ)** हरश्रृंगार

105. **तत्त्व** की बात कबीरदास जी कह गये हैं।
(क) सारांश (ख) सार (ग) ज्ञान (घ) कल्याण

106. निशाचर **रात** में विशेष शक्तिशाली हो जाते हैं।
(क) दिवा **(ख)** अँधेरा (ग) निशा (घ) चाँदनी

107. प्रलय हो जाये यदि **जलधि** अपनी सीमा छोड़ दे।
(क) सागर (ख) गंगा (ग) कासार **(घ)** सूर्य

108. शिव पत्नी **पार्वती** भारतीय नारियों की आदर्श हैं।
(क) शैलसुता (ख) इन्दिरा (ग) नीरजा **(घ) शिवानी**

उत्तरमाला

1. (ग) हिस्सा, 2. (ख) हेम, 3. (ग) मतंग, 4. (घ) अपरिमित, 5. (क) अधिभ्रष्ट, 6. (ख) श्रान्ति, 7. (ग) इत्वर, 8. (घ) इन्दिरा, 9. (क) आज्ञाकारी, 10. (क) मत्स्य, 11. (ग) पार्थ, 12. (क) उद्भव, 13. (ख) अनुज्ञा, 14. (ग) उष्मा, 15. (घ) उर्वरा, 16. (क) एकाकी, 17. (ख) नीरस, 18. (ग) अक्षीण, 19. (घ) कृत्य, 20. (क) द्विरेफ, 21. (ख) नीरस, 22. (ग) दम्भ, 23. (घ)

कुंजर, 24. (ग) वीभत्स, 25. (ख) चपलता, 26. (ग) चंचला, 27. (ग) शिष्य, 28. (क) कृत्तिका, 29. (ख) पातक, 30. (ग) स्रोत, 31. (घ) प्रवृत्ति, 32. (क) खौफ, 33. (घ) पाखण्ड, 34. (ग) कृपण 35. (घ) तत्पूर्व, 36. (क) तृष्णा, 37. (ख) विश्रान्ति, 38. (ग) दर्शन, 39. (ग) दुर्लभ, 40. (घ) भ्रान्ति, 41. (क) असुर, 42. (ख) सुरपति, 43 (क) अम्बर, 44. (क) धृष्टता, 45. (ग) द्युति, 46. (घ) तटिनी, 47. (क) क्षिति, 48. (ख) सारस्वत, 49. (ग) चश्म, 50. (ग) सहचरी, 51. (क) दैत्य, 52. (ख) सुधा, 53. (घ) श्याम, 54. (ग) कलिका, 55. (ख) भक्षिका, 56. (क) द्वषी, 57. (घ) फुरसत, 58. (ख) ध्येय, 59. (ग) खोपड़ी, 60. (क) कराह, 61. (ख) विषयी, 62. (ग) उकताहट, 63. (ख) सूर्योदय, 64. (क) उत्पात, 65. (घ) ऐलान, 66. (ग) प्रकर्ष, 67. (ग) उगना, 68. (ख) कान्ति, 69. (क) विष, 70. (ग) वार्तालाप, 71. (ख) असमंजस 72. (क) कामदेव, 73. (ख) हुताशन, 74. (क) जलज, 75. (ग) मधवा, 76. (ख) निकेतन, 77. (घ) मृग, 78. (ख) लक्ष्मण, 79. (ख) विष्णु, 80. (घ) अंस, 81. (ख) द्विरद, 82. (ख) अमर, 83. (ख) अनिल, 84. (क) धनंजय, 85. (ख) आराति, 86. (ग) देवलोक, 87. (ग) धनाधिप, 88. (घ) विभावरी, 89. (ख) गंगा, 90. (क) रवि, 91. (ख) आग, 92. (घ) निचोड़, 93. (ख) दैत्य, 94. (घ) आसमान, 95. (क) दाड़िम, 96. (ख) मधुकर, 97. (क) रसाल, 98. (क) हाथ, 99. (क) समय, 100. (क) व्यंग्य, 101. (ख) निशेका, 102. (क) घट, 103. (ग) जिन्दगी, 104. (ग) टेसू, 105. (ग) ज्ञान, 106. (ग) निशा, 107. (क) सागर, 108. (क) शैलसुता।

◆◆◆

12

विलोम या विपरीतार्थक शब्द

विपरीतार्थक या विलोम शब्द का अर्थ है– उल्टा। अर्थात् जिस शब्द से किसी दूसरे विशिष्ट शब्द का अर्थ निकले, उसे **विपरीतार्थक** या **विलोम** शब्द कहते है। उदाहरणस्वरूप **उत्थान** शब्द का विलोम शब्द **पतन** होगा। लिखने में यदि इनके समुचित प्रयोग पर ध्यान न दिया जाये, तो भाषा का सौन्दर्य और उसकी शुद्धता प्रभावित होगी। उदाहरणार्थ– लाभालाभ (लाभ + अलाभ), लाभ–हानि व हानि और लाभ तीनों का प्रयोग उचित है, किन्तु हानि और **लाभ** के स्थान पर **अलाभ** और **लाभ** कहना कम अच्छा लगता है।

इसी प्रकार **जय-पराजय** और **हार-जीत** ये दोनों युग्म ठीक हैं, किन्तु **जय-हार** और **पराजय-जीत** जैसे प्रयोग भाषा में उचित नहीं है। इस प्रकार ऐसे शब्दों का अध्ययन जहाँ एक ओर ज्ञानकोश में वृद्धि करता है, वहीं दूसरी ओर रचना के संगठन में सहायता भी प्रदान करता है।

विलोम शब्दों के निर्माण में कुछ उपसर्गों का प्रयोग अधिकता से किया जाता है। जैसे–

'अ' उपसर्ग का प्रयोग करके **'उचित'** से 'अनुचित', **'उदार'** से 'अनुदार', **'अतिक्रमण'** से 'अनतिक्रमण' आदि शब्द बनाये जाते हैं।

'कु' उपसर्ग का प्रयोग करके **'तर्क'** से 'कुतर्क', **'पन्थ'** से 'कुपन्थ' आदि शब्द बनाये जाते हैं।

'प्रति' उपसर्ग का प्रयोग करके **'घात'** से 'प्रतिघात' **'अनुलोम'** से 'प्रतिलोम', आदि शब्द बनते हैं।

'वि' उपसर्ग का प्रयोग करके **'क्रय'** से 'विक्रय', **'चित्र'** से 'विचित्र', **'तृष्णा'** से 'वितृष्णा' आदि शब्द बनाये जाते हैं।

'अप' उपसर्ग का प्रयोग करके **'कर्म'** से 'अपकर्म', **उपकार** से 'अपकार', **'यश'** से 'अपयश', **'सुरूप'** से 'अपरूप' आदि शब्द बनाये जाते हैं।

प्रत्ययवत् प्रयुक्त शब्द-परिवर्तन द्वारा **'श्रीयुक्त'** से 'श्रीहीन', **'दयापूर्ण'** से 'दयाहीन', **'गतिवान'** से 'गतिहीन' आदि शब्द बनते हैं।

लिंग परिवर्तन द्वारा **'माता'** से 'पिता', **'बेटा'** से 'बेटी', **'राजा'** से 'रानी', **'भाई'** से 'बहन' आदि शब्द बनाये जाते हैं।

भिन्न शब्दों द्वारा **'मूक'** से 'वाचाल', **'गुरु'** से 'लघु' **'लाभ'** से 'हानि' आदि शब्द बनते हैं।

भाषा-ज्ञान की वृद्धि के लिए विलोम शब्दों की जानकारी आवश्यक होती है।

◆◆◆

वस्तुनिष्ठ-प्रश्न

नीचे विलोम शब्द के चार-चार विकल्प दिये गये हैं। सही विलोम शब्द का चयन करें।

1. **अन्त**– (क) आरम्भ (ख) आदि (ग) शुरू (घ) जन्म
2. **अन्तरंग**– (क) ऊपरी (ख) बाहरी (ग) बहिरंग (घ) बाह्य
3. **अक्षत**– (क) पूर्ण (ख) चावल (ग) क्षति (घ) विक्षत
4. **अगम**– (क) सुगम (ख) सरल (ग) आना (घ) जाना
5. **अग्नि**– (क) पवन (ख) जल (ग) क्षिति (घ) बर्फ
6. **अमृत**– (क) जीवित (ख) मृत्यु (ग) विष (घ) पय
7. **अनुग्रह**– (क) आग्रह (ख) व्यग्र (ग) व्यथित (घ) विग्रह
8. **अतिवृष्टि**– (क) अनावृष्टि (ख) वृष्टि (ग) सूखा (घ) अकाल
9. **आगत**– (क) गत (ख) अनागत (ग) अनगति (घ) गति
10. **आकर्षण**– (क) कुरूपता (ख) सौन्दर्यहीन (ग) विकर्षण (घ) अनुकर्षण
11. **आध्यात्मिक**– (क) अन्धविश्वास (ख) नास्तिक (ग) स्वास्तिक (घ) भौतिक
12. **आस्था**– (क) अनास्था (ख) अविश्वास (ग) शत्रुता (घ) वैमनस्य
13. **इच्छुक**– (क) उपेक्षा (ख) अनिच्छुक (ग) सन्तुष्ट (घ) तृप्त
14. **इति**– (क) अपूर्ण (ख) अन्त (ग) अथ (घ) अति
15. **इष्ट**– (क) शत्रु (ख) प्रतिद्वन्द्वी (ग) विरोधी (घ) अनिष्ट
16. **ईर्ष्या**– (क) किल्विष (ख) प्रेम (ग) डाह (घ) द्वेष
17. **उचित**– (क) सम्यक् (ख) अन्यायपूर्ण (ग) गलत (घ) अनुचित
18. **उत्पात**– (क) अनुपात (ख) शान्ति (ग) सरल (घ) भोला
19. **उन्मुख**– (क) प्रमुख (ख) आमुख (ग) विमुख (घ) सम्मुख
20. **उपकार**– (क) नुकसान (ख) अपकर्ष (ग) बुराई (घ) अपकार
21. **ऊर्ध्वगामी**– (क) अधोगामी (ख) तिर्यकगामी (ग) अग्रगामी (घ) उभयगामी
22. **ऊषा**– (क) अर्धरात्रि (ख) सन्ध्या (ग) रात्रि (घ) मधुराका
23. **अच्छा**– (क) बुरा (ख) खराब (ग) गन्दा (घ) भ्रष्ट
24. **अर्पण**– (क) ग्रहण (ख) लेना (ग) पाना (घ) स्वीकारना

25. **अन्त**– (क) प्रारम्भ (ख) पहले (ग) शुरू (घ) श्रीगणेश
26. **अग्र**– (क) पीछे (ख) पश्च (ग) बाद में (घ) तत्पश्चात्
27. **अधम**– (क) श्रेष्ठ (ख) अच्छा (ग) उत्तम (घ) भला
28. **अभिज्ञ**– (क) अनभिज्ञ (ख) अज्ञानी (ग) मूर्ख (घ) अयोग्य
29. **ऐश्वर्य**– (क) अनैश्वर्य (ख) वैभव (ग) विलासिता (घ) अभावग्रस्त
30. **ओजस्वी**– (क) भीरु (ख) निस्तेज (ग) कायर (घ) आलसी
31. **ओछा**– (क) अधम (ख) सदाचारी (ग) गम्भीर (घ) चरित्रवान
32. **औरत**– (क) व्यक्ति (ख) मनुष्य (ग) पति (घ) मर्द
33. **करुण**– (क) कोप (ख) शीलवान (ग) निष्ठुर (घ) कृतघ्न
34. **कपट**– (क) क्षमा (ख) सहयोग (ग) कुटिल (घ) निष्कपट
35. **क्रोध**– (क) अमर्ष (ख) क्षमा (ग) सेवा (घ) व्यग्र
36. **कर्षण**– (क) शिथिलीकरण (ख) समतलीकरण (ग) भण्डारण (घ) विकर्षण
37. **क्षति**– (क) हानि (ख) लाभ (ग) न्यूनता (घ) कमी
38. **क्षणिक**– (क) अल्पकाल (ख) तुरन्त (ग) शाश्वत (घ) शीघ्र
39. **खग**– (क) मृग (ख) मीन (ग) मयंक (घ) मानव
40. **खेचर**– (क) अनुचर (ख) भूचर (ग) परिचर (घ) नभचर
41. **आगमन**– (क) विदा होना (ख) यात्रा (ग) जाना (घ) प्रस्थान
42. **अवनत**– (क) उन्नत (ख) उत्कर्ष (ग) बढ़ना (घ) ऊँचा उठना
43. **अपेक्षा**– (क) अस्वीकार (ख) उपेक्षा (ग) निन्दित (घ) तिरस्कार
44. **गणतन्त्र**– (क) जनतन्त्र (ख) शासनतन्त्र (ग) लोकतन्त्र (घ) राजतन्त्र
45. **गम्भीर**– (क) वाचाल (ख) शरारती (ग) उत्पाती (घ) सतर्क
46. **गुरुत्व**– (क) भारहीन (ख) अनस्तित्व (ग) लघुत्व (घ) भारत्व
47. **गोचर**– (क) इन्द्रियाँ (ख) कवि (ग) उभयचर (घ) अगोचर
48. **घटक**– (क) समुदाय (ख) अघटित (ग) विघटित (घ) संगठित
49. **घना**– (क) अघाना (ख) विरल (ग) तरल (घ) सरल
50. **चतुर**– (क) व्यग्र (ख) चंचल (ग) सुजान (घ) मूढ़
51. **चाटुकार**– (क) स्वाभिमानी (ख) चापलूस (ग) खुशामयी (घ) क्रोधी
52. **चिरन्तन**– (क) चिरंजीव (ख) जीर्ण (ग) नश्वर (घ) कमजोर

53. **चित्र–** (क) सचित्र (ख) विचित्र (ग) इत्र (घ) चरित्र

54. **चोर–** (क) बहादुर (ख) डाकू (ग) पुलिस (घ) साधु

55. **छल–** (क) निश्छल (ख) निश्चल (ग) सरल (घ) कपट

56. **छिन्न–** (क) भिन्न (ख) संलग्न (ग) सुन्दर (घ) स्वच्छ

57. **जल–** (क) वायु (ख) आकाश (ग) स्थल (घ) बर्फ

58. **जंगम–** (क) दुर्बल (ख) सबल (ग) प्रवाह (घ) स्थावर

59. **ज्येष्ठ–** (क) कनिष्ठ (ख) आषाढ़ (ग) वरिष्ठ (घ) अग्रज

60. **ज्योति–** (क) दीपक (ख) तम (ग) पुंज (घ) रोशनी

61. **झगड़ा–** (क) वैमनस्य (ख) लड़ाई (ग) शान्ति (घ) अशान्ति

62. **झंकृत–** (क) हलचल (ख) शोर (ग) अशान्ति (घ) निस्तब्ध

63. **झंझा–** (क) तूफान (ख) बाढ़ (ग) महाप्रलय (घ) शान्ति

64. **ठीक–** (क) असत्य (ख) सत्य (ग) गलत (घ) उपयुक्त

65. **ठोस–** (क) मुलायम (ख) कोमल (ग) कमजोर (घ) तरल

66. **डरना–** (क) साहस (ख) निश्चिन्त (ग) डराना (घ) डरावना

67. **डाल–** (क) पेड़ (ख) शाखा (ग) फल (घ) निकाल

68. **ढंग–** (क) कुढंग (ख) सुडौल (ग) पद्धति (घ) रीति

69. **ढरना–** (क) चलना (ख) रुकना (ग) गहरा (घ) छिछला

70. **तट–** (क) तीर्थ (ख) बाँध (ग) मझधार (घ) पुल

71. **तृष्णा–** (क) न्यूनता (ख) कामना (ग) अधिकता (घ) वितृष्णा

72. **तीक्ष्ण–** (क) कुण्ठित (ख) नुकीला (ग) जहरीला (घ) स्थूल

73. **तुच्छ–** (क) न्यून (ख) महान् (ग) अल्प (घ) जरा

74. **तेजस्वी–** (क) मेधावी (ख) कुरूप (ग) निस्तेज (घ) अष्टावक्र

75. **थकावट–** (क) श्रान्ति (ख) क्लान्ति (ग) शैथिल्य (घ) स्फूर्ति

76. **थोड़ा–** (क) बहुत (ख) अल्प (ग) विशाल (घ) महान्

77. **दयालु–** (क) कठोर (ख) निर्दयी (ग) पापी (घ) अत्याचारी

78. **दरिद्र–** (क) दाता (ख) दानवीर (ग) सम्पन्न (घ) राजा

79. **दीघार्यु–** (क) अल्पायु (ख) अस्वस्थ (ग) दुर्घटनाग्रस्त (घ) मरणासन्न

80. **दुराचार–** (क) कदाचार (ख) सदाचार (ग) सज्जन (घ) दुर्जन

81. **देह**– (क) शरीर (ख) काया (ग) विदेह (घ) सन्देह

82. **धरा**– (क) गगन (ख) क्षिति (ग) अन्तरिक्ष (घ) इला

83. **धवल**– (क) श्वेत (ख) श्याम (ग) स्वच्छ (घ) दुबला

84. **ध्वंस**– (क) मजबूत (ख) कठोर (ग) निर्माण (घ) टिकाऊ

85. **ध्रुव**– (क) स्थावर (ख) स्थानापन्न (ग) स्थिर (घ) अस्थिर

86. **सहयोगी**– (क) योगी (ख) अनुयोगी (ग) उपयोगी (घ) प्रतियोगी

87. **सात्विक**– (क) सरल (ख) सादा (ग) तामसिक (घ) मानसिक

नीचे दिये हुए प्रत्येक वाक्य में एक शब्द काले में है। उसके नीचे चार शब्द दिये हुए हैं। उक्त काले शब्द के **विलोम** का चयन कीजिए।

88. यह सरोवर बहुत **गहरा** है।
(क) छिछला (ख) गन्दा (ग) गम्भीर (घ) हल्का

89. वह नौकर **नमक हलाल** है।
(क) घमण्डी (ख) स्वामीभक्त
(ग) नमक हराम (घ) अविश्वसनीय

90. भगवान का **आविर्भाव** लोक-कल्याण के लिए होता है।
(क) सद्भाव (ख) तिरोभाव (ग) प्रादुर्भाव (घ) अन्तर्भाव

91. सन्त सांसारिक ऐश्वर्य पर **आसक्त** नहीं होते।
(क) अनुरक्त (ख) निष्काम (ग) आरक्त (घ) विरक्त

92. जगत के **बाह्य** रूप को देखकर मोहित न होइए।
(क) आत्मिक (ख) आन्तरिक (ग) बौद्धिक (घ) मानसिक

93. आजकल लोग अधिक **वाचाल** हो गये हैं।
(क) शान्त (ख) निष्क्रिय (ग) मूक (घ) चालाक

94. सीताराम **कृतघ्न** है।
(क) कामचोर (ख) एहसानमन्द (ग) पापी (घ) दुराचारी

95. वह युद्ध में **धराशायी** हो गया।
(क) उठ गया (ख) सो गया (ग) हार गया (घ) पकड़ा गया

96. एवरेस्ट या चढ़ना **सुगम** नहीं है।
(क) दुर्गम (ख) सरल (ग) अगम्य (घ) दुर्लभ

उत्तरमाला

1-(क) आरम्भ, 2-(ग) बहिरंग, 3-(घ) विक्षत, 4-(क) सुगम, 5-(ख) जल, 6-(ग) विष, 7-(घ) विग्रह, 8-(क) अनावृष्टि, 9-(ख) अनागत, 10-(ग) विकर्षण, 11-(घ) भौतिक, 12-(क) अनास्था, 13-(ख) अनिच्छुक, 14-(ग) अथ, 15-(घ) अनिष्ट, 16-(ख) प्रेम, 17-(घ) अनुचित, 18-(ख) शान्ति, 19-(ग) विमुख, 20-(घ) अपकार, 21-(क) अधोगामी, 22-(ख) सन्ध्या, 23-(क) बुरा, 24-(क) ग्रहण, 25-(क) प्रारम्भ, 26-(ख) पश्च, 27-(ग) उत्तम, 28-(क) अनभिज्ञ, 29-(क) अनैश्वर्य, 30-(ख) निस्तेज, 31-(ग) गम्भीर, 32-(घ) मर्द, 33-(ग) निष्ठुर, 34-(घ) निष्कपट, 35-(ख) क्षमा, 36-(घ) विकर्षण, 37-(ख) लाभ, 38-(ग) शाश्वत, 39-(क) मृग, 40-(ख) भूचर, 41-(घ) प्रस्थान, 42-(क) उन्नत, 43 (ख) उपेक्षा, 44-(घ) राजतन्त्र, 45-(क) वाचाल, 46-(ग) लघुत्व, 47-(क) अगोचर, 48-(क) समुदाय, 49-(ख) विरल, 50-(घ) मूढ़, 51-(क) स्वाभिमानी, 52-(ग) नश्वर, 53-(ख) विचित्र, 54-(ग) पुलिस, 55-(क) निश्छल, 56-(क) भिन्न, 57-(ग) स्थल, 58-(घ) स्थावर, 59-(क) कनिष्ठ, 60-(ख) तम, 61-(ग) शान्ति, 62-(घ) निस्तब्ध, 63-(क) तूफान, 64-(ग) गलत, 65-(घ) तरल, 66-(ग) डराना, 67-(घ) निकाल, 68-(क) कुढंग, 69-(ख) रुकना, 70-(ग) मझधार, 71-(घ) वितृष्णा 72-(क) कुण्ठित, 73-(ख) महान, 74-(ग) निस्तेज, 75-(घ) स्फूर्ति, 76-(क) बहुत, 77-(ख) निर्दयी, 78-(ग) सम्पन्न, 79-(क) अल्पायु, 80-(ख) सदाचार, 81-(ग) विदेह, 82-(क) गगन, 83-(ग) स्वच्छ, 84-(ग) निर्माण, 85-(घ) अस्थिर, 86-(घ) प्रतियोगी, 87-(ग) तामसिक, 88-(क) छिछला, 89-(ग) नमक हराम, 90-(ख) तिरोभाव, 91-(घ) विरक्त, 92-(ख) आन्तरिक, 93-(ग) मूक, 94-(ख) एहसानमन्द, 95-(क) उठ गया, 96-(क) दुर्गम।

◆◆◆

13

युग्म या समोच्चरित शब्द

हिन्दी में अनेक ऐसे शब्दों का प्रयोग होता है, जिनका उच्चारण वर्ण या मात्रा के हल्के या तनिक से हेर-फेर के अतिरिक्त प्रायः समान है, किन्तु अर्थ में भिन्नता होती है। इनके अर्थगत सूक्ष्म अन्तर की जानकारी आवश्यक है, क्योंकि वाक्य प्रयोग में गलत शब्द के प्रयोग होने पर अनर्थ की सम्भावना होती है।

दो या दो से अधिक शब्द, जिनके उच्चारण में अत्यल्प अन्तर होता है, किन्तु उनमें अर्थगत कोई साम्य नहीं होता, उन्हें **'युग्म'** या समोच्चरित भिन्नार्थक समध्वन्यात्मक या समानाभास भिन्नार्थक शब्द कहते हैं।

ऐसे शब्दों की एक संक्षिप्त सूची दी जा रही है तथा कुछ शब्द-युग्मों का प्रयोग करके भी उनका अर्थभेद स्पष्ट किया जा रहा है, जिससे परीक्षार्थियों को स्पष्ट जानकारी हो सके।

कुछ शब्द-युग्मों के उदाहरण-

1. **अगम**- जहाँ कोई जा न सके। जैसे- सूर्य मानव के लिए अगम है।

   आगम- प्राप्ति, आमद, आगमन। जैसे- मेरे व्यापार का इस वर्ष का आगम और व्यय निकाल दें।

2. **अपेक्षा**- चाह, मुकाबिले या तुलना में। जैसे- मोहन की अपेक्षा राम का आचरण अच्छा है।

   उपेक्षा- लापरवाही, निरादर। जैसे- पत्रोत्तर देने में उपेक्षा बरतने पर उसे चेतावनी दी गयी।

3. **आचार**- चरित्र, रीति-व्यवहार, चाल-चलन, रहन-सहन। जैसे- व्यक्ति के आचार से देश के चरित्र का संकेत मिलता है।

   अचार- मसालों के साथ तेल मिलकर रखी हुई फल या सब्जी। जैसे- मेरी पत्नी ने आम का बहुत स्वादिष्ट अचार बनाया है।

4. **परिमिति-** चरम या अन्त सीमा, मर्यादा। जैसे- रावण की प्रतिष्ठा परिमिति पर पहुँचने के बाद पतन के गर्त में चली गयी।

परिमति- बुद्धि की व्यापकता। जैसे- विवेकानन्द की परिमति का अनुमान उनके भाषण से ही हो जाता था।

5. **मानक-** स्तर, पैमाना, मानदण्ड। अमेरीका के नागरिकों का जीवन-मानक अन्य देशों से ऊँचा है।

मानिक- माणिक्य (एक रत्न)। जैसे- हीरा, पन्ना मानिक आदि नवरत्नों से सजा हुआ उसका मुकुट था।

6. **इन्दिरा-** लक्ष्मी, शोभा। जैसे- समुद्र-मन्थन में से निकले चौदह रत्नों में इन्दिरा भी थी।

इन्द्रा- इन्द्र की पत्नी। जैसे- इन्द्र की पत्नी इन्द्रा स्वर्ग की महारानी हैं।

7. **सवर्ण-** अपने वर्ण का। जैसे- सोहन ने अपनी पुत्री का विवाह सवर्ण वर से किया।

सुवर्ण- सुन्दर वर्ण या सोना। जैसे- सुवर्ण पति को पाकर लता अति प्रसन्न हुई।

8. **पवन-** हवा, वायु। जैसे- पवन के एक झोंके ने उर्मिला के आँचल को सरका दिया।

पावन- पवित्र। जैसे- पावन-परिणय की बेला में सादर आमन्त्रण।

9. **तरणि-** नौका, सूर्य। जैसे- नाविक तरणि लेकर नदी की बीच धारा में चला गया।

तरुणी- जवान स्त्री। जैसे- कुछ ही वर्षों में वह बालिका से तरुणी हो गयी।

10. **चिता-** मृतक जलाने का लकड़ियों का ढेर। जैसे- चिता पर उसका शरीर जलकर राख हो गया।

चिन्ता- सोच, फिक्र। जैसे- पुत्री के विवाह की चिन्ता उसे खाये जा रही है।

11. **अतल-** तल रहित, अथाह। जैसे- समुद्र की गहराई अतल है।

अतुल- जिसकी तौल न की जा सके। जैसे- सोहन ने व्यापार में अतुल सम्पत्ति कमायी।

12. **आधि-** मानसिक व्यथा। जैसे- पुत्र का वियोग ही उसकी आधि का मुख्य कारण है।

आधी- अर्द्ध। जैसे आधी रोटी से पेट नहीं भरता।

13. **प्रेषित-** भेजा हुआ। जैसे- मैंने कल ही उमेश के पास पत्र प्रेषित किया है।

प्रोषित- विदेश गया हुआ। जैसे- उस प्रोषितपतिका का दुःख वर्णनातीत है।

14. **अपमान-** निरादर। जैसे- जहाँ अपमान मिले, वहाँ नहीं जाना चाहिए।

उपमान- वह वस्तु जिससे किसी दूसरी वस्तु की उपमा दी जाये। जैसे- उस नारी की सुन्दरता का उपमान नहीं है।

15. **परुष-** कठोर। जैसे- पत्नी के परुष वचनों से दुखी होकर तुलसीदास ने घर छोड़ दिया।

पुरुष- व्यक्ति, आदमी। जैसे- भारत में स्त्री-पुरुष दोनों को समान अधिकार है।

16. **नीर-** जल, पानी। जैसे- नीर बिना मछली तड़प रही है।

नीड़- घोसला। जैसे- सायंकाल पक्षी अपने-अपने नीड़ में चले जाते हैं।

17. **जलज-** कमल। जैसे- जलज और जोंक दोनों तालाब में उत्पन्न होते हैं।

जलद- बादल। जैसे- आकाश में जलद छा गये हैं।

18. **प्रसाद-** अनुग्रह, देवता पर चढ़ा नैवेद्य। जैसे- पूजा में वह प्रसाद वितरण के समय पहुँच गया।

प्रासाद- विशाल भवन। जैसे- राष्ट्रपति का प्रासाद बहुत भव्य है।

19. **द्रव-** तरल पदार्थ। जैसे- पानी द्रव और ठोस दोनों रूपों में प्राप्त होता है।

द्रव्य- धन-दौलत, पदार्थ। जैसे- बिना द्रव्य के जीवन का निर्वाह कठिन है।

20. **मूल-** जड़, बुनियादी। जैसे- भारतीय संविधान में नागरिकों को कुछ मूल अधिकार प्रदान किये गये हैं।

मूल्य- कीमत। जैसे- उस पुस्तक का मूल्य सौ रुपये है।

21. **नारी-** स्त्री। जैसे- नारी का आभूषण लज्जा है।

नाड़ी- रग, धमनी, रक्त वाहिनी। जैसे- वैद्य ने रोगी की नाड़ी देखी।

22. **सुर-** देवता, ध्वनि। जैसे- गंगा को सुरसरि कहा जाता है।

सूर- अन्धा। जैसे- सूरदास एक प्रसिद्ध भक्त कवि थे।

23. **कुल-** सम्पूर्ण, वंश। जैसे- वह अपने कुल का भूषण है।

कूल- किनारा, तट। जैसे- सरिता के कूल पर कई नौकाएँ थीं।

24. **सज्जन-** अच्छा व्यक्ति। जैसे- रमेश सज्जन व्यक्ति है।

साजन- पति, प्रेमी। जैसे- वह युवती अपने साजन की बेसब्री से प्रतीक्षा कर रही है।

25. **किला-** दुर्ग। जैसे- आगरा में मैंने लाल किला देखा।

कीला- बड़ी कील। जैसे- मेरी कार के टायर में कीला गड़ जाने से टायर पंचर हो गया।

26. **ढलाई-** ढालने का काम। जैसे- सिक्का ढलाई का कार्य नासिक में होता है।

ढिलाई- शिथिलता। जैसे- पुलिस की ढिलाई से ही अपराध बढ़ते हैं।

27. **अविराम-** बिना ठहराव के, लगातार। जैसे- पृथ्वी अपनी धुरी पर अविराम घूमती है।

अभिराम- मनोहर, सुन्दर। जैसे- गोवा के समुद्र तट पर अनेक अभिराम दृश्य हैं।

28. **अन्य-** दूसरा। जैसे- उसके दुखों के कारण आर्थिक तंगी के अलावा अन्य भी अनेक कारण हैं।

अन्न- अनाज। जैसे- पेट अन्न से ही भरता है, बातों से नहीं।

29. **उदार-** ऊँचे दिल का। जैसे- हर्ष का हृदय बहुत ही उदार था।

उधार- कर्ज, ऋण। जैसे- अपनी चिकित्सा के लिए मैंने दस हजार रुपये उधार लिया।

30. **परिणीत-** विवाहित, पूर्ण। जैसे- सुकन्या परिणीत होने के बाद अपने ससुराल चली गयी।

प्रणीत- निर्मित, रचित। जैसे- 'साकेत' महाकाव्य मैथिलीशरण गुप्त द्वारा प्रणीत है।

◆◆◆

वस्तुनिष्ठ-प्रश्न

नीचे कुछ शब्द दिये गये हैं। प्रत्येक के अर्थ के लिए दो विकल्प दिये गये हैं। सही विकल्प का चयन कीजिए।

1. **अगम**- (क) दुर्गम (ख) आगमन
2. **आकृति**- (क) दुष्कर्म (ख) बनावट
3. **जो थके नहीं**- (क) अकल (ख) अथक
4. **आकर**- (क) खान (ख) न करने योग्य
5. **आहार**- (क) तालाब (ख) भोजन
6. **अम्बुधि**- (क) सागर (ख) कमल
7. **सहारा**- (क) अविलम्ब (ख) अवलम्ब
8. **अभिराम**- (क) लगातार (ख) मनोहर
9. **अपत्य**- (क) सन्तान (ख) संकट
10. **अमात्र**- (क) मन्त्री (ख) मात्रा रहित
11. **जरा**- (क) बुढ़ापा (ख) तनिक
12. **जगत**- (क) विश्व (ख) कुएँ का किनारा
13. **नीरद**- (क) बादल (ख) कमल
14. **परिमिति**- (क) चरम सीमा (ख) सीमा के अन्दर
15. **रति**- (क) लीन रहना (ख) प्रेम
16. **निर्वाण**- (क) बनाना (ख) मोक्ष
17. **निर्वाद**- (क) बुराई (ख) विवाद रहित
18. **नीत**- (क) लाया हुआ (ख) नियम
19. **निहत**- (क) मारा हुआ (ख) गुप्तभाव से समाया हुआ
20. **परिताप**- (क) शोक (ख) बल, पौरुष
21. **निगम**- (क) संस्था (ख) निकास
22. **परुष**- (क) आदमी (ख) कठोर
23. **तलवार**- (क) असि (ख) असी
24. **चिर**- (क) वस्त्र (ख) हमेशा
25. **प्रकृति**- (क) कुदरत (ख) मूल

26. **निर्वात**- (क) भ्रम (ख) बिना हवा वाला
27. **तरणी**- (क) नाव (ख) सूर्य
28. **अलोक**- (क) सुनसान (ख) प्रकाश
29. **परिणीत**- (क) विवाहिता (ख) निर्मित
30. **अवदात**- (क) उज्ज्वल (ख) महान्
31. **पदत्राण**- (क) जूता, खड़ाऊ (ख) पूर्ण
32. **परित्राण**- (क) जूता (ख) रक्षा
33. **परिजन**- (क) परिवार (ख) बादल
34. **पर्जन्य**- (क) बादल, मेघ (ख) आश्रित व्यक्ति
35. **अभिहित**- (क) कहा हुआ (ख) अनुचित
36. **अविहित**- (क) उक्त (ख) अनुचित
37. **अराति**- (क) शत्रु (ख) निकटवर्ती
38. **आरुण**- (क) अरुण से सम्बन्धित (ख) उद्यालक
39. **आरुणि**- (क) अरुण से सम्बन्धित (ख) सूर्य के पुत्र
40. **खार**- (क) खारापन (ख) फाँस
41. **अयश**- (क) बदनामी (ख) लोहा
42. **आगम**- (क) आगमन, शास्त्र (ख) दुर्लभ
43. **अकुल**- (क) बिना कुल के (ख) व्याकुल
44. **आकुल**- (क) व्याकुल (ख) बिना कुल के
45. **अस्ति**- (क) है (ख) हड्डी
46. **अस्थि**- (क) हड्डी (ख) विद्यमान
47. **अपेक्षा**- (क) चाहना (ख) निरादर
48. **उपेक्षा**- (क) निरादर (ख) चाहत
49. **जलज**- (क) कमल, शंख (ख) बादल, मेघ
50. **जलद**- (क) मेघ (ख) शंख
51. **अनिष्ट**- (क) बुराई, नुकसान (ख) निष्ठारहित
52. **अनिष्ठ**- (क) निष्ठा रहित (ख) नुकसान
53. **अमर्ष**- (क) क्रोध (ख) आलोचना
54. **अवमर्ष**- (क) आलोचना (ख) क्रोध

55. **आसन**- (क) बैठने की चारपाई (ख) आया हुआ
56. **दग्ध**- (क) जला हुआ (ख) दूध
57. **दुग्ध**- (क) दूध (ख) जला हुआ
58. **निधन**- (क) मृत्यु (ख) गरीब
59. **निर्धन**- (क) गरीब (ख) मृत्यु
60. **आहट**- (क) हल्की ध्वनि (ख) घायल
61. **आहत**- (क) धीमी आवाज (ख) घायल
62. **अनल**- (क) आग (ख) वायु
63. **अनिल**- (क) आग (ख) वायु
64. **अर्जन**- (क) कमाना (ख) अर्जुन
65. **अर्जुन**- (क) अर्जुन (ख) कमाना
66. **अवधि**- (क) समय (ख) अवधी भाषा
67. **अवधी**- (क) अवध का (ख) अवधि
68. **अंश**- (क) हिस्सा (ख) कन्धा
69. **अंस**- (क) कन्धा (ख) हिस्सा
70. **अविज्ञ**- (क) अनजान (ख) जानने वाला
71. **अभिज्ञ**- (क) अनजान (ख) जानने वाला
72. **असाधु**- (क) दुर्जन (ख) दुष्कर
73. **असाध**- (क) दुष्कर (ख) दुर्जन
74. **असार**- (क) सारहीन (ख) लक्षण
75. **आसार**- (क) लक्षण (ख) सारहीन
76. **अशर**- (क) बाण रहित (ख) प्रभाव
77. **अतप**- (क) शीतल (ख) धूप
78. **आतप**- (क) धूप (ख) शीतल
79. **अदम**- (क) दमन रहित (ख) प्रथम मानव
80. **आदम**- (क) प्रथम मानव (ख) दमन रहित
81. **अपहार**- (क) अपहरण (ख) भेंट, पुरस्कार
82. **उपहार**- (क) पुरस्कार (ख) अपहरण
83. **अभिसार**- (क) प्रेमी से छिपकर मिलना (ख) आक्रमण

84. **अभीसार**- (क) आक्रमण (ख) प्रेमी से मिलन
85. **अनित्य**- (क) नश्वर (ख) असत्य
86. **अनृत**- (क) नश्वर (ख) झूठा
87. **अलि**- (क) भौंरा (ख) सखी
88. **आली**- (क) सहेली (ख) भौंरा
89. **असक्त**- (क) निर्लिप्त (ख) असमर्थ
90. **अशक्त**- (क) असमर्थ (ख) निर्लिप्त
91. **कपिश**- (क) मटमैला (ख) सुग्रीव, हनुमान
92. **कपीश**- (क) सुग्रीव, हनुमान (ख) मटमैला
93. **कीर**- (क) तोता (ख) हाथी
94. **करि**- (क) हाथी (ख) तोता
95. **निशाकर**- (क) चन्द्रमा (ख) राक्षस
96. **निशाचर**- (क) चन्द्रमा (ख) राक्षस
97. **मनोज**- (क) कामदेव (ख) सुन्दर
98. **मनोज्ञ**- (क) कामदेव (ख) सुन्दर
99. **हिम**- (क) बर्फ (ख) स्वर्ण
100. **हेम**- (क) स्वर्ण (ख) बर्फ
101. **हास**- (क) हँसी (ख) कमी
102. **ह्रास**- (क) हँसी (ख) कमी
103. **सूचि**- (क) सुई (ख) पवित्र
104. **शुचि**- (क) पवित्र (ख) सूई
105. **सर्व**- (क) सम्पूर्ण (ख) शिव
106. **शर्व**- (क) शिव (ख) सम्पूर्ण
107. **सर्वथा**- (क) सब प्रकार से (ख) हमेशा
108. **सर्वदा**- (क) हमेशा (ख) सब प्रकार से
109. **सत्व**- (क) बल (ख) हक, अधिकार
110. **स्वत्व**- (क) अधिकार (ख) बल
111. **सिता**- (क) शक्कर (ख) सीताजी

उत्तरमाला

1-(क) दुर्गम, 2-(ख) बनावट, 3-(ख) अथक, 4-(क) खान, 5-(ख) भोजन, 6-(क) सागर, 7-(ख) अवलम्ब, 8-(ख) मनोहर, 9-(क) सन्तान, 10-(ख) मात्रा रहित, 11-(क) बुढ़ापा, 12-(क) विश्व, 13-(क) बादल, 14-(क) चरम सीमा, 15-(ख) प्रेम, 16-(ख) मोक्ष, 17-(क) बुराई, 18-(क) लाया हुआ, 19-(क) मारा हुआ, 20-(क) शोक, 21-(क) संस्था, 22-(ख) कठोर, 23-(क) असि, 24-(ख) हमेशा, 25-(क) कुदरत, 26-(ख) बिना हवा वाला, 27-(क) नाव, 28-(क) सुनसान, 29-(क) विवाहिता, 30-(क) उज्ज्वल, 31-(क) जूता, 32-(ख) रक्षा, 33-(क) परिवार, 34-(क) बादल, मेघ, 35-(क) कहा हुआ, 36-(ख) अनुचित, 37-(क) शत्रु, 38-(क) अरुण से सम्बन्धित, 39-(ख) सूर्य के पुत्र, 40-(क) खारापन, 41-(क) बदनामी, 42-(क) आगमन, शास्त्र, 43 (क) बिना कुल के, 44-(क) व्याकुल, 45-(क) है, 46-(क) हड्डी, 47-(क) चाहना, 48-(क) निरादर, 49-(क) कमल, शंख, 50-(क) मेघ, 51-(क) बुराई, नुकसान, 52-(क) निष्ठा रहित, 53-(क) क्रोध, 54-(क) आलोचना, 55-(क) बैठने की चटाई, 56-(क) जला हुआ, 57-(क) दूध, 58-(क) मृत्यु, 59-(क) गरीब, 60-(क) हल्की ध्वनि, 61-(ख) घायल, 62-(क) आग, 63-(ख) वायु, 64-(क) कमाना, 65-(क) अर्जुन, 66-(क) समय, 67-(क) अवध, 68-(क) हिस्सा, 69-(क) कन्धा, 70-(क) अनजान, 71-(ख) जानने वाला 72-(क) दुर्जन, 73-(क) दुष्कर, 74-(क) सारहीन, 75-(क) लक्षण, 76-(क) बाण रहित, 77-(क) शीतल, 78-(क) धूप, 79-(क) दमन रहित, 80-(क) प्रथम मानव, 81-(क) अपहरण, 82-(क) पुरस्कार, 83-(क) प्रेमी से छिपकर मिलना, 84-(क) आक्रमण, 85-(क) नश्वर, 86-(ख) झूठा, 87-(क) भौंरा, 88-(क) सहेली, 89-(क) निर्लिप्त, 90-(क) असमर्थ, 91-(क) मटमैला, 92-(क) सुग्रीव, हनुमान 93-(क) तोता, 94-(क) हाथी, 95-(क) चन्द्रमा, 96-(ख) राक्षस, 97-(क) कामदेव, 98-(ख) सुन्दर, 99-(क) बर्फ, 100-(क) स्वर्ण, 101-(क) हँसी, 102-(ख) कमी, 103-(क) सूई, 104-(क) सम्पूर्ण, 105-(क) शिव, 106-(क) सब प्रकार से, 107-(क) हमेशा, 108-(क) बल, 109-(क) अधि कार, 110-(क) शक्कर।

◆◆◆

14

समानार्थक शब्द और उनमें प्रयोग-भेद

पिछले अध्याय में पर्यायवाची शब्दों का विवेचन करते हुए यह स्पष्ट किया जा चुका है कि बहुत से शब्द एक-दूसरे के पर्याय होते हुए भी पूर्ण पर्याय नहीं होते और उनके अर्थों में सूक्ष्म अन्तर होता है। उदाहणार्थ– पत्थर और संगमरमर में यद्यपि दोनों ही पत्थर हैं, किन्तु दोनों में पर्याप्त अन्तर है। इसी प्रकार बहुत से शब्द भी समानार्थी लगते हैं, किन्तु प्रयोग के अनुसार उनके अर्थों में अन्तर होता है। उक्त शब्दों को 'समानार्थक' या 'समानार्थी' शब्द कहते हैं।

नीचे कुछ समानार्थक शब्दों में अर्थ व प्रयोग-भेद को उल्लिखित किया जा रहा है–

1. **अधर्म-** ऐसा कार्य जो धर्म के प्रतिकूल हो।
   प्रयोग- निर्बलों को सताना अधर्म है।
   अन्याय- न्याय के विरुद्ध, अनुचित, अत्याचार।
   प्रयोग- छुआछूत बहुत बड़ा अन्याय है।

2. **आह्लाद-** खुशी से फूला न समाना।
   प्रयोग- बसन्त ऋतु आह्लाददायक है।
   उल्लास- उमंग एवं खुशी के भाव।
   प्रयोग- दीपावली उल्लास का पर्व है।

3. **अज्ञ-** अज्ञानी।
   प्रयोग- अज्ञ प्राणियों का बुरा व्यवहार भी सहनीय है।
   मूर्ख- उपदेश देने पर भी जिसे ज्ञान प्राप्त न हो।
   प्रयोग- वह मूर्ख है, समझाने पर भी वह नहीं मानेगा।
   अनभिज्ञ- वह जिसे किसी वस्तु-विशेष का ज्ञान न हो।
   प्रयोग- मोहन-व्याकरण शास्त्र से अनभिज्ञ है।

4. **आशंका**– शंका। जिससे किसी दुर्घटना की आशंका हो।
प्रयोग– उसे आशंका है कि वह परीक्षा में पास नहीं होगा।
भय– व्याकुलता जिसमें अमंगल का डर हो।
प्रयोग– शेर को देखकर भय से मेरे रोंगटे खड़े हो गये।

5. **अज्ञात**– जिसके बारे में कोई जानकारी न हो।
प्रयोग– अज्ञात व्यक्ति पर विश्वास नहीं करना चाहिए।
अज्ञेय– प्रयास करने पर भी जिसे जाना न जा सके।
प्रयोग– ईश्वर के नियम अज्ञेय हैं।

6. **आवश्यकता**– जरूरत।
प्रयोग– उसे एक साथी की आवश्यकता है।
इच्छा– ऐसी कल्पना जिसका पूर्ण होना जरूरी नहीं।
प्रयोग– मेरी इच्छा है कि मैं बहुत धनी बन जाऊँ।

7. **सभापति**– किसी संस्था का प्रधान।
प्रयोग– जिला परिषद के सभापति का बुलावा आया है।
प्रधान– गोष्ठी या सभा का अस्थायी पद।
प्रयोग– ग्रामसभा के प्रधान को अब अनेक अधिकार मिल गये हैं।

8. **आलोचना**– दोष एवं गुणों का वर्णन।
प्रयोग– रामचन्द्र शुक्ल ने अनेक आलोचना लिखी है।
समीक्षा– गुण-दोषों के बारे में टीका-टिप्पणी।
प्रयोग– गीता की समीक्षा अनेक विद्वानों ने की है।

9. **अपराध**– दण्ड योग्य कर्म, जिसमें कानून का उल्लंघन किया गया हो।
प्रयोग– उसने अपराध योग्य कर्म किया है।

10. **पाप**– वह कर्म जिससे अपुण्य होता है।
प्रयोग– झूठ बोलना पाप है।

11. **निपुण**– प्रवीण, पूर्ण कौशल।
प्रयोग– मोहन कार चलाने में प्रवीण है।
कुशल– चतुर, होशियार।
प्रयोग– राम किसी से बातचीत कर काम निकालने में बहुत कुशल है।

12. **औषधालय**– वह स्थान जहाँ दवाएँ रखी जाती हैं।
प्रयोग– चिकित्सालय का औषधालय सड़क के पास ही है।

चिकित्सालय-जहाँ चिकित्सा की जाती है।

प्रयोग- उस चिकित्सालय में बहुत अच्छी चिकित्सा होती है।

13. **ओज**- शरीर के भीतरी रसों का सार भाग, कान्ति।

प्रयोग- ओजस्वी मनुष्य के मुख पर कान्ति छायी रहती है।

पौरुष- पुरुषोचित कार्य करने की क्षमता।

प्रयोग- वृद्धावस्था आने पर पौरुष का ह्रास हो जाता है।

14. **कंगाल**- भीख माँग कर गुजारा करने वाला।

प्रयोग- जूए की आदत ने उसे बिलकुल कंगाल बना दिया।

दीन- हीनता का भाव।

प्रयोग- धन की कमी ने उसमें हीनता का भाव भर दिया है।

15. **कष्ट**- आपत्तिजनित दुख।

प्रयोग- सर्दी की रात में मुझे उसके यहाँ बहुत कष्ट हुआ।

व्यथा- शरीर के किसी अंग में दर्द होना।

प्रयोग- बाँह में व्यथा होने से मुझे रात भर नींद नहीं आयी।

16. **ग्रन्थ**- बड़े आकार में गम्भीर चिन्तनयुक्त रचना।

प्रयोग- रामचरित मानस एक उत्कृष्ट ग्रन्थ है।

पुस्तक- सामान्य ढंग की रचना।

प्रयोग- इस पुस्तक के लेखक रामचन्द्र शुक्ल हैं।

17. **द्वन्द्व**- दो व्यक्तियों का आपस में टकराव।

प्रयोग- मान-सम्मान को लेकर दोनों में द्वन्द्व युद्ध हो गया।

संघर्ष- दो से अधिक व्यक्तियों की लड़ाई, हाथापाई या युद्ध।

प्रयोग- छिटफुट गोलाबारी के बाद भारत व पाकिस्तान की सेनाओं में संघर्ष शुरू हो गया।

◆◆◆

वस्तुनिष्ठ-प्रश्न

नीचे कुछ वाक्य दिये गये हैं। प्रत्येक में रिक्त स्थान की पूर्ति के लिए विकल्प रूप में शब्द दिये गये हैं। सही विकल्प चुनिए।

1. जहाँ अधिक बोलने वाले व्यक्ति हों वहाँ ________ रहना चाहिए?
   (क) मूक (ख) मौन

2. यहाँ आने वाले सभी मेहमानों का ________ है।
   (क) अभिनन्दन (ख) स्वागत

3. चिन्ता सबसे बड़ी ________ है।
   (क) आधि (ख) व्याधि

4. हिन्दुओं में गोमाँस-भक्षण का कार्य है।
   (क) अन्याय (ख) अधर्म

5. झूठ बोलना ________ है।
   (क) अधर्म (ख) पाप

6. लोकसभा ने सरकारी प्रस्ताव को ________ कर दिया।
   (क) अस्वीकृत (ख) प्रतिषेध

7. ________ मनुष्य से अधिक बात नहीं करनी चाहिए।
   (क) अहंकारी (ख) दर्पयुक्त

8. उसके ________ को देखने पर कोई बुराई नहीं दिखती।
   (क) व्यवहार (ख) आचार-विचार

9. मैं ________ चुनाव में भाग लूँगा।
   (क) आगामी (ख) भावी

10. डाकुओं के ________ से सारा क्षेत्र थर्राता था।
    (क) आतंक (ख) त्रास

11. उसने एक दिन की छुट्टी के लिए ________ दिया है।
    (क) आवेदन (ख) प्रतिवेदन

12. निर्बल को सताना ________ है।
    (क) अधर्म (ख) अन्याय

13. मैं संस्कृत के व्याकरण से ________ हूँ।
    (क) विज्ञ (ख) अनभिज्ञ

14. मुझे ____________ है कि आज कोई दुर्घटना होगी।
    (क) आशंका   (ख) भय

15. बण्टी की ____________ है कि मैं समाजसेवी बनूँ।
    (क) इच्छा   (ख) आवश्यकता

16. किसी की ____________ करने का इसे क्या अधिकार है।
    (क) समीक्षा   (ख) आलोचना

17. डॉ. शर्मा इस गोष्ठी का/की ____________ कर रहे हैं।
    (क) सभापतित्व   (ख) अध्यक्षता

18. कर्कशा नारी पति के जीवन को ____________ मय बना देती है।
    (क) पीड़ा   (ख) कलेश

19. विविधता में एकता ____________ की विशेषता है।
    (क) भारतीय-संस्कृति   (ख) भारतीय कृति

20. मुझे आपका पत्रोत्तर विलम्ब से देने का ____________ है।
    (क) खेद   (ख) दुख

21. वाल्मीकि रामायण हिन्दुओं का/की एक प्रसिद्ध ____________ है।
    (क) ग्रन्थ   (ख) पुस्तक

22. रोगी का ____________ देखकर ही उसके रोग की पहचान की जाती है।
    (क) लक्षण   (ख) चिह्न

23. रेल-दुर्घटना की ____________ एक वरिष्ठ अधिकारी कर रहे हैं।
    (क) जाँच   (ख) परीक्षा

24. विश्वामित्र ऋषि बहुत बड़े ____________ थे।
    (क) ज्ञानी   (ख) जानकार

25. दोनों दलों में ________ छिड़ जाने से अनेक मरे ओर घायल हुए।
    (क) संघर्ष   (ख) द्वन्द्व

26. अपने मित्र को ____________ कह कर मैं चला गया।
    (क) नमस्कार   (ख) प्रणाम

27. यह सामान्य ________ है कि सरकारी कर्मचारी प्रायः भ्रष्ट हो चुके हैं।
    (क) धारणा   (ख) विचार

28. रात में पढ़ते-पढ़ते मुझे ____________ आ गयी।
    (क) तन्द्रा   (ख) निद्रा

29. भारत में विकासित देशों की अपेक्षा ____________ व्यक्तियों की संख्या अधिक है।

(क) अशिक्षित (ख) निरक्षर

30. आग बुझाने में उसने काफी ____________ दिखायी।

(क) निर्भीकता (ख) दिलेरी

31. निवेदन है कि ____________ को आकास्मिक अवकाश प्रदान करें।

(क) प्रार्थी (ख) अभ्यर्थी

32. आप मेरे पास किस ____________ से आये हैं?

(क) लक्ष्य (ख) प्रयोजन

33. ____________ से पर्यावरण प्रभावित हो रहा है।

(क) प्रदूषण (ख) दूषण

34. समस्त शासनादेश ________ के हस्ताक्षर से प्रसारित किये जाते हैं।

(क) मन्त्री (ख) सचिव

35. ________ मताधिकार से स्त्री-पुरुष असमानता में कमी आयी है।

(क) महिला (ख) पत्नी

36. गुजरात राज्य की ____________ गुजराती है।

(क) राष्ट्रभाषा (ख) राजभाषा

37. आपत्ति की घड़ी में उसने ____________ खो दिया।

(क) साहस (ख) शौर्य

38. राष्ट्रपति का चुनाव ____________ पाँच वर्ष की/के लिए होता है।

(क) समय (ख) अवधि

39. काँग्रेस एक राजनैतिक ____________ है।

(क) समुदाय (ख) संगठन

40. ताजमहल यमुना के किनारे ____________ है।

(क) स्थित (ख) स्थिर

41. सिन्धु घाटी की ____________ विश्व में प्राचीनतम है।

(क) संस्कृति (ख) सभ्यता

उत्तरमाला

1-(ख) मौन, 2-(ख) स्वागत, 3-(ख) व्याधि, 4-(ख) अधर्म, 5-(ख) पाप, 6-(क) अस्वीकृत, 7-(क) अहंकारी, 8-(ख) आचार-विचार, 9-(क) आगामी, 10-(क) आतंक, 11-(क) आवेदन, 12-(क) अधर्म, 13-(ख) अनभिज्ञ, 14-(क) आशंका, 15-(क) इच्छा, 16-(ख) आलोचना, 17-(ख) अध्यक्षता, 18-(ख) क्लेश, 19-(क) भारतीय-संस्कृति, 20-(क) खेद, 21-(क) ग्रन्थ, 22-(क) लक्षण, 23-(क) जाँच, 24-(क) ज्ञानी, 25-(क) संघर्ष, 26-(क) नमस्कार, 27-(क) धारणा, 28-(ख) निद्रा, 29-(ख) निरक्षर, 30-(क) निर्भीकता, 31-(क) प्रार्थी, 32-(ख) प्रयोजन, 33-(क) प्रदूषण, 34-(ख) सचिव, 35-(क) महिला, 36-(ख) राष्ट्रभाषा, 37-(क) साहस, 38-(ख) अवष्टि, 39-(ख) संगठन, 40-(क) स्थित, 41-(ख) सभ्यता।

◆◆◆

15

शब्द-शक्ति

जिससे शब्द का अर्थ ज्ञात हो, उसे 'शब्द-शक्ति' कहते हैं। शब्द में एक विशेष अर्थ होता है। बिना सम्बन्ध के शब्द में किसी अर्थ का बोध कराने की शक्ति नहीं रहती है। 'सम्बन्ध' शब्द को अर्थवान बनाता है, उसमें शक्ति का संचार करता है। इस शब्द-शक्ति से अर्थ की प्रतीति होती है।

शब्द-शक्ति के भेद

साहित्यशास्त्र में शब्द की तीन शक्तियाँ मानी गयी हैं, 1. अभिधा, 2. लक्षणा, 3. व्यंजना। किन्तु कुछ विद्वान् शब्द की चार शक्तियाँ मानते हैं– 1. अभिधा, 2. लक्षणा, 3. व्यंजना और 4. तात्पर्यार्थ। यहाँ मात्र तीन शब्द-शक्तियों की ही चर्चा की जा रही है–

1. अभिधा- शब्द की जिस शक्ति से उस शब्द का वास्तविक अर्थ ज्ञात होता है, उसे अभिधा-शक्ति कहते हैं। अभिधा में प्रयुक्त शब्द को **वाचक** और उसके अर्थ को **वाच्यार्थ** कहते हैं।

बहुत-से शब्द ऐसे होते हैं, जिनके अनेक अर्थ होते हैं। उनमें कौन-सा अर्थ ग्रहण किया जाये, यह निर्णय प्रसंग से अथवा वाक्य के अन्य शब्दों के साथ उसके सम्बन्ध से जानी जाती है। उदाहरणार्थ–

(क) मोती दरवाजे पर भौंक रहा है।

(ख) मोती एक नटखट लड़का है।

(ग) आजकल मोती बहुत महँगे हो गये हैं।

उपर्युक्त वाक्य में 'मोती' सांकेतिक अर्थों में प्रयुक्त है। अतः स्थल एवं प्रसंग से हम बता सकते हैं कि **मोती** शब्द का अर्थ क्रमशः कुत्ता, लड़का और पदार्थ विशेष से होता है।

सामान्य बोल-चाल की भाषा में 'अभिधा शक्ति' ही प्रयुक्त होती है। यह भाषा की सहज, सरल और निश्छल अभिव्यक्ति होती है।

अभिधा शक्ति द्वारा रूढ़, यौगिक और योगरूढ़ शब्दों का अर्थबोध होता है। इसमें शब्द और उनके अर्थ में कोई बाधा नहीं है।

विश्लेषण के विचार से अभिधा के वाचक शब्दों को तीन श्रेणियों में रखा जा सकता है– (क) रूढ़, (ख) यौगिक और (ग) योग रूढ़।

(क) रूढ़- शब्द का बिना विश्लेषण किये ही जहाँ उसके सामान्य अर्थ प्रतीति हो– जैसे- मेज, कुर्सी, पेड़, चटाई आदि।

(ख) यौगिक- जहाँ शब्द का अर्थ ग्रहण करने के लिए उसे दो टुकड़ों में विभक्त करना पड़े। जैसे- जलद (जल + द = जल देने वाला अर्थात् बादल)

(ग) योग रूढ़- जहाँ शब्द का अर्थ ग्रहण करने के लिए शब्द का विश्लेषण तो किया जाये, किन्तु उसका अर्थ सामान्य न लेकर किसी विशेष वस्तु के प्रति लिया जाये। जैसे- गजानन (गज + आनन = हाथी का मुख) किन्तु प्रसिद्ध अर्थ- 'हाथी का मुख है, जिसका' अर्थात् गणेश।

2. लक्षणा- जब अभिधा शक्ति से सम्बन्धित अर्थ न लिया जाये, किन्तु इसी से सम्बन्ध रखने वाला एक दूसरा अर्थ लिया जाये, तब ऐसा अन्य अर्थ जिस शब्द-शक्ति द्वारा ग्रहण किया जाता है, वह 'शब्द-शक्ति' **लक्षणा** कही जाती है। उदाहरणार्थ– 'यदि बृहस्पति भी आ जायें, तो ऐसे उल्लुओं को नहीं समझा सकते।' **लक्षणा** वहाँ होती है, जहाँ लाक्षणिक शब्द का प्रयोग हो।

यहाँ 'उल्लू' शब्द का सांकेतिक अर्थ, एक पक्षी-विशेष नहीं लिया जायेगा, बल्कि उल्लू की भाँति नासमझ या मूर्ख व्यक्ति लिया जायेगा। 'उल्लू' से सम्बन्ध रखने वाले अन्य अर्थ को ग्रहण कराने वाली शक्ति **लक्षणा** है। यह दूसरा अर्थ लक्ष्यार्थ है।

लक्षणा के लिए तीन बातों का होना जरूरी है– (क) मुख्यार्थ में बाधा, (ख) मुख्यार्थ और लक्ष्यार्थ में सम्बन्ध और (ग) प्रयोजन।

(क) मुख्यार्थ में बाधा– मुख्यार्थ ग्रहण करने में बाधा वहीं उपस्थित होती है, जहाँ पर वक्ता के कहने का अभिप्राय मुख्य अर्थ से नहीं निकलता। जैसे- 'यह पूरा देश जानता है कि पंजाब लड़ाका है।' यहाँ **पंजाब लड़ाका** है, कहने में मुख्यार्थ की बाधा है। **पंजाब** का मुख्यार्थ है, एक राज्य विशेष। **राज्य** एक **जड़** है। अतः वह लड़ाका नहीं हो सकता। यहाँ वक्ता के कहने का अभिप्राय मुख्यार्थ 'राज्य विशेष' से सिद्ध नहीं हुआ। इसलिए **मुख्यार्थ** में बाधा हुई है।

(ख) मुख्यार्थ और लक्ष्यार्थ में सम्बन्ध– मुख्यार्थ में बाधा उपस्थित होने पर, जो अर्थ **लक्ष्यार्थ** ग्रहण किया जाये, उसमें और मुख्यार्थ में किसी प्रकार का

सम्बन्ध अवश्य रहना चाहिए। जैसे- पंजाब' शब्द के मुख्यार्थ में बाधा उपस्थित होने पर इसका अर्थ 'पंजाब राज्यवासी' लिया गया। इस प्रकार लक्ष्यार्थ 'पंजाबवासी' और मुख्यार्थ 'पंजाब' में आधार-आधेय भाव सम्बन्ध है। 'पंजाब' राज्य आधार है और 'पंजाबवासी' आधेय।

(ग) प्रयोजन– प्रयोजन का अर्थ है– अभिप्राय। लाक्षणिक शब्दों में लक्ष्यार्थ रूढ़ि अथवा प्रयोजन के कारण ग्रहण किया जाता है। जैसे- 'गंगा पर ग्राम है।'

यहाँ 'गंगा' शब्द के मुख्यार्थ 'गंगा की धारा' में बाधा है, क्योंकि गंगा की धारा में ग्राम नहीं बस सकता। अत: इसका लक्ष्यार्थ 'गंगा का तट' ग्रहण किया गया।

लक्ष्यार्थ **तट** का मुख्यार्थ 'गंगा की धारा' के साथ **सामीप्य** सम्बन्ध है। यहाँ लक्ष्यार्थ में प्रयोजन है। वैसे वक्ता कह सकता था कि मेरा ग्राम 'गंगा तट पर है' पर ऐसा कहने से उसके गाँव की शीतलता और पवित्रता का वह बोध नहीं हो पाता, जो 'गंगा पर ग्राम है' कहने से व्यक्त होता है।

सभी मुहावरों और कहावतों या लोकोक्तियों में **लक्षणा** शब्द-शक्ति होती है। लक्षणा के दो भेद हैं– (क) रूढ़ि लक्षणा और (ख) प्रयोजनवती लक्षणा।

जहाँ रूढ़ि के कारण मुख्यार्थ को छोड़कर उससे सम्बन्ध रखने वाला लाक्षणिक अर्थ ग्रहण किया जाता है, वहाँ रूढ़ि लक्षणा होती है और जहाँ मुख्य अर्थ का बोध होने पर किसी विशेष प्रयोजन के कारण मुख्य अर्थ से सम्बन्ध रखने वाले लाक्षणि ाक अर्थ का बोध होता है, वहाँ प्रयोजनवती लक्षणा होती है।

3. व्यंजना– कभी-कभी अभिधा और व्यंजना में से किसी से भी वाक्य का तात्पर्यार्थ नहीं खुलता ऐसी देशा में जिस शक्ति से इच्छित अर्थ तक पहुँच होती है, उसे **व्यंजना** शब्द-शक्ति कहते हैं।

दूसरे शब्दों में अभिधा और लक्षणा के शान्त होने पर, जिस शब्द शक्ति द्वारा व्यंग्यार्थ की प्राप्ति होती है, उसे **व्यंजना शक्ति** कहते हैं। अर्थात् मुख्यार्थ और लक्ष्यार्थ से भिन्न अर्थ की प्रतीति होने पर **व्यंजना शक्ति** होती है।

मुख्यार्थ और लक्ष्यार्थ से भिन्न अन्य अर्थ प्रकट करने वाले शब्द को **व्यंजक** कहते हैं और **व्यंजक** शब्द से ध्वनित अर्थ को व्यंग्यार्थ कहते हैं। उदाहरणार्थ 'गंगा पर ग्राम है।' यहाँ 'गंगा' शब्द का मुख्यार्थ 'गंगा का जल प्रवाह' तथा लक्ष्यार्थ 'गंगा का तट' है। इन दोनों से भिन्न अर्थ- 'ग्राम की शीतलता तथा पवित्रता के आधिक्य का भी बोध हो रहा है, जो वक्ता के कहने का प्रयोजन है। यह भिन्न अर्थ **व्यंजना** शक्ति द्वारा प्राप्त होता है। यहाँ **गंगा** शब्द व्यंजक है और ग्राम की शीतलता तथा पवित्रता **व्यंग्यार्थ** है।

व्यंजना के दो भेद हैं– (क) शाब्दी व्यंजना और (ख) आर्थी व्यंजना। जहाँ किसी शब्द-विशेष के प्रयोग पर ही व्यंग्यार्थ निर्भर रहता है, अर्थात् उस शब्द के

स्थान पर उसका पर्यायवाची अन्य शब्द रख देने से व्यंजनों का लोप हो जाता है, वहाँ **शाब्दी व्यंजना** होती है। उदाहरणार्थ–

जिरजीवौ जोरी जुरे, क्यों न सनेह गम्भीर।
को घटि ये वृषभानुजा, वे हलधर के वीर।।

उपर्युक्त दोहे में यदि **वृषमानुजा** और **हलधर** के स्थान पर इनके पर्यायवाची शब्द **गाय** और **बैल** रख दिये जायें, तो व्यंग्यार्थ नहीं रहेगा। अतः इस दोहे में **शाब्दी व्यंजना** है। **आर्थी व्यंजना** किसी शब्द विशेष पर आधारित न होकर पर्यायवाची शब्दों के रखने पर भी बनी रहती है। जैसे– 'अर्थ का अनर्थ हो गया।' यहाँ ऐसी ध्वनि निकलती है कि ऐसा अनर्थ हो गया, जिसे रोकने के लिए सहायता की जरूरत है। इस प्रकार यहाँ याचना ध्वनित होने से **आर्थी व्यंजना** है।

काव्य शास्त्र में **व्यंजनाशक्ति** को **ध्वनि** कहा गया है, क्योंकि इसमें **अर्थ** ध्वनित होता है। श्लेष अलंकार में व्यंजना शैली होती है। अभिधा और लक्षणा की अपेक्षा व्यंजना शक्ति का क्षेत्र अधिक व्यापक है। काव्यशास्त्र में **अभिधा** को **अधम काव्य**, **लक्षणा** को **मध्यम काव्य** और **व्यंजना** को **उत्तम काव्य** कहा गया है।

◆◆◆

वस्तुनिष्ठ-प्रश्न

नीचे दिये गये प्रश्नों के सही विकल्प चुनिए–

1. काव्यशास्त्र के अनुसार शब्द में अर्थ कितने प्रकार से आता है?
   (क) तीन (ख) चार (ग) पाँच (घ) छः
2. अर्थ का बोध कराने वाले व्यापार को शब्द-शक्ति किसने कहा?
   (क) भामह ने (ख) विश्वनाथ ने
   (ग) कुन्तक ने (घ) आनन्दवर्द्धन ने
3. शब्द-शक्ति का अन्य नाम है–
   (क) ध्वनि (ख) रीति (ग) वृत्ति (घ) रस
4. शब्द-शक्ति के लिए आचार्य मम्मट ने किस शब्द का प्रयोग किया?
   (क) वाणी (ख) आभास (ग) प्रतीति (घ) व्यापार
5. शब्द-शक्ति के मूलतः कितने भेद हैं?
   (क) दो (ख) तीन (ग) चार (घ) पाँच
6. 'अभिधा' में प्रयुक्त शब्द को कहते हैं–
   (क) वाचक (ख) देशज (ग) संकर (घ) अनुकरणात्मक
7. 'वाच्यार्थ' कहते हैं–
   (क) व्यंजक शब्द के अर्थ को (ख) वाचक शब्द के अर्थ को
   (ग) गूढ़ शब्द के अर्थ को (घ) संकर शब्द के अर्थ को
8. रूढ़, यौगिक और योगरूढ़ शब्दों का अर्थबोध किस शब्द-शक्ति से होता है?
   (क) व्यंजना (ख) लक्षणा (ग) अभिधा (घ) तात्पर्या
9. शब्द शक्ति का स्रोत नहीं है–
   (क) पदार्थ (ख) प्रयोजन (ग) अनेकार्थी व्यंजन (घ) ध्वनि
10. अर्थबोध कराने के सम्बन्ध में कौन-सा कथन सत्य है?
    (क) अभिधा शब्द-शक्ति लक्षणा पर आश्रित होती है।
    (ख) लक्षणा शक्ति व्यंजना पर आश्रित होती है।
    (ग) अभिधा शब्द-शक्ति लक्षणा व व्यंजना दोनों में आश्रित होती है।
    (घ) लक्षणा एवं व्यंजना दोनों शब्द-शक्तियाँ अभिधा पर आश्रित होती हैं।
11. आचार्य मम्मट ने काव्य के कितने भेद बताये हैं?
    (क) तीन (ख) चार (ग) पाँच (घ) छः

12. मुहावरे एवं लोकोक्तियों में होती है–
(क) अभिधा (ख) लक्षणा (ग) व्यंजना (घ) तात्पर्या

13. रूढ़ा और प्रयोजनवती किस शब्द-शक्ति से सम्बद्ध हैं?
(क) अभिधा (ख) लक्षणा (ग) व्यंजना (घ) तात्पर्य

14. रूपकातिशयोक्ति में लक्षणा-शक्ति होती है–
(क) साध्यवसाना (ख) सारोपा (ग) उपादान (घ) शुद्ध

15. श्लेष अलंकार में होती है–
(क) अभिधा (ख) लक्षणा (ग) व्यंजना (घ) तात्पर्य

16. 'भगवान विष्णु करुणा के पुंज हैं'– में कौन-सी शब्द-शक्ति है?
(क) अभिधा (ख) लक्षणा (ग) व्यंजना

17. 'राम का विरोध करने पर तुम्हारी गति बालि और रावण जैसी होगी।' में कौन-सी शब्द-शक्ति है?
(क) करुणा (ख) अभिधा (ग) लक्षणा

18. 'पानी गये न ऊबरे, मोती मानुस चून' में कौन-सी शब्द-शक्ति है?
(क) व्यंजना (ख) लक्षणा (ग) अभिधा

19. 'वह आदमी नहीं, एकदम गधा है'- में शब्द-शक्ति है–
(क) अभिधा (ख) लक्षणा (ग) व्यंजना

20. 'वह तो निरा बैल है' में शब्द-शक्ति है–
(क) अभिधा (ख) व्यंजना (ग) लक्षणा

21. 'सैकड़ों बन्दूकें चली आ रही हैं'– में कौन-सी शब्द शक्ति है?
(क) व्यंजना (ख) अभिधा (ग) लक्षणा

22. 'बन्दूकें सदा अहित करती हैं'- में कौन-सी शब्द-शक्ति है?
(क) व्यंजना (ख) अभिधा (ग) लक्षणा

23. 'भाले प्रवेश कर रहे हैं और तलवारें जा रही हैं'- में शब्द-शक्ति है–
(क) लक्षणा (ख) व्यंजना (ग) अभिधा

24. 'उस मुहल्ले में मलेरिया का प्रकोप क्यों न हो, वह तो नालियों पर बसा है।'- में शब्द शक्ति है–
(क) अभिधा (ख) लक्षणा (ग) व्यंजना

25. 'मैं अच्छी तरह जानता हूँ आप पूरे हजरत हैं।'- में शब्द-शक्ति है–
(क) लक्षणा (ख) व्यंजना (ग) अभिधा

26. 'चोर ने अपने साथी से कहा– अब तो रात की रानी महकने लगी है।'- में शब्द-शक्ति है–

(क) लक्षणा (ख) व्यंजना (ग) अभिधा

27. 'चक्र-सुदर्शन करत, सदा जन की रखवारी'– में शब्द-शक्ति है–

(क) अभिधा (ख) लक्षणा (ग) व्यंजना

उत्तरमाला

1-(क) तीन, 2-(ख) विश्वनाथ ने, 3-(ग) कृत्ति, 4-(घ) व्यापार, 5-(ख) तीन, 6-(क) वाचक, 7-(ख) वाचक शब्द के अर्थ को, 8-(ग) अभिधा, 9-(घ) ध्वनि, 10-(ग) अभिधा शब्द-शक्ति लक्षणा व व्यंजना दोनों पर आधारित होती है, 11-(क) तीन, 12-(ख) लक्षणा, 13-(ख) लक्षणा, 14-(क) साध्यवसाना, 15-(ग) व्यंजना, 16-(क) अभिधा, 17-(ग) लक्षणा, 18-(क) व्यंजना, 19-(ख) लक्षणा, 20-(ग) लक्षणा, 21-(ग) लक्षणा, 22-(क) व्यंजना, 23-(क) लक्षणा, 24-(ख) लक्षणा, 25-(क) लक्षणा, 26-(ग) व्यंजना, 27-(ख) लक्षणा।

◆◆◆

16

रस, छन्द और अलंकार

रस- **'रस'** को साधारण शब्दावली में किसी फल आदि से निचोड़ा हुआ द्रव पदार्थ समझा जाता है। अँग्रेजी में इसे **जूस** कहा जाता है।

साहित्य में 'रस' की अवधारणा दूसरी है। साहित्य में उसका अध्ययन या पढ़ने या सुनने वाला जिस प्रकार के भाव का आनन्द प्राप्त करता है, उसे **'रस'** कहा जाता है। फल आदि रसों के आस्वादन की अनुभूति करने वाली इन्द्रिय जिह्वा है, किन्तु साहित्य के रस की अनुभूति या आस्वादन के लिए इन्द्रियाँ- नेत्र, कान, हृदय, मस्तिष्क आदि हैं।

इस प्रकार 'रस' को परिभाषित करते हुए कहा जा सकता है कि 'साहित्य को पढ़ने-सुनने या नाटक आदि को देखने से जिस आनन्द की अनुभूति होती है, उसे **'रस'** कहते हैं।'

रसों की संख्या 'नौ' मानी गयी है और उनके स्थायी भाव भी 'नौ' ही होते हैं, जो निम्नलिखित हैं–

रस	**स्थायी भाव**	**रस**	**स्थायी भाव**
1. श्रृंगार	रति	2. हास्य	हास
3. करुण	शोक	4. रौद्र	क्रोध
5. वीर	उत्साह	6. भयानक	भय
7. वीभत्स	जुगुप्सा	8. अद्‌भुत	विस्मय
9. शान्त	शम या निर्वेद		

साहित्यशास्त्रियों ने 'भक्ति' को भी एक रस माना है, जिसका स्थायी भाव 'भक्ति' है। अब तो 'वात्सल्य' को भी रस मान लिया गया है, जिसका स्थायी भाव भी 'वात्सल्य' ही है।

'रस' के चार अंग होते हैं–

(क) स्थायी भाव, (ख) विभाव, (ग) अनुभाव और (घ) संचारी भाव।

(क) स्थायी भाव- हृदय में मूल रूप से विद्यमान रहने वाले भाव **'स्थायी भाव'** कहलाते हैं। ये चिरकाल तक रहने वाले तथा रस रूप में निर्मित या परिणत होते हैं। स्थायी भावों की संख्या नौ है- 1. रति, 2. हास, 3. शोक, 4. क्रोध, 5. उत्साह, 6. भय, 7. जुगुप्सा, 8. विस्मय और 9. निर्वेद।

(ख) विभाव- जो व्यक्ति, वस्तु या परिस्थितियाँ स्थायी भावों को उद्दीप्त या जागरित करती हैं, उन्हें **'विभाव'** कहते हैं। विभाव दो प्रकार के होते हैं- 1. आलम्बन विभाव, 2. उद्दीपन विभाव।

(ग) अनुभाव- आलम्बन तथा उद्दीपन के द्वारा आश्रय के हृदय में जो चेष्टाएँ होती हैं, उन्हें **'अनुभाव'** कहते हैं। अनुभाव चार प्रकार के माने गये हैं- 1. कायिक, 2. मानसिक, 3. आहार्य और 4. सात्विक।

(घ) संचारी भाव- आश्रय के चित्त में उत्पन्न होने वाले अस्थिर मनोविकारों को **'संचारी भाव'** कहते हैं। इनके द्वारा स्थायी भाव और भी तीव्र हो जाता है। संचारी भावों की संख्या 33 है, जो निम्नलिखित हैं-

1. हर्ष, 2. विषाद, 3. त्रास, 4. लज्जा, 5. पीड़ा, 5. ग्लानि, 6. चिन्ता, 7. शंका, 8. असूया, 9. अमर्ष, 10. मोह, 11. गर्व, 12. उत्सुकता, 13. उग्रता, 14. चपलता, 15. दीनता, 16. जड़ता, 17. आवेग, 18. निर्वेद, 19. धृति, 20. मति, 21. विबोध, 22. वितर्क, 23. श्रम, 24. आलस्य, 25. निद्रा, 26. स्वप्न, 27. स्मृति, 28. मद, 29. उन्माद, 30. अवहित्था, 31. अपस्मार, 32. व्याधि, 33. मरण।

'रस-सिद्धान्त' का सर्वप्रथम उल्लेख भारत मुनि के नाट्यशास्त्र में मिलता है। जिन्होंने रस को काव्य की आत्मा माना है। 'रस-सूत्र' के प्रथम व्याख्याकार भट्टलोलक हैं। रस-निष्पत्ति में 'ब्रह्मानन्द-सहोदर' की व्याख्या भट्टनायक ने की। सामान्यता भोजराज कृत 'श्रृंगार-प्रकाश' प्रथम रस-ग्रन्थ है।

आचार्य भोजराज ने 'श्रृंगार' को 'रसराज' कहा है। इनके अनुसार श्रृंगार एक ऐसा रस है, जिसमें अन्य रसों के संचारी भाव भी समाहित हो जाते हैं।

आचार्य मम्मट ने काव्यानन्द को 'ब्रह्मानन्द-सहोदर' माना है। रस-सम्बन्धी ब्रह्मानन्द की कल्पना का मूलस्रोत तैत्तरीय उपनिषद् है, जिसमें कहा गया है- **'रसो वै सः'** अर्थात् आनन्द ही रस है। रस-विवेचन की दृष्टि से आचार्य विश्वनाथ द्वारा रचित 'साहित्य दर्पण' विशेष है। इन्होंने 'रस' को काव्य की आत्मा माना है। भानुदत्त रचित 'रस तरंगिणी' भी रस विवेचन सम्बन्धी महत्त्वपूर्ण ग्रन्थ है।

पण्डित जगन्नाथ रस के 'सर्वांगनिरूपक आचार्य हैं। इन्होंने अपने ग्रन्थ 'रस-गंगाधर' में रस का विस्तारपूर्वक विवेचन किया है। रीतिकालीन कवियों में 'देव' ने श्रृंगार रस का सर्वाधिक चित्रण किया है।

शृंगार रस का सम्बन्ध कौशिकी वृत्ति से भी है। भरतमुनि ने हास्य की उत्पत्ति शृंगार से ही माना है। इन्होंने हास्य रस को सभी रसों से अधिक सुखात्मक माना है।

आचार्य भरत ने वीर रस के चार भेद किये हैं– दानवीर, धर्मवीर, युद्धवीर और दयावीर। रौद्र रस के तीन भेद हैं- वचनात्मक, वेशात्मक और आंशिक या क्रियात्मक।

भयानक रस के तीन भेद हैं- व्याधिजन्य, अपराधजन्य और वित्रासिक (अनिष्ट की आशंका से उत्पन्न)। भारती वृत्ति का सम्बन्ध अद्भुत रस से है। आचार्य भरत ने अद्भुत रस को दो भागों में विभक्त किया है- 1. दिव्य (देवी चमत्कारों से युक्त), 2. आनन्दज (अप्रत्याशित घटनाओं से उत्पन्न)।

वीभत्स रस के दो भेद हैं- 1. क्षोभज (यह रुधिर आदि से उत्पन्न होता है), 2. उद्वेगी (यह विष्ठा) आदि से उत्पन्न होता है।

आचार्य रुद्रट, विश्वनाथ, अभिनवगुप्त, हेमचन्द्र, भानुगुप्त आदि ने वात्सल्य-रस को स्वतन्त्र रस माना है तथा आचार्य मम्मट ने 'वात्सल्य' को स्वतन्त्र रस नहीं माना है।

रूप गोस्वामी ने 'भक्ति रसामृत सिन्धु' तथा 'उज्ज्वल नीलमणि' नामक ग्रन्थों की रचना करके 'भक्तिरस' को शास्त्रीय स्वरूप प्रदान किया।

रसवादी आचार्यो में भट्टलोलक, शंकुक, भट्टनायक, अभिनवगुप्त आदि आते हैं और रस-विरोधी आचार्यों में भामह, दण्डी, वामन, उद्भट, रुद्रट आदि का नाम लिया जाता है।

रसो के कुछ उदाहरण और उनके लक्षण–

1. **शृंगार रस**- स्त्री-पुरुष के परस्पर अनुराग का वर्णन शृंगार रस के अन्तर्गत होता है। इसके दो भेद हैं- (क) संयोग या सम्भोग, (ख) वियोग या विप्रलम्भ। ये दोनों यद्यपि परस्पर विरोधी भावों की अनुभूति कराते हैं, तथापि ये पुष्टि 'रति' की ही करते हैं।

(क) संयोग शृंगार- नायक-नायिका की आपस में दृष्टि आदान-प्रदान, मधुर सम्भाषण, आलिंगन, चुम्बन आदि रति के उपयोग से शृंगार की व्यंजना होती है। इसमें दोनों के हृदय में परस्पर प्रगाढ़ अनुराग की भावना होनी चाहिए। उदाहरण–

एक पल मेरे प्रिया के दृग पलक
थे उठे ऊपर, सहज नीचे गिरे।
चपलता ने इस विकम्पित पुलक से
दृढ़ किया मानो प्रणय सम्बन्ध था।

(ख) वियोग शृंगार- नायक-नायिका में उत्कट प्रेम हो जाने पर भी उनके मिलन का अभाव वियोग या विप्रलम्भ शृंगार है। जैसे-

भोर ते साँझ लौ कानन ओर निहारति बावरे नेकु न हारति।
साँझ ते भोर लौं तारनि ताकिबो, तारनि सों इकतार न टारति।
जो कहूँ भावतो दीठि परै, घन आनन्द आँसुनि औसर गारति।
मोहन-सोहन जोहन की लगियै रहे आँखिन के उर आरति॥

2. हास्य रस- विचित्र रूप, वेश, वाणी, आकार, कार्य आदि को देखकर 'हास' का भाव हृदय में उत्पन्न होता है, वही हास्य रस की अभिव्यक्ति करता है। उदाहरणार्थ-

जेहि दिसि नारद बैठे फूली।
सो दिसि तेहि न विलोकी भूली॥
पुनि-पुनि मुनि उकसहिं अकुलाहीं।
देखि दसा हरिगन मुसुकाहीं॥

3. करुण रस- प्रिय व्यक्ति या इष्ट वस्तु के नष्ट हो जाने से हृदय में उत्पन्न विषाद का भाव करुण रस की व्यंजना कराता है। हालाँकि विषाद की अनुभूति वियोग शृंगार में भी होती है, किन्तु वहाँ करुणात्मक दु:ख के साथ भविष्य में मिलने वाले मिलन-सुख की आशा भी रहती है, किन्तु करुण रस में प्रिय वस्तु या व्यक्ति के नष्ट हो जाने पर ही विषाद की अनुभूति होती है। भविष्य में उससे मिलने की आशा नहीं होती। उदाहरणार्थ-

जो भूरि भाग्य भरी विदित थी अनुपमेय सुहागिनी,
हे हृदय बल्लभ! हूँ वही अब मैं महा हतभागिनी।
जो साथिनी होकर तुम्हारी थी, अतीव सनाथिनी,
है, अब उसी मुझ-सी जगत् में और कौन अनाथिनी।

4. वीर रस- अध्यवसाय, स्वत्व, धैर्य, हर्ष, विक्रम आदि विभावों में स्थायी भाव का वीर रस में परिपाक होता है। उदाहरणार्थ-

तोरेउँ छत्रक दण्ड जिमि तब प्रताप-बल नाथ।
जो न करउँ प्रभुपद सपथ, पुनि न धरौं धनु हाथ॥

5. रौद्र रस- अपना अनिष्ट या अपमान होने के कारण उत्पन्न क्रोध से रौद्र-रस की व्यंजना होती है। उदाहरणार्थ-

मातु पितहि जनि सोचबस, करसि महीप किसोर।
गर्भन के अर्भक दलन, परसु मोर अति घोर॥

6. भयानक रस- भयप्रद दृश्य को देखने, सुनने स्मरण करने अथवा उसकी प्रतीति से उत्पन्न 'भय' 'भयानक रस' की व्यंजना करता है। उदाहरणार्थ-

एक ओर अजगरहि लखि, एक ओर मृगराय।
बिकल बटोही बीच ही, परयो मूरछा खाय॥

7. वीभत्स रस- रुधिर, अस्थि, मज्जा, माँस आदि घृणित वस्तुओं को देखने या उनसे सन्दर्भित बात सुनने से उत्पन्न हुई घृणा वीभत्स-रस की व्यंजना करती है। इससे विरक्ति का भाव पैदा होता है, अत: वीभत्स-रस को शान्त रस का सहायक भी माना गया है। उदाहरणार्थ-

सिर पर बैठ्यो काग आँख दोउ खात निकारत।
खींचत जीभहिं स्यार अतिहि आनन्द उर धारत॥
गिद्ध जाँघ को खोदि खोदि के माँस उपारत।
स्वान आँगुरिन काटि-काटि के खाल विदारत॥

8. अद्भुत रस- अलौकिक प्रसंग से उत्पन्न 'विस्मय' अद्भुत रस की व्यंजना कराता है। अद्भुत रस का प्राण 'चमत्कार' ही होता है। उदाहरणार्थ-

इहाँ उहाँ दुइ बालक देखा। मति भ्रम मोरि कि आन बिसेखा॥
तन पुलकित मुख बचन न आवा। नयन मूँदि चरनन सिर नावा॥

9. शान्त रस- संसार की नि:सारता को देखकर उत्पन्न 'निर्वेद' शान्त रस की व्यंजना करता है। 'निर्वेद' को ही स्थायी भाव कहना उचित है। उदाहरणार्थ-

बन वितान, रबि ससि दिया, फल भो सलिल प्रवाह।
अवनि सेज पंखा पवन, अब न कछू परवाह॥

◆◆◆

वस्तुनिष्ठ-प्रश्न

नीचे दिये गये प्रश्नों के चार विकल्प हैं। सही उत्तर पर निशान लगायें।

1. रस सिद्धान्त के आदि प्रवर्तक हैं–
   (क) आचार्य भरत (ख) आनन्दवर्द्धन
   (ग) भोजराज (घ) विश्वनाथ

2. भरत मुनि ने किस रस का उल्लेख नहीं किया है?
   (क) श्रृंगार (ख) शान्त (ग) वीर (घ) करुण

3. 'वाक्यं रसात्मकं वाक्यं' यह कथन किस ग्रन्थ का है–
   (क) नाट्यशास्त्र (ख) शती नाट्य दर्पण
   (ग) साहित्य दर्पण (घ) श्रृंगार प्रकाश

4. रसों की सही संख्या कितनी है?
   (क) आठ (ख) नौ (ग) दस (घ) ग्यारह

5. किस आचार्य ने रस को काव्य का मुख्य तत्त्व स्वीकार किया है?
   (क) कुलपति मिश्र (ख) भरतमुनि
   (ग) कुन्तक (घ) राजशेखर

6. भट्ट लोलक का 'उत्पत्तिवाद' किसकी विवेचना करता है?
   (क) ध्वनि (ख) रस (ग) रीति (घ) अलंकार

7. रीतिकाल में रस सम्प्रदाय का प्रथम आचार्य कौन है?
   (क) देव (ख) चिन्तामणि त्रिपाठी
   (ग) केशव दास (घ) भानुदत्त

8. रस सम्प्रदाय का विधिवत विवेचन किसने किया?
   (क) मम्मट ने (ख) विश्वनाथ ने
   (ग) पण्डितराज जगनाथ ने (घ) भानुदत्त ने

9. भरत मुनि ने किस ग्रन्थ में रस की विशद विवेचना की है?
   (क) साहित्य दर्पण (ख) नाट्यशास्त्र
   (ग) रस मीमांसा (घ) रस विवेचन

10. 'शब्दार्थौ सहितम् काव्यम्' किस आचार्य की परिभाषा है?
   (क) कुन्तक (ख) आनन्दवर्द्धन (ग) मम्मट (घ) भामह

11. साहित्य दर्पण के रचयिता हैं–
(क) दण्डी (ख) भामह (ग) विश्वनाथ (घ) भरत

12. रस तरंगिणी के रचयिता हैं–
(क) कुन्तक (ख) मम्मट (ग) रूप गोस्वामी (घ) भानुदत्त

13. भरत के अनुसार भावों की संख्या कितनी है?
(क) 48 (ख) 49 (ग) 50 (घ) 51

14. 'छल' नामक चौतीसवाँ संचारी भव मानने वाले आचार्य हैं–
(क) अभिनव गुप्त (ख) आचार्य शुक्ल
(ग) केशवदास (घ) कवि देव

15. संचारी भावों की सही संख्या कितनी है?
(क) 31 (ख) 32 (ग) 33 (घ) 34

16. जब रस के सभी संघटक तत्व अपने विशिष्ट गुणों को त्याग कर सामान्य हो जाते हैं, तो उस स्थिति को क्या कहते हैं?
(क) आनन्दीकरण (ख) साधारणीकरण
(ग) रसापकर्ष (घ) विलीनीकरण

17. 'शृंगार' को 'रसराज' की संज्ञा किसने दी?
(क) जगन्नाथ (ख) भोजराज (ग) भरत (घ) दण्डी

18. 'रस-मीमांसा' के लेखक हैं–
(क) आचार्य रामचन्द्र शुक्ल (ख) डॉ. नगेन्द्र
(ग) अभिनव गुप्त (घ) रूप गोस्वामी

19. 'रस-गंगाधर' के लेखक कौन हैं?
(क) अभिनव गुप्त (ख) जगन्नाथ
(ग) भट्ट लोलक (घ) विश्वनाथ

20. 'कौशिकी वृत्ति' से सम्बन्धित रस कौन-सा है?
(क) शृंगार (ख) वीर (ग) करुण (घ) अद्भुत

21. केशवदास ने अपनी किस रचना में 'रस' का विवेचन किया है?
(क) कविप्रिया (ख) रसिक प्रिया
(ग) रामचन्द्रिका (घ) विज्ञानगीता

22. शृंगार-रस का प्रभुत्व किन संचारियों पर नहीं है?
(क) धृति और दैन्य (ख) हर्ष और त्रास
(ग) उग्रता और घृणा (घ) जड़ता और व्याधि

23. सात्विक अनुभाव कितने हैं?

(क) दो (ख) चार (ग) छः (घ) आठ

24. शृंगार रस का स्थायी भाव क्या है?

(क) रति (ख) शोक (ग) विस्मय (घ) हास्य

25. वीर रस का स्थायी भाव क्या है?

(क) शोक (ख) भय (ग) उत्साह (घ) क्रोध

26. रौद्र रस का स्थायी भाव क्या है?

(क) शोक (ख) भय (ग) घृणा (घ) क्रोध

27. 'शोक' किस रस का स्थायी भाव है?

(क) वीभत्स रस (ख) करुण रस

(ग) अद्‌भुत रस (घ) वीर रस

28. काव्य में कितने रस माने जाते हैं?

(क) सात (ख) आठ (ग) नौ (घ) छः

29. 'यशोदा हरि पालने झुलावै'- इसमें कौन-सा रस है?

(क) करुण रस (ख) वात्सल्य रस

(ग) भक्ति रस (घ) अद्‌भुत रस

30. निसिदिन बरसत नयन हमारे- इसमें कौन-सा रस है?

(क) करुण रस (ख) हास्य रस

(ग) वीर रस (घ) वियोग शृंगार रस

31. निम्नलिखित में 'रस' का सही अर्थ कौन-सा है?

(क) किसी वस्तु का स्वाद।

(ख) किसी व्यंजन की मिठास।

(ग) साहित्य से मिलने वाली आनन्दानुभूति।

(घ) इनमें से कोई नहीं।

32. इनमें से व्यभिचारी भाव भी किसे कहते हैं?

(क) अनुभाव (ख) संचारी भाव

(ग) सात्विक अनुभाव (घ) विभाव

33. रस-निष्पत्ति में कौन-सा तत्व नहीं है?

(क) व्यभिचारी भाव (ख) विभाव (ग) समभाव (घ) अनुभाव

34. आचार्य भरत ने कितने स्थायी भावों का उल्लेख किया है?

(क) आठ (ख) नौ (ग) दस (घ) ग्यारह

35. *'निर्जन नटि-नटि पुनि लजियावै. छिन रिझाई हँसि सैन बुलावै.'* –इस चौपाई में कौन-सा रस है?
(क) हास्य रस (ख) अद्भुत रस
(ग) संयोग श्रृंगार रस (घ) वियोग श्रृंगार रस

36. आचार्य भरत ने किस रस को सर्वाधिक सुखात्मक रस माना है।
(क) करुण रस (ख) वीर (ग) संयोग श्रृंगार रस (घ) हास्य रस

37. हास्य रस के कितने भेद हैं?
(क) छः (ख) आठ (ग) दस (घ) बारह

38. करुण रस के देवता हैं–
(क) विष्णु (ख) यम (ग) प्रमण्य (घ) महेन्द्र

39. माया को 'रस' घोषित करने वाले आचार्य हैं–
(क) आनन्दवर्द्धन (ख) रुद्रट (ग) भामह (घ) भानुभट्ट

40. आलम्बन तथा उद्दीपन द्वारा आश्रय के हृदय में स्थायी भाव जाग्रत होने पर आश्रय में जो चेष्टाएँ होती हैं, उन्हें कहते हैं–
(क) विभाग (ख) अनुभाव (ग) उद्दीपन (घ) संचारीभाव

41. *'मज्जा माँस रुधिर पतनारे. सुनि मिचली कस होइ निहारे..'*
उक्त पंक्ति में कौन-सा रस है?
(क) भयानक (ख) वीर (ग) रौद्र (घ) वीभत्स

42. भारती-कृत्ति से सम्बन्धित रस है–
(क) श्रृंगार (ख) करुण (ग) अद्भुत (घ) शान्त

43. सर्वाधिक प्राचीन सम्प्रदाय है–
(क) वक्रोक्ति (ख) अलंकार (ग) रीति (घ) रस

44. 'वात्सल्य' को स्वतन्त्र रस न मानने वाले आचार्य हैं–
(क) मम्मट (ख) केशव (ग) रूप गोस्वामी (घ) मतिराम

45. 'उज्ज्वल नीलमणि' के रचयिता हैं–
(क) महाकवि देव (ख) भिखारीदास (ग) रूप गोस्वामी (घ) तुलसीदास

46. श्रृंगार रस की मैत्री किससे है?
(क) शान्त (ख) भयानक (ग) हास्य (घ) रौद्र

47. *'हे खग मृग हे मधुकर स्रेनी, तुम देखी सीता मृगनयनी।'*
इस चौपाई में कौन-सा रस है?
(क) संयोग श्रृंगार (ख) करुण रस (ग) वियोग श्रृंगार (घ) अद्भुत रस

48. *'मेरे तो गिरधर गोपाल दूसरो न कोई।*
जाके सिर मोर मुकुट मेरो पति सोई॥'

उक्त पंक्ति में कौन-सा रस है?

(क) हास्य (ख) करुण (ग) शृंगार (घ) शान्त

49. *'मैं सत्य कहता हूँ सखे, सुकुमार मत जानो मुझे।*
यमराज से भी युद्ध में प्रस्तुत सदा मानो मुझे॥'

उक्त पंक्ति में कौन-सा रस है?

(क) वीर (ख) करुण (ग) शान्त (घ) हास्य

50. *'सीस पर गंगा हँसे, भुजनि भुजंगा हँसे।*
हास को ही दंगा भयो, नंगा के विवाह में॥'

उक्त पंक्ति में कौन-सा रस है?

(क) शोक (ख) क्रोध (ग) निर्वेद (घ) हास्य

उत्तरमाला

1-(क) आचार्य भरत, 2-(ख) शान्त, 3-(ग) साहित्य दर्पण, 4-(ख) नौ, 5-(ख) भरतमुनि, 6-(ख) रस, 7-(ग) केशव, 8-(ख) विश्वनाथ ने, 9-(ख) नाट्यशास्त्र, 10-(घ) भामह, 11-(ग) विश्वनाथ, 12-(घ) भानुदत्त, 13-(ख) 49, 14-(घ) कवि देव, 15-(ग) 33, 16-(ख) साधारणीकरण, 17-(ख) भोजराज, 18-(क) आचार्य रामचन्द्र शुक्ल, 19-(ख) जगन्नाथ, 20-(क) शृंगार, 21-(ख) रसिक प्रिया, 22-(ग) उग्रता, 23-(घ) आठ, 24-(क) रति, 25-(ग) उत्साह, 26-(घ) क्रोध, 27-(ख) करुण रस, 28-(ग) नौ, 29-(ख) वात्सल्य रस, 30-(घ) वियोग शृंगार, 31-(ग) साहित्य में मिलने वाली आनन्दानुभूति, 32-(ख) संचारी भाव, 33-(ग) समभाव, 34-(क) आठ, 35-(ग) संयोग शृंगार रस, 36-(घ) हास्य रस, 37-(क) छः, 38-(ख) यम, 39-(घ) भानुभट्ट, 40-(ख) अनुभाव, 41-(घ) वीभत्स, 42-(ग) अद्भुत, 43 (घ) रस, 44-(क) मम्मट, 45-(ग) रूप गोस्वामी, 46-(ग) हास्य, 47-(ग) वियोग शृंगार, 48-(ग) शृंगार, 49-(क) वीर, 50-(घ) हास्य।

छन्द

छन्द उस रचना को कहते हैं, जिसमें 'वर्ण' व मात्राओं की संख्या, यति, गति और तुक के विशेष नियमों को ध्यान में रखना पड़ता है। निर्धारित नियमों से बँधी हुई रचना को **छन्द** कहते हैं।

छन्द काव्य की वस्तु है। काव्य में भाव की तरलता है, इसीलिए उस तरलता या प्रवाह को **छन्द** द्वारा बनाये रखा जाता है। **छन्द** का सम्बन्ध हृदय से, अलंकार की अपेक्षा अधिक गहरा होता है।

इस प्रकार **छन्द** को परिभाषित करते हुए कहा जा सकता है- 'उन पद्य बद्ध रचनाओं को **छन्द** कहा जाता है, जिनके अक्षरों की संख्या, क्रम, मात्रा, गणना एवं यति आदि विशेष नियमों का पालन किया गया हो।'

छन्द को समझने के लिए निम्नलिखित बातों को समझना आवश्यक है–

वर्ण- छन्द शास्त्र में ह्रस्व व दीर्घ वर्ण समान समझे जाते हैं।

मात्रा- किसी वर्ण के उच्चारण में जो समय लगता है, उसे **'मात्रा'** कहते हैं। छन्द शास्त्र में मात्राओं का बहुत महत्त्व होता है। ह्रस्व स्वरों की एक मात्रा व दीर्घ स्वरों की दो मात्राएँ होती हैं। उदाहारणार्थ- 'राम' में 'रा' में दो मात्रा और 'म' में एक ही मात्रा है। अर्थात् 'राम' में (र + आ + म) तीन मात्राएँ हैं।

लघु- एक मात्रा वाला अक्षर छन्द शास्त्र में 'लघु' कहलाता है। इसके लिए (।) चिह्न का प्रयोग होता है। जैसे- 'कलम' में तीन मात्राएँ हैं- कलम = ।।। = तीन मात्राएँ।

दीर्घ- दो मात्राओं वाला अक्षर 'गुरु' कहलाता है। दो मात्राओं को (ऽ) चिह्न से प्रकट किया जाता है। जैसे- गीता में (ग + ई + त + आ) हैं। अर्थात- ऽऽ = चार मात्राएँ हैं।

यति- 'यति' का अर्थ है- 'विराम'। प्रत्येक चरण के अन्त में विराम होता है, जिसे 'यति' कहते हैं।

गति- छन्द का प्रभाव गति कहलाता है।

पाद या चरण- कविता की छोटी इकाई को 'पद्य' कहते हैं। एक पद्य में चार भाग होते हैं। प्रत्येक भाग को 'पाद' या 'चरण' कहते हैं।

'छन्द' के संघटक तत्त्व सात हैं- चरण, वर्ण, मात्रा, क्रम, यति, गति, गण। 'छन्द' के प्रत्येक चरण के अन्त में स्वर-व्यंजन की समानता को **'तुक'** कहते हैं। जिस छन्द में तुक नहीं मिलता, उसे **'अतुकान्त'** और जिसमें तुक मिलता है, उसे **'तुकान्त'** कहते हैं।

गण- 'गण का अर्थ होता है- 'समूह'। वर्णिक छन्दों में तीन वर्णों के समूह को **गण** कहते हैं और मात्रिक छन्दों में चार मात्राओं के समूह को **गण** कहते हैं। **गण** आठ प्रकार के होते हैं-

	गण	लक्षण व स्वरूप	चिह्न	उदाहरण
1.	यगण	आदि लघु शेष गुरु	।ऽऽ	सजना
2.	मगण	तीनों गुरु	ऽऽऽ	माताजी
3.	तगण	अन्त लघु	ऽऽ।	साकार
4.	रगण	मध्य लघु	ऽ।ऽ	राधिका
5.	जगण	मध्य गुरु	।ऽ।	गणेश
6.	भगण	आदि गुरु	ऽ।।	भारत
7.	नगण	सब लघु	।।।	कमल
8.	सगण	अन्त गुरु	।।ऽ	रजनी

छन्द शास्त्र में यगण, मगण, भगण, नगण **शुभ** तथा शेष चार तगण, रगण, जगण और सगण **अशुभ** माने जाते हैं। छन्दों के रूप में संख्या आदि का बोध कराने वाली प्रक्रिया को **'प्रत्यय-विधि'** कहते हैं।

'छन्द' के चार भेद या प्रकार हैं- 1. वर्णिक, 2. मात्रिक, 3. उभय, 4. मुक्तक या स्वच्छन्द।

'मुक्तक' छन्द को छोड़कर शेष- वार्णिक, मात्रिक और उभय छन्दों के तीन-तीन उपभेद हैं– सम, अर्द्धसम और विषम।

1. सम- जिन छन्दों में चारों चरण की मात्राएँ या वर्ण समान हों, वे **सम** कहलाते हैं।

2. अर्द्धसम- जिन छन्दों में पहले और तीसरे तथा दूसरे और चौथे चरण की मात्राओं या वर्णों की समानता हो, वे **अर्द्धसम** कहलाते हैं।

3. विषम- जिन छन्दों में चार से अधिक चरण हों और वे एक जैसे (समान) न हों, वे **विषम** कहलाते हैं। जैसे छप्पय और कुण्डलियाँ।

सम छन्द दो प्रकार के होते हैं– साधारण और दण्डक। समवर्णिक छन्द में 26 तक वर्ण तथा दण्डिक समवर्णिक छन्द में 26 से अधिक वर्ण होते हैं।

साधारण सम मात्रिक छन्द में 32 तक मात्राएँ और दण्डक सम मात्रिक छन्द में 32 से अधिक मात्राएँ होती हैं।

भिन्न-भिन्न छन्दों के योग से बने हुए नये छन्द को **उपजाति** छन्द कहते हैं।

परीक्षोपयोगी कुछ प्रमुख छन्द

छन्दों और उनके भेदोंपभेदों की संख्या बहुत है। यहाँ सबका विवरण देना सम्भव नहीं है। परीक्षार्थी उनका अध्ययन अलग से करें। यहाँ कुछ प्रमुख परीक्षोपयोगी छन्दों का उल्लेख उदाहरण सहित किया जा रहा है, जो निम्ननिखित हैं–

1. चौपाई- यह मात्रिक सम छन्द है। इसके प्रत्येक चरण में 16 मात्राएँ होती हैं और प्रत्येक चरण के अन्त में दो गुरु (ऽऽ) होते हैं। चौपाई चरण के अन्त में यगण (।ऽऽ) नहीं होना चाहिए। उदाहरण-

रघु कुल रीति सदा चलि आई। -16 मात्राएँ

।। ।। ऽ। ।ऽ ।। ऽऽ

प्राण जाई पर बचन न जाई। -16 मात्राएँ

ऽ। ऽ। ।। ।।। । ऽऽ

2. दोहा- इस छन्द के विषम चरणों (पहले और तीसरे) में तेरह-तेरह और सम चरणों (दूसरे और चौथे) में ग्यारह-ग्यारह मात्राएँ होती हैं। उदाहरण-

माला फेरत जग मुआ (13 मात्राएँ) *मिटा न मनका फेर।* (11 मात्राएँ)

ऽऽ ऽ।। ।। ।ऽ ।ऽ । ।।ऽ ऽ।

कर का मनका डारि दे, (13 मात्राएँ) *मन का मनका फेर।* (11 मात्राएँ)

।। ऽ ।।ऽ ऽ। ऽ ।। ऽ ।।ऽ ऽ।

3. सोरठा- 'सोरठा' दोहे का उलटा होता है। इसके प्रथम और तृतीय चरण में 11 और द्वितीय तथा चतुर्थ चरण में 13 मात्राएँ होती हैं। उदाहरण-

बन्दौं गुरु पद कंज, (11 मात्राएँ) *कृपा सिन्धु नर रूप हरि।* (11 मात्राएँ)

।।ऽ ऽ। ।। ऽ। (13 मात्राएँ) ।ऽ ऽ।। ।। ऽ। ।। (13 मात्राएँ)

महा मोह तम पुंज, (13 मात्राएँ) *जासु बचन रवि कर निकर* (13 मात्राएँ)

।ऽ ।ऽ ।। ऽ। ऽ। ।।। ।। ।। ।।।

4. रोला- इस छन्द में 24 मात्राएँ होती हैं। क्रमश: 11 और 13 मात्राओं पर यति होती है। उदाहरण-

हे देवा यह नियम, (11 मात्राएँ) *सृष्टि में सदा अटल है।* (13 मात्राएँ)

ऽ ऽऽ ।। ।।। ।ऽ ऽ ।ऽ ।।। ऽ

रह सकता है वही, (11 मात्राएँ) *सुरक्षित जिसमें बल है।* (13 मात्राएँ)

।। ।।ऽ ऽ ।ऽ ।।।ऽ ।।ऽ ।। ऽ

निर्बल का है नहीं, (11 मात्राएँ) *जगत् में कहीं ठिकाना।* (13 मात्राएँ)

ऽ।। ऽ ऽ ।ऽ ।।। ऽ ।ऽ ।ऽऽ

रक्षा साधन उसे, (11 मात्राएँ) *प्राप्त हो चाहे नाना।* (13 मात्राएँ)

ऽऽ ऽ।। ।ऽ ऽ। ऽ ऽऽ ऽऽ

5. कुण्डलियाँ- यह 'दोहा' और 'रोला' छन्द के मेल से बनता है। इसमें छः चरण होते हैं। प्रथम दो चरण दोहों की तरह तथा अन्तिम चार चरण रोला की तरह होता है। इसके प्रत्येक चरण में 24 मात्राएँ होती हैं। दूसरी पंक्ति का अन्तिम चरण ही तीसरी पंक्ति का प्रथम चरण होता है। उदाहरण-

दोहा- ***दौलत पाय न कीजिए,*** (13 मात्राएँ) ***सपने में अभियान।*** (11 मात्राएँ)

SII SI I SIS IIS S IISI

चंचल जल दिन (13 मात्राएँ) ***चारिको ठाउ न रहत निदान।*** (11 मात्राएँ)

III II II SIS SI I III ISI

रोला- ***ठाउ न रहत निदान,*** ***जियत जग में यश लीजै।***

SI I III ISI (11 मात्राएँ) III II S II SS (13 मात्राएँ)

मीठे वचन सुनाय, (13 मात्राएँ) ***विनय सब ही की कीजै।*** (11 मात्राएँ)

SS III ISI III II S S SS

6. हरिगीतिका- इस छन्द में 28 मात्राएँ होती हैं तथा 16 और 12 मात्राओं पर यति होती है। प्रत्येक चरण के अन्त में लघु गुरु (IS) होते हैं। उदाहरण-

कहती हुई यों उत्तरा के, (16 मात्राएँ) ***नेत्र जल से भर गये।*** (12 मात्राएँ)

IIS IS S SIS S SI II S II IS

हिम के कणों से पूर्ण मानो, (16 मात्राएँ) ***हो गये पंकज नये।*** (12 मात्राएँ)

IIS S IS S SI SS S IS SII IS

7. कवित्त- यह वर्णिक सम छन्द है। इसके प्रत्येक चरण में 31 वर्ण होते हैं। प्रत्येक चरण के अन्त में गुरु (S) होता है। 16 या 15 वर्णों की यति होती है। उदाहरण-

बसन बटोरि बोरि बोरि तेल तमीचर, (16 वर्ण)
खोरि-खोरि धाई आय बाँधत लंगूर है। (15 वर्ण)
तैसो कवि कैतुकी डरात ढीले गात कै कै, (16 वर्ण)
लात के अघात सहे जी में कहे क्रूर है। (15 वर्ण)

8. सवैया- यह एक वर्णिक छन्द है। इसके प्रत्येक चरण में 22 से 27 वर्ण तक होते हैं। इसके अनेक भेद हैं। उदाहरण-

या लकुटी अरु कामरिया पर राज तिहूँ पुर को तजि डारौं।
आठहुँ सिद्धि नवौं निधि को सुख नन्द की गाय चराय बिसारों।

रसखानि कबौं इन आँखिन से ब्रज के बन बाग तड़ाग निहारौं।
कोटिक हो कलधौत के धाम करील के कुंजन ऊपर वारौं।

9. बरवै- यह एक मात्रिक अर्द्धसम छन्द है। इस छन्द के प्रथम और तृतीय चरणों में 12 तथा द्वितीय या चतुर्थ चरणों में 6 मात्राएँ होती हैं। सम चरणों के अन्त में जगण और तगण होना अनिवार्य है। उदाहरण-

वाम अंग शिव शोभित, शिवा उदार।
सरद सुवारिद में जनु, तड़ित बिहार॥

10. इन्द्रवज्रा- यह भी वर्णिक छन्द है। इसक 11 वर्णों के प्रत्येक चरण में क्रमशः तगण, तगण, जगण और दो गुरु (ऽऽ।, ऽऽ।, ।ऽ। और ऽऽ) होते हैं। उदाहरण-

आधार कोई जिसका नहीं है।
हा! दुःख ही दुःख सभी कहीं है॥

तू ही उन्हें जाकर गोद लेती।
हे मृत्यु! तू ही चिर शान्ति देती॥

11. उपेन्द्र वज्रा- इसके 11 वर्णों के प्रत्येक चरण में क्रमशः जगण, तगण, जगण और दो गुरु (।ऽ।, ऽऽ।, ।ऽ। और ऽऽ) होते हैं। इन्द्र वज्रा का पहला अक्षर लघु कर देने से उपेन्द्र वज्रा छन्द हो जाता है। उदाहरण-

बड़ा कि छोटा कुछ काम कीजै।
परन्तु पूर्वापर सोच लीजै॥

बिना बिचारे यदि काम होगा।
कभी न अच्छा परिणाम होगा।

12. भुजंग प्रयात- इसके 12 वर्णों के प्रत्येक चरण में चार यगण (।ऽऽ, ।ऽऽ, ।ऽऽ, ।ऽऽ) होते है। उदाहरण-

कहुँ किन्नरी किन्नरी लै बजावें।
सुरी आसुरी बाँसुरी गीत गावें।
कहुँ जक्षिनी पक्षिनी लै पढ़ावें।
नगी-कन्यका पन्नगी को नचावैं॥

'छन्द' के ग्रन्थ और ग्रन्थकार- 'छन्दानुशासन' ग्रन्थ के रचयिता आचार्य हेमचन्द्र हैं। 'सुवृत्त तिलक' ग्रन्थ के रचयिता क्षेमेन्द्र हैं। 'वृत्तरत्नाकर' में भट्टकेदार ने छन्दशास्त्र का विशद विवेचन किया है।

केशवदास कृत 'छन्दमाला', मतिराम कृत 'छन्दसार', सुखदेव कृत 'वृत्त विचार' में छन्दशास्त्र के नियमों का उदाहरण सहित विवेचन किया गया है। महाकवि देव कृत 'शब्द रसायन' में काव्य के स्वरूप, रस, गुण, अलंकार, वृत्ति, छन्द, नायिका भेद आदि का विवेचन हुआ है।

चिन्तामणि कृत 'रसविलास' में प्राकृत पैंगलम के आधार पर छन्द शास्त्र के नियमों का उल्लेख है। भिखारीदास कृत 'छन्दोर्णव पिंगल' का विशेष महत्त्व है। इसमें 15 तरंगों में मात्रिक और वर्णिक छन्दों का परिचय दिया गया है।

◆◆◆

वस्तुनिष्ठ-प्रश्न

दिये गये विकल्पों में से सही विकल्प पर निशान लगाइए।

1. छन्द शास्त्र के आदि आचार्य हैं–
   (क) पिंगल (ख) भरत (ग) मम्मट (घ) भामह

2. 'छन्द सूत्र' के रचयिता हैं–
   (क) वाल्मीकि (ख) पिंगल (ग) कुन्तक (घ) दण्डी

3. लौकिक संस्कृत छन्दों का जन्मदाता किसे माना गया है–
   (क) पिंगल (ख) भामह (ग) वाल्मीकि (घ) भरत

4. हिन्दी साहित्य में छन्दशास्त्र की दृष्टि से पहली कृति कौन है?
   (क) छन्दोर्णव (ख) छन्द विचार (ग) छन्दसार (घ) छन्दमाला

5. 'छन्दमाला' के रचयिता हैं–
   (क) केशवदास (ख) मतिराम (ग) देवकवि (घ) भिखारीदास

6. छन्द पढ़ते समय आने वाले विराम को क्या कहते हैं?
   (क) गति (ख) यति (ग) तुक (घ) गण

7. छन्द पढ़ते समय मात्राओं के लघु या दीर्घ होने के कारण जो विशेष स्वर लहरी उत्पन्न होती है, उसे क्या कहते हैं?
   (क) गण (ख) तुक (ग) गति (घ) यति

8. गणों की सही संख्या है–
   (क) चार (ख) छः (ग) आठ (घ) दस

9. 'छन्द प्रभाकर' के रचयिता हैं–
   (क) जगन्नाथ प्रसाद 'भानु'। (ख) मतिराम।
   (ग) भिखारीदास। (घ) कुलपति मिश्र।

10. प्रत्येक 'गण' में कितने वर्ण होते हैं?
    (क) दो (ख) तीन (ग) चार (घ) छः

11. 'दोहा' और सोरठा किस प्रकार के छन्द हैं?
    (क) सम वर्णिक (ख) सम मात्रिक
    (ग) अर्द्ध सम मात्रिक (घ) विषम मात्रिक

12. 'दोहा और 'रोला' के संयोग से कौन-सा छन्द बनता है?
    (क) बरवै (ख) छप्पय (ग) रोला (घ) कुण्डलिया

13. किस छन्द का प्रथम और अन्तिम अक्षर एक-सा होता है?
   (क) चौपाई (ख) कुण्डलियाँ (ग) मालिनी (घ) सोरठा

14. चौपाई के प्रत्येक चरण में कितनी मात्राएँ होती हैं?
   (क) 12 (ख) 16 (ग) 14 (घ) 18

15. 'हरिगीतिका' छन्द के प्रत्येक चरण में कितनी मात्राएँ होती हैं?
   (क) 22 (ख) 28 (ग) 24 (घ) 26

16. निम्नलिखित में कौन-सा वर्णिक छन्द है?
   (क) चौपाई (ख) दोहा (ग) रोला (घ) सवैया

निम्नलिखित छन्दों के प्रत्येक उद्धरण हेतु चार विकल्प दिये गये हैं। सही विकल्प का चयन करें।

17. *जो जगहित पर प्राण निछावर है कर पाता।*
   जिसका तन है किसी लोकहित में लग जाता।
   (क) दोहा (ख) रोला (ग) बरवै (घ) हरिगीतिका

18. *श्री गुरु चरन सरोज रज, निज मन मुकुर सुधारि।*
   बरनौ रघुवर विमल जसु, जो दायक फल चारि।
   (क) दोहा (ख) चौपाई (ग) सवैया (घ) कवित्त

19. *बन्दउँ गुरुपद पदुम परागा।*
   सुरुचि सुवास सरस अनुरागा।।
   अमिय मूरिमय चूरन चारू।
   समन सकल भव रुज परिवारू।।
   (क) सोरठा (ख) चौपाई (ग) रोला (घ) सवैया

20. *जेहि सुमिरत सिधि होइ, गणनायक करिवर बदन।*
   करउ अनुग्रह सोइ, बुद्धि रासि सुभ गुन सदन।।
   (क) दोहा (ख) सोरठा (ग) चौपाई (घ) कवित्त

21. *कोउ पापिह पंचत्व प्राप्त सुन जमगन धावत।*
   बनि-बनि बावन वीर बढ़त चौचन्द बढ़ावत।
   पै तकि तानी लोथ त्रिपथगा के तट लावत।
   नौ द्वै ग्यारह होत, तीन पाँचिहि बिसरावत।।
   (क) रोला (ख) सवैया (ग) कवित्त (घ) दोहा

22. *चम्पक हरवा अंग मिलि, अधिक सोहाय।*
   जानि परे सिय हियरे, जब कुम्हिलाय।।
   (क) इन्द्रवज्रा (ख) सोरठा (ग) बरवै (घ) रोला

23. *मैं जो नया ग्रन्थ विलोकता हूँ,*
भाता मुझे सो नव मित्र-सा है।
देखूँ उसे मैं नित नेम से ही,
मानो मिला मित्र मुझे पुराना।
(क) बरवै (ख) इन्द्रवज्रा (ग) कवित्त (घ) रोला

24. *साईं बैर न कीजिए पण्डित गुरु कवि यार।*
बेटा बनिता पँवारिया यज्ञ करावनहार।
यज्ञ करावनहार राज्यमन्त्री जो होई।
विप्र पड़ोसी वैद्य आपुको तपै रसोई।
कह गिरधर कविराय जुगन सों यह चलि आई।
इन तेरह को तरह दिये बनि आवै साईं।।
(क) दोहा (ख) कवित्त (ग) सवैया (घ) कुण्डलियाँ

25. *जौ न होत जग जनम भरत को।*
सकल धरम धुर धरनि धरत को।
कवि कुल अगम भरत गुन गाथा।
को जानइ तुम्ह बिनु रघुनाथा।।
(क) रोला (ख) सवैया (ग) चौपाई (घ) दोहा

26. *मैं लखि नारी-ज्ञानु, करि राख्यौं निरधारु यह।*
बहई रोग-निदानु, वहै बैद औषधि वहै।।
(क) सोरठा (ख) दोहा (ग) बरवै (घ) रोला

27. *दृग उझरत टूटत कुटुम, जुरत चतुर-चित प्रीति।*
परति गाँठ दुरजन हियै, दई नयी यह रीति।।
(क) इन्द्रवज्रा (ख) सोरठा (ग) दोहा (घ) रोला

28. *होता उन्हें केवल धर्म प्यारा,*
सत्कर्म ही जीवन का सहारा।
सव्याश्रयी साधु-फकीर होते,
सन्ताप से धैर्य कभी न खोते।।
(क) इन्द्रवज्रा (ख) उपेन्द्रवज्रा (ग) बसन्त तिलका (घ) वंशस्थ

29. *बातें बड़ी मधुर औ अति ही मनोज्ञा,*
नाना मनोरम रहस्यमयी अनूठी।
जो हैं प्रसूत भवदीय मुखाब्ज द्वारा,
हैं वांछनीय यह सर्व शुभेच्छुकों को।।
(क) इन्द्रवज्रा (ख) उपेन्द्रवज्रा (ग) वसन्त तिलका (घ) शिखरिणी

30. *नहीं लालसा है विभोवित्त की।*
हमें चाहिए चेतना चित्त की।
(क) सोरठा (ख) भुजंगी (ग) दोहा (घ) रोला

31. *जब विरह विधाता ने सृजा विश्व में था,*
तब स्मृति रचने में कौन-सी चातुरी थी।
(क) वंशस्थ (ख) शिखरिणी (ग) त्रोटक (घ) मालिनी

32. 'छप्पय' के चार चरण किस छन्द के होते हैं?
(क) बरवै (ख) उल्लाला (ग) रोला (घ) दोहा

33. 'छप्पय' के अन्तिम दो चरण किस छन्द के होते हैं?
(क) बरवै (ख) दोहा (ग) सोरठा (घ) उल्लाला

34. 'दोहा' के प्रथम व तृतीय चरण में कितनी मात्राएँ होती हैं?
(क) 13-13 (ख) 11-11 (ग) 12-12 (घ) 14-14

35. 'कुण्डलियाँ' के प्रत्येक चरण में कितनी मात्राएँ होती हैं?
(क) दस (ख) बीस (ग) चौबीस (घ) छब्बीस

36. 'सुवृत तिलक' ग्रन्थ के रचयिता कौन हैं?
(क) भामह (ख) दण्डी (ग) रुद्रट (घ) क्षेमेन्द्र

37. 'छन्दानुशासन' ग्रन्थ के रचयिता कौन हैं?
(क) हेमचन्द्र (ख) भट्टकेदार (ग) सायण (घ) क्षेमेन्द्र

38. हिन्दी में छन्द शास्त्र का सर्वाधिक विस्तृत विवेचन किस ग्रन्थ में हुआ है?
(क) मतिराम कृत छन्दसार में।
(ख) भिखारीदास कृत 'छन्दोर्णव पिंगल' में।
(ग) देव कृत 'शब्दरसायन' में।
(घ) चिन्तामणि कृत 'रस-विलास' में।

उत्तरमाला

1-(क) पिंगल, 2-(ख) पिंगल, 3-(ग) वाल्मीकि, 4-(घ) छन्दमाला, 5-(क) केशवदास, 6-(ख) यति, 7-(ग) गति, 8-(ग) आठ, 9-(क) जगन्नाथ प्रसाद 'भानु', 10-(ख) तीन, 11-(ग) अर्द्ध सममात्रिक, 12-(घ) कुण्डलियाँ, 13-(ख) कुण्डलियाँ, 14-(ख) 16, 15-(ख) 28, 16-(घ) सवैया, 17-(ख) रोला, 18-(क) दोहा, 19-(ख) चौपाई, 20-(ख) सोरठा, 21-(क) रोला, 22-(ग) बरवै, 23-(ख) इन्द्रवज्रा, 24-(घ) कुण्डलियाँ, 25-(ग) चौपाई, 26-(क) सोरठा,

27-(ग) दोहा, 28-(क) इन्द्रवज्रा, 29-(ग) वसन्त तिलका, 30-(ख) भुजंगी, 31-(घ) मालिनी, 32-(ग) रोला, 33-(घ) उल्लाला, 34-(क) तेरह-तेरह, 35-(ग) चौबीस, 36-(घ) क्षेमेन्द्र, 37-(क) हेमचन्द्र, 38-(ख) भिखारीदास कृत छन्दोर्णव पिंगल में।

अलंकार

काव्य की शोभा बढ़ाने वाले तत्त्वों को **'अलंकार'** कहते हैं। अलंकार के चार भेद हैं- (अ) शब्दालंकार, (ब) अर्थालंकार, (स) उभयालंकार और (द) पाश्चात्य अलंकार।

1. काव्य में शब्दगत चमत्कार को शब्दालंकार कहते हैं। शब्दालंकार सात प्रकार के होते हैं- 1. अनुप्रास, 2. यमक, 3. श्लेष, 4. वक्रोक्ति, 5. पुतरुक्तवदाभास, 6. वीप्सा और 7. पुनरुक्ति।

2. साहित्य में अर्थगत चमत्कार को 'अर्थालंकार' कहते हैं। प्रमुख अर्थालंकार हैं– (क) उपमा, (ख) स्मरण, (ग) अनन्वय, (घ) रूपक, (ङ) अपह्नुति, (च) भ्रान्ति, (छ) सन्देह, (ज) प्रतीप, (झ) सहोक्ति, (भ) व्यतिरेक, (ट) उदाहरण, (ठ) दृष्टान्त आदि।

3. जो शब्द और अर्थ में चमत्कार की वृद्धि करते हैं, उन्हें 'उभयालंकार' कहते है। इसके दो भेद हैं- (क) संकर और (ख) संसृष्टि।

4. हिन्दी साहित्य पर पाश्चात्य प्रभाव पड़ने के कारण पाश्चात्य अलंकारों का भी प्रवेश हुआ। प्रमुख पाश्चात्य अलंकार हैं– (क) मानवीकरण, (ख) भावोक्ति, (ग) ध्वन्यात्मकता और (घ) विरोध चमत्कार।

परीक्षोपयोगी कुछ प्रमुख अलंकार

(अ) शब्दालंकार

1. अनुप्रसास- एक ही वर्ण की बार-बार आवृत्ति को 'अनुप्रास' अलंकार कहते हैं। जैसे-

चारु चन्द्र की चंचल किरणें, खेल रही हैं जल थल में।

यहाँ (च) अक्षर में आवृत्ति के कारण 'अनुप्रास' है। अनुप्रास के तीन भेद हैं-

(क) छेकानुप्रास- जहाँ पर एक या अनेक वर्णों की केवल एक बार आवृत्ति हो, वहाँ 'छेकानुप्रास' अंलकार होता है। जैसे-

जन रंजन भंजन दनुज, मनुज रूप सुर भूप।
विश्व बदर इव घृत उदर, जोवत सोवत सूप।।

यहाँ जन, नुज, दर, वत की एक बार समता है, अतः 'छेकानुप्रास' है।

(ख) वृत्त्यानुप्रास- जहाँ एक या अनेक वर्णों की आवृत्ति कई बार हो, वहाँ 'वृत्त्यानुप्रास' अलंकार होता है। उदाहरण-

सहज सचिक्कन स्याम रुचि,सुचि सुगन्ध सुकुमार।
गनत न मन पथ अपथ लखि, बिथुरे सुथरे बाल।।

यहाँ प्रथम पंक्ति में 'स' और 'सु' की समानता अनेक बार हुई है, अतः 'वृत्त्यानुप्रास' अलंकार है।

(ग) लाटानुप्रास- जहाँ शब्दों या वाक्यों की आवृत्ति हो और उनका अर्थ भी वही रहे, केवल अन्वय करने से तात्पर्य बदल जाये, वहाँ 'लाटानुप्रास' होता है। उदाहरण-

पूत सपूत तो क्यों धन संचय?
पूत कपूत तो क्यों धन संचय?

यहाँ दोनों पंक्तियों में शब्द एक ही है और उनका अर्थ भी एक ही है, किन्तु अन्वय होने पर, दोनों के तात्पर्य भिन्न-भिन्न हो जाते हैं।

2. यमक- जहाँ एक शब्द या शब्द समूह अनेक बार आये किन्तु उनका अर्थ प्रत्येक बार भिन्न हो, वहाँ 'यमक' अलंकार होता है। उदाहरण-

कनक कनक ते सौगुनी मादकता अधिकाय।
या खाये बौराय नर, वा पाये बौराय।

यहाँ 'कनक' शब्द की भिन्न अर्थों में पुनरावृत्ति है। एक स्थान पर इसका अर्थ-स्वर्ण और दूसरे स्थान पर 'धतूरा' है।

3. श्लेष- जहाँ एक ही शब्द के अनेक अर्थ निकलते हों, वहाँ 'श्लेष' अलंकार होता है। उदाहरण-

चिरजीवौ जोरी जुरे, क्यों न सनेह गम्भीर।
को घटि ये वृष भानुजा, वे हलधर के बीर।।

यहाँ 'वृषमानुजा' शब्द के दो अर्थ हैं- वृषभानु की पुत्री तथा बैल (वृषभ + अनुजा)। इसी प्रकार 'हलधर के बीर' शब्द के दो अर्थ हैं- बलराम के भाई श्रीकृष्ण तथा बैल (हलधर) के भाई।

4. वक्रोक्ति- श्लेषार्थी शब्द से कहने वाले के कथन का, सुनने वाला दूसरा ही अर्थ करे, वहाँ 'वक्रोक्ति' अलंकार होता है। इसके दो भेद हैं- (क) श्लेष वक्रोक्ति और (ख) काकु वक्रोक्ति। उदाहरण-

(क) श्लेष वक्रोक्ति-

गिरजे तव भिक्षु आज कहाँ गयो?
जाइ लरवौ बलिराज के द्वारे।
वह नृत्य करे, नित ही कित है,
ब्रज में सखि सूरसुता के किनारे।
पशुपाल कहाँ? मिलि जाहू कहूँ,
वह चारत धेनु अरण्य मँझारे।

(ख) काकु वक्रोक्ति-

मैं सुकुमारि नाथ बन जोगू।
तुम्हहि उचित तप, मो कहँ भोगू॥

(ब) अर्थालंकार

1. उपमा- जहाँ किसी वस्तु की विशेषता स्पष्ट करने के लिए दूसरी वस्तु से उसकी समता वर्णित की जाये, वहाँ 'उपमा' अलंकार होता है। 'उपमा' के चार अंग हैं- उपमेय, उपमान, साधारण धर्म और वाचक।

जिस वस्तु की समता दिखायी जाती है, उसे **'उपमेय'** कहते हैं। जिस वस्तु से समता दी जाती है, उसे **'उपमान'** कहते हैं। जिस विशेषता के कारण उपमेय और उपमान में समता दिखायी जाती है, उसे **'साधारण धर्म'** कहते हैं, तथा 'उपमेय' और 'उपमान' की समता प्रकट करने वाले शब्द **'वाचक'** कहलाते हैं। उदाहरण-

'पीपर पात सरिस मन डोला।'

इस पंक्ति का अर्थ है- 'पीपल के पत्ते के समान मन डोलने लगा। इसमें 'मन' उपमेय है, 'पीपरपात' उपमान है, 'सरिस' (समान) वाचक है तथा 'डोला' साधारण धर्म है।

उपमा अलंकार के तीन भेद हैं- (क) पूर्णोपमा, (ख) लुप्तोपमा और (ग) मालोपमा। उदाहरण-

(क) पूर्णोपमा- *'हरिपद कोमल कमल से'*

यहाँ उपमा के चारों अंग विद्यमान हैं।

(ख) लुप्तोपमा- *पड़ी थी बिजली-सी विकराल,*
लपेटे थे घन जैसे बाल।

यहाँ उपमेय 'कैकेयी' प्रकट नहीं है।

(ग) मालोपमा- *चन्द्रमा सा कान्तिमय, मृदु कमल सा कोमल महा।*
कुसुम-सा हँसता हुआ, प्राणेश्वरी का मुख हा।

यहाँ चन्द्रमा, कमल और कुसुम- तीन उपमान होने से 'मालोपमा अलंकार' है।

2. अनन्वय- जहाँ 'उपमेय' और 'उपमान' एक ही हों, वहाँ 'अनन्वय' अलंकार होता है। उदाहरण-

करम वचन मानस विमल, तुम समान तुम तात।

यहाँ श्रीराम भरत की प्रशंसा करते हुए कह रहे हैं कि हे भरत! तुम्हारे समान तुम्ही हो, अन्य कोई नहीं।

3. रूपक- जहाँ उपमान में उपमेय का भेदरहित आरोप किया जाये, अर्थात् उपमेय और उपमान को एक रूप कह दिया जाये, वहाँ 'रूपक' अलंकार होता है। उदाहरण-

बीती विभावरी जाग री।
अम्बर पनघट में डुबो रही, तारा घट ऊषा नागरी।

यहाँ अम्बर-पनघट, ताराघट, ऊषा-नागरी शब्दों में उपमेय और उपमान एक हो गये हैं, अत: 'रूपक' अलंकार है।

4. प्रतीप- 'प्रतीप' का अर्थ है, उल्टा। जहाँ उपमेय का कथन उपमान के रूप में तथा उपमान का उपमेय के रूप में किया जाता है, वहाँ 'प्रतीप' अलंकार कहा जाता है। उदाहरण-

देत मुकुति सुन्दर हरषि सुनि परताप उदार।
है तेरी तलवार-सी कालिन्दी की धार॥

यहाँ कालिन्दी (यमुना) की धारा (उपमान) को तलवार (उपमेय) के समान बताया गया है।

5. उत्प्रेक्षा- जहाँ 'उपमेय' में 'उपमान' की सम्भावना व्यक्त की जाये, वहाँ 'उत्प्रेक्षा' अलंकार होता है। इसमें जनु, मनु, जानो, इव जैसे वाचक शब्दों का प्रयोग किया जाता है। इसके तीन भेद हैं- (क) वस्तूत्प्रेक्षा, (ख) हेतूत्प्रेक्षा और (ग) फलोत्प्रेक्षा।

(क) वस्तुत्प्रेक्षा-

उदाहरण- *सोहत ओढ़े पीत पर, श्याम सलोने गात।*
मनहुँ नीलमणि शैल पर आतप पर्‌योप्रभात।।

(ख) हेतूत्प्रेक्षा-

उदाहरण- *पिउ सो कहेउ सन्देसड़ा, हे भौंरा हे काग।*
सो धनि बिरही जरि मुई, तेहिक धुवाँ हम लागि।

(ग) फलोत्प्रेक्षा-

उदाहरण- *विकसि प्रात में जलज में सर जल में छवि देत।*
पूजत भानहि मनहुँ ये, सियमुख समता देत।।

6. अपह्नुति- अपह्नुति का अर्थ है- निषेध करना या छिपाना। जहाँ उपमेय के स्वरूप को छिपाकर 'उपमान' रूप में प्रकट किय जाता है, वहाँ 'अपह्नुति' अलंकार होता है।

उदाहरण- *सिव सरजा के कर लसै, सो न होय किरवान।*
भुज भुजगेस भुजंगिनी, भखति पौन अरि पान।।

7. भ्रान्तिमान- जहाँ समानता के कारण एक वस्तु में किसी दूसरी वस्तु का भ्रम हो, वहाँ भ्रान्तिमान अलंकार होता है।

उदाहरण- *चकई बिछुरि पुकारै, कहाँ मिलहु हो नाँह।*
एक चाँद निसि सरग पर, दिन दोसर जल माँह।

यहाँ पद्‌मावती को मानसंरोदक में देखकर चकवा पक्षी को चन्द्रमा का भ्रम हो गया है।

8. सन्देह- जहाँ अति समानता के कारण उपमेय और उपमान में अनिश्चय की स्थिति बनी रहे अर्थात् जब 'उपमेय' में अन्य वस्तु की शंका उत्पन्न हो जाये, तो वहाँ 'सन्देह' अलंकार होता है। उदाहरण-

सारी बीच नारी है या नारी बीच सारी है?
कि सारी ही की नारी है कि नारी ही की सारी है।।

यहाँ दु:शासन द्वारा खीचे गये द्रौपदी की साड़ी बढ़ कर उसका इतना अम्बार लग गया है कि यह सन्देह उत्पन्न होता है कि साड़ी के बीच नारी बैठी है या नारी ही साड़ी से बनी है।

9. दृष्टान्त- जहाँ किसी बात को स्पष्ट करने के लिए सादृश्य मूलक दृष्टान्त (उदाहरण) प्रस्तुत किया जाये, वहाँ 'दृष्टान्त' अलंकार होता है। उदाहरण-

मन मलीन तन सुन्दर कैसे। विष रस भरा कनक घट जैसे।

10. अतिशयोक्ति- जहाँ किसी विषय वस्तु की उक्ति चमत्कार द्वारा लोक मर्यादा के विरुद्ध बढ़ा-चढ़ाकर वर्णन किया जाता है, वहाँ 'अतिशयोक्ति' अलंकार होता है। उदाहरण-

यह शर इधर गाण्डीव धनु से भिन्न जैसे ही हुआ।
धड़ से जयद्रथ का उधर सिर छिन्न वैसे ही हुआ।

यहाँ धनुष से बाण जैसे ही छूटा, जयद्रथ का सिर कट गया। अभी बाण 'सिर' से लगना बाकी ही था। अत: यहाँ अतिश्योक्ति' अलंकार है।

11. अन्योक्ति- अन्य + उक्ति = अन्योक्ति। वह उक्ति या कथन जो कही किसी अन्य से और सुनायी किसी अन्य को जाये, अर्थात् प्रस्तुत का वर्णन अप्रस्तुत के माध्यम से किया जाये, वहाँ 'अन्योक्ति' अलंकार होता है। उदाहरण-

नहिं पराग नहिं मधुर मधु, नहिं विकास इहि काल।
अलि कली ही सौ बिन्ध्यो, आगे कौन हवाल।

(स) संकर अलंकार- जहाँ पर दो या अधिक अलंकार आपस में नीर-क्षीर के समान सापेक्ष रूप से घुले-मिले रहते हैं, वहाँ 'संकर' अलंकार होता है। उदाहरण-

बन्दऊँ गुरुपद पदुम परागा। सुरुचि सुवास सरस अनुरागा।।

(द) मानवीकरण अलंकार- जहाँ प्रकृति, पदार्थ अथवा अमूर्त भावों को मानव के रूप में चित्रित किया जाता है, वहाँ 'मानवीकरण' अलंकार होता है। उदाहरण-

दिवसान का समय,
मेघमय आसमान से, उतर रही है।
वह सन्ध्या सुन्दरी, परी-सी,
धीरे-धीरे-धीरे।

अन्य स्मरणीय बातें

सर्वप्रथम आचार्य भरत ने अपने नाट्यशास्त्र में चार अलंकारों- रूपक, उपमा, यमक और दीपक का उल्लेख किया था। आचार्य भामह अलंकार सम्प्रदाय के प्रवर्तक माने जाते हैं। इन्होंने अपने ग्रन्थ 'काव्यालंकार में 48 अलंकारों का विशद विवेचन किया है। भामह ने अलंकारहीन काव्य के अस्तित्व को ही नकार दिया।

अलंकार सम्बन्धी प्रथम काव्य शास्त्रीय परिभाषा आचार्य दण्डी की है- ***'काव्यशोभाकरान् धर्मान् अलंकारान् प्रचक्षते।'*** पण्डित राज जगन्नाथ ने 'रस-गंगाधर' में काव्यात्मकता की व्यंजना में रमणीयतार्थ लाने में अलंकारों को सहायक बताया। इन्हें 'पण्डितराज' की उपाधि मुगल बादशाह शाहजहाँ ने प्रदान की थी।

आचार्य वामन ने सौन्दर्य को ही 'अलंकार' कहा है- *'सौन्दर्यमलंकारः'।* अलंकारों का सर्वप्रथम वर्गीकरण 'वामन' ने ही किया। इन्होंने अलंकारों के दो भेद किये- 1. शब्दालंकार और 2. अर्थालंकार। अग्निपुराणकार और भोज ने 'वामन' द्वारा किये गये वर्गीकरण में 'उभयालंकार' को जोड़ कर अलंकारों के तीन भेद कर दिये। महर्षि वेदव्यास के अनुसार- 'अर्थालंकार' के बिना सरस्वती विधवा के समान है।

भोजकृत 'सरस्वती कण्ठाभरण' में द्विरुक्ति अनुप्रास के उपभेद में 'वीप्सा' का उल्लेख किया गया है। आचार्य राजशेखर ने 'उपमा' को सभी अलंकारों की माता माना है। 'वीप्सा' अलंकार का सर्वप्रथम विवेचन रीतिकालीन आचार्य भिखारीदास ने किया है।

आचार्य रुद्रट 'रस' के समर्थक होते हुए भी अलंकारवादी ही थे। आचार्य कुन्तक ने स्वभावोक्ति को अलंकार नहीं माना है। मम्मट ने अलंकारों को काव्य का अनित्य धर्म माना है तथा इसे रस का उपस्कारक सहायक तत्त्व कहा है।

उद्भट ने पुनरुक्तवदाभास, काव्यलिंग, दृष्टान्त और संकर नामक नये अलंकारों की व्याख्या की। छेकानुप्रास और वृत्त्यानुप्रास को स्वतन्त्र मान्यता दी। भामह से लेकर रुद्रट तक अलंकारों के उत्कर्ष और विकास का स्वर्णकाल माना गया है।

मम्मट ने काव्य में अलंकारों की अनिवार्यता का निषेध किया। इन्होंने अलंकार को गुण से नीचे स्थान दिया और रस को काव्य की आत्मा माना। मम्मट के बाद रुय्यक ने 'अलंकार सर्वस्व' नामक ग्रन्थ द्वारा अलंकार सम्प्रदाय को पुनर्जीवित करने का प्रयास किया। उन्होंने 'विचित्र' और 'विकल्प' नामक दो नये अलंकारों की उद्भावना की।

'रुय्यक' के पश्चात् जयदेव, विद्याधर, अप्पय दीक्षित आदि ने अलंकरों को प्रतिष्ठित करने का प्रयास किया।

अलंकार शास्त्र का प्रयोग रीतिकाल में अपने चरमोत्कर्ष पर पहुँच गया था। केशवदास को हिन्दी काव्यशास्त्र का प्रथम आचार्य माना गया। इन्होंने अलंकार को 'काव्य की आत्मा' कहा। हिन्दी में कुलपति मिश्र, सोमदेव, देव, सुरति मिश्र और गोकुलदास तथा आधुनिक काल में जगन्नाथ प्रसाद 'भानु', लाल भगवान दीन आदि ने अलंकार की विवेचना रसवादी परम्परा के अन्तर्गत काव्य शरीर के रूप में की तथा रस को काव्य की आत्मा के रूप में स्वीकार किया।

अलंकार निरूपण में 'देव' ने आचार्य केशव को आदर्श माना है। शिवराज भूषण अलंकार-ग्रन्थ है। इसमें 105 अलंकारों का निरूपण हुआ है। इनमें 4 शब्दालंकार, 99 अर्थालंकार तथा शेष दो 'चित' और 'संकर' नामक अलंकार हैं।

कुछ प्रमुख अलंकार ग्रन्थ

भामह- काव्यालंकार
दण्डी- काव्यादर्श
पण्डितराज जगन्नाथ- रस गंगाधर
आचार्य भोज- सरस्वती कण्ठाभरण, शृंगार प्रकाश
वामन- काव्यालंकार सूत्रवृत्ति
उद्भट- काव्यालंकार सार संग्रह
रुद्रट- काव्यालंकार
मम्मट- काव्यप्रकाश
राजशेखर- काव्य मीमांसा
रुय्यक- अलंकार सर्वस्व
जयदेव- चन्द्रालोक
केशवदास- कविप्रिया, रसिक प्रिया, छन्दमाल
कुलपति- रस रहस्य
मतिराम- ललित ललाम, रसराज, लक्षण शृंगार, साहित्यसार, छन्दसार
चिन्तामणि- कविकुल कल्पतरु
भिखारीदास- काव्यनिर्णय, शृंगारनिर्णय, छन्दोर्णव पिंगल
देव कवि- काव्य रसायन, रस विलास
रसिक गोविन्द- गोविन्दानन्दन घन, पिंगल
अमीर दास- ब्रज विलास, सतसई, श्रीकृष्ण साहित्य सिन्धु, शेरसिंह प्रकाश
ग्वाल- रसिकानन्द, कविदर्पण, साहित्यानन्द, बलवीर विनोद
तोष- सुधानिधि
सुखदेव मिश्र- रसार्णव
भूषण- शिवराज भूषण
पद्माकर- जगद्विनोद, पद्माभरण
प्रताप शाहि- व्यंग्यार्थ कौमुदी
जसवन्त सिंह- भाषा-भूषण
दूलह- कविकुल कण्ठाभरण।

◆◆◆

वस्तुनिष्ठ-प्रश्न

नीचे दिये गये प्रश्न विकल्पों में से सही विकल्प पर निशान लगायें।

1. भामह किस सम्प्रदाय के आचार्य हैं?
   (क) वक्रोक्ति (ख) ध्वनि (ग) अलंकार (घ) रीति
2. 'काव्यालंकार' के रचनाकार हैं–
   (क) भामह (ख) कुन्तक (ग) पण्डितराज (घ) विश्वनाथ
3. 'ध्वन्यालोक' के रचनाकार हैं–
   (क) आनन्दवर्द्धन (ख) राजशेखर (ग) अभिनव गुप्त (घ) मम्मट
4. 'काव्यालंकार सूत्रवृत्ति' किसकी रचना है?
   (क) भामह (ख) वामन (ग) कुन्तक (घ) राजशेखर
5. जहाँ उपमेय तथा उपमान को एक धर्म से सम्बद्ध किया जाये, वहाँ होता है-
   (क) रूपक (ख) उत्प्रेक्षा (ग) दीपक (घ) उपमा
6. 'भाषा-भूषण' के रचयिता कौन हैं?
   (क) जसवंत सिंह (ख) मतिराम (ग) भूषण (घ) देव
7. 'कविप्रिया' किसकी रचना है?
   (क) चिन्तामणि (ख) केशव (ग) देव (घ) पद्माकर
8. जहाँ सामान्य का विशेष के द्वारा तथा विशेष का सामान्य के द्वारा समर्थन हो, वहाँ अलंकार होता है-
   (क) विरोधाभास (ख) अर्थान्तरन्यास (ग) उदाहरण (घ) परिकर
9. 'रस-रहस्य' किसकी रचना है?
   (क) केशव (ख) कुलपति (ग) देव (घ) बिहारी
10. आचार्य भारत ने कितने अलंकारों का उल्लेख किया है?
    (क) दो (ख) चार (ग) छः (घ) आठ
11. 'वक्रोक्ति' को अलंकारों का श्रेय मानने वाले आचार्य हैं–
    (क) रुद्रट (ख) उद्भट (ग) भामह (घ) दण्डी
12. 'ललित ललाम' के रचयिता हैं–
    (क) भूषण (ख) श्रीपति (ग) देव (घ) मतिराम
13. 'काव्य-निर्णय' ग्रन्थ के रचयिता हैं?
    (क) भिखारीदास (ख) देव (ग) जसवन्त (घ) केशव

14. काव्य में जहाँ प्रशंसा या निन्दा के द्वारा प्रशंसा की जाती है, वहाँ कौन-सा अलंकार होता है?

(क) आक्षेप (ख) व्याज स्तुति (ग) अप्रस्तुत प्रशंसा (घ) विशेषोक्ति

15. 'अलंकार मंजरी' के रचयिता कौन हैं?

(क) केशव (ख) मतिराम (ग) दास कवि (घ) कन्हैया लाल पोद्दार

16. जहाँ 'उपमेय' में 'उपमान' की सम्भावना की जाये, वहाँ कौन-सा अलंकार होता है?

(क) उत्प्रेक्षा (ख) रूपक (ग) उपमा (घ) अतिशयोक्ति

17. 'अलंकार-मंजूषा' किसकी कृति है?

(क) दास कवि (ख) देव कवि (ग) भूषण (घ) मतिराम

18. स्वभावोक्ति अलंकार न मानने वाले आचार्य हैं-

(क) कुन्तक (ख) वामन (ग) जयदेव (घ) उद्भट

19. जहाँ वक्ता के कहने का ढंग ऐसा विलक्षण हो कि श्रोता उसका कोई अन्य अर्थ समझ ले, तो वहाँ कौन-सा अलंकार होता है-

(क) वीप्सा (ख) वक्रोक्ति (ग) पुनरुक्तवदाभास (घ) प्रतीप

20. 'सरस्वती कण्ठाभरण' किसकी रचना है?

(क) रुय्यक (ख) जयदेव (ग) भोज (घ) रुद्रट

21. अलंकार ग्रन्थ 'कुवलयानन्द' किसकी रचना है?

(क) मम्मट (ख) दण्डी (ग) रुय्यक (घ) अप्पय

22. जहाँ कार्य तथा कारण का परस्पर विरोध हो, फिर भी उनमें सम्बन्ध स्थापित किया जाये, वहाँ अलंकार होता है-

(क) अन्योन्य (ख) विषम (ग) विरोधाभास (घ) विभावना

23. निम्नलिखित में सर्वांग निरूपक आचार्य कौन नहीं है?

(क) केशव (ख) कुलपति (ग) बिहारी (घ) चिन्तामणि

24. 'अर्थालंकार के बिना सरस्वती विधवा के समान है'- यह किसकी उक्ति है?

(क) भामह (ख) रुद्रट (ग) दण्डी (घ) वेदव्यास

निम्नलिखित पद्यों में कौन-सा अलंकार है?

25. ***उदित उदयगिरि मंच पर, रघुवर बाल पतंग।***
विकसे सन्त सरोज सब, हरषे लोचन भृंग॥

(क) उपमा (ख) उत्प्रेक्षा (ग) रूपक (घ) श्लेष

26. *नहिं पराग नहिं मधुर मधु, नहिं विकास यहि काल।*
अली कली ही सौं बध्यो, आगे कौन हवाल॥
(क) अतिशयोक्ति (ख) अन्योक्ति (ग) विशेषोक्ति (घ) रूपक

27. *बीती विभावरी जाग री–*
अम्बर पनघट में डुबो रही, ताराघट ऊषा नागरी।
(क) उत्प्रेक्षा (ख) उपमा (ग) रूपक (घ) उपमेयोपमा

28. *जो घनीभूत पीड़ा थी, मस्तक में स्मृति-सी छायी।*
दुर्दिन में आँसू बनकर, वह आज बरसने आयी।
(क) सभंग श्लेष (ख) अभंग श्लेष
(ग) श्लेष वक्रोक्ति (घ) काकु वक्रोक्ति

29. *'रघुपति राघव राजाराम'*
(क) वीप्सा (ख) पुनरुक्ति (ग) पुनरुक्तवदाभास (घ) अनुप्रास

30. *कै-कै कारन रोवै बाला। जनु टूटे मोतिन्ह के माला।*
(क) प्रतीप (ख) उपमा (ग) वीप्सा (घ) उत्प्रेक्षा

31. *बतरस लालच लाल की, मुरली धरी लुकाय।*
सौंह करे भौंहनि हँसे, दैन कहे नटि जाये।
(क) पर्यायोक्ति (ख) विनोक्ति (ग) काव्यलिंग (घ) अतिशयोक्ति

32. *उपमा विहीन रचा विधि ने,*
बस भारत के सम भारत है।
(क) रूपक (ख) स्मरण (ग) अनन्वय (घ) उपमा

33. *चन्द बिना ज्यों दामिनी, त्यों दामिनी बिनु चन्द।*
(क) विभावना (ख) समासोक्ति (ग) विषम (घ) अन्योन्य

34. *दृग उरझत टूटत कुटुम, जुरत चतुर चित प्रीति।*
परत गाँठ दुरजन हिये, दई नयी यह रीति॥
(क) विभावना (ख) परिसंख्या (ग) असंगति (घ) निदर्शना

35. *उदित उदयगिरि मंच पर, रघुबर बाल पतंग।*
विकसे सन्त सरोज वन, हरषे लोचन भृंग॥
(क) उपमा (ख) उत्प्रेक्षा (ग) रूपक (घ) सन्देह

36. *पाँय महावर देन को, नाइन बैठी आय।*
फिर फिर जान महावरी, ऐड़ी मीड़ति जाय॥
(क) उत्प्रेक्षा (ख) उपमा (ग) सन्देह (घ) भ्रान्तिमान

37. *भूषण बिनु न बिराजई, कविता, बनिता, मित्त।*

(क) केशव (ख) भूषण (ग) पद्माकर (घ) दास कवि

38. *पीय निकट जाके, नहीं घाम चाँदनी ताहि।*
पीय निकट जाके नहीं, घाम चाँदनी ताहि॥

(क) छेकानुप्रास (ख) वृत्यानुप्रास (ग) लाटानुप्रास (घ) श्रुत्यानुप्रास

39. *फूले कास सरल महि छाई।*
जनु बरसा रितु प्रकट बुढ़ाई॥

(क) उत्प्रेक्षा (ख) उपमा (ग) रूपक (घ) श्लेष

40. *या मुरलीधर की मुरली अधरा न धरी, अधरा न धरौंगी।*

(क) रूपक (ख) यमक (ग) उपमा (घ) उत्प्रेक्षा

41. *मैया मैं तो चन्द्र खिलौना लैहों'*

(क) उत्प्रेक्षा (ख) अन्योक्ति (ग) अनुप्रास (घ) रूपक

42. *कंकन किंकनि नूपुर धुनि सुनि।*
कहत लखन सन राम हृदय गुनि॥

(क) अनुप्रास (ख) यमक (ग) श्लेष (घ) उपमा

43. *रहिमन पानी राखिये, बिन पानी सब सून।*
पानी गये न ऊबरे, मोती, मानुस चून॥

(क) श्लेष (ख) उपमा (ग) रूपक (घ) अतिशयोक्ति

44. *कबिरा सोई पीर है, जो जाने पर पीर।*
जो पर परि न जानई, सो काफिर बे-पीर॥

(क) श्लेष (ख) उपमा (ग) यमक (घ) पुनरुक्ति

45. *तरनि तनूजा तट तमाल, तरुवर बहु छाये।*

(क) शब्दालंकार (ख) अर्थालंकार (ग) श्लेष (घ) अनुप्रास

46. *चारु चन्द्र की चंचल किरणें, खेल रही थीं जल थल में।*

(क) यमक (ख) अनुप्रास (ग) श्लेष (घ) उपमा

47. *चरण कमल बन्दौ हरिराई।*

(क) उपमा (ख) रूपक (ग) अनुप्रास (घ) श्लेष

48. *'हरिपद कोमल कमल से'–*

(क) श्लेष (ख) उपमा (ग) प्रतीप (घ) उत्प्रेक्षा

49. *बिल बिचारि प्रविसन लग्यो, नाग शुण्ड में व्याल।*
ताहू कारी ईख भ्रम, लियो उठाय उताल॥
(क) सन्देह (ख) भ्रान्तिमान (ग) दृष्टान्त (घ) रूपक

50. *सुबरन को खोजत फिरत, कवि व्यभिचारी चोर।*
(क) उत्प्रेक्षा (ख) उपमा (ग) श्लेष (घ) रूपक

उत्तरमाला

1-(ग) अलंकार, 2-(क) भामह, 3-(क) आनन्दवर्द्धन, 4-(ख) वामन, 5-(ग) दीपक, 6-(क) जसवन्त सिंह, 7-(ख) केशव, 8-(ख) अर्थान्तरन्यास, 9-(ख) कुलपति, 10-(ख) चार, 11-(ग) भामह, 12-(घ) मतिराम, 13-(क) भिखारी दास, 14-(ख) व्याज स्तुति, 15-(घ) कन्हैयालाल पोद्दार, 16-(क) उत्प्रेक्षा, 17-(क) दास कवि, 18-(क) कुन्तक, 19-(ख) वक्रोक्ति, 20-(ग) भोज, 21-(घ) अप्पय, 22-(ख) विषम, 23-(ग) बिहारी, 24-(घ) वेदव्यास, 25-(ग) रूपक, 26-(ख) अन्योक्ति, 27-(ग) रूपक, 28-(ख) अभंगश्लेष, 29-(घ) अनुप्रास, 30-(घ) उत्प्रेक्षा, 31-(क) पर्यायोक्ति, 32-(ग) अनन्वय 33-(घ) अन्योन्य, 34-(ग) असंगति, 35-(ग) रूपक, 36-(घ) भ्रान्तिमान, 37-(क) केशव, 38-(ग) लाटानुप्रास, 39-(क) उत्प्रेक्षा, 40-(ख) यमक, 41-(क) उत्प्रेक्षा, 42-(क) अनुप्रास, 43 (क) श्लेष, 44-(ग) यमक, 45-(क) शब्दालंकार, 46-(ख) अनुप्रास, 47-(ख) रूपक, 48-(ख) उपमा, 49-(ख) भ्रान्तिमान, 50-(ग) श्लेष।

◆◆◆

हिन्दी भाषा की अन्य श्रेष्ठ पुस्तकें

₹ 150.00

'वर्तनी' शब्द का अर्थ है–हिज्जे, स्पेलिंग, बनान, विवरण आदि। किसी भाषा के अक्षरों को शब्द बनाने में, उसके लिखित शुद्ध अक्षर, मात्रा आदि को हिन्दी में वर्तनी कहा गया है। हिन्दी भाषा के राष्ट्रव्यापी होने के कारण उसे देवनागरी लिपि में लिखते समय शुद्ध और मानक 'वर्तनी' की आवश्यकता पड़ी। 19 वीं शती के पूर्व हिन्दी भाषा की कोई मानक वर्तनी नहीं थी। जो जिस भाषा क्षेत्र में निवास करता था, उसी के अनुसार स्थानीय भाषा के शब्दों को ही 'मानक' मानकर प्रयोग करता था। इससे भाषा में बहुत गड़बड़ी हो रही थी।

इसी गड़बड़ी को दूर करने के लिए अनेक भाषाविदों, विद्वानों, लेखकों व प्रकाशकों का ध्यान गया और सबने अपने-अपने स्तर पर हिन्दी भाषा की मानक वर्तनी स्थिर करने के प्रयास किये, किन्तु आजतक बहुत-सी बातें सर्वमान्य नहीं हो सकी हैं।

प्रस्तुत पुस्तक में पूर्व के विद्वानों का उल्लेख करते हुए, उनके वर्तनी-निर्धारण को उल्लिखित करते हुए, उनसे कुछ ग्रहण करते हुए, कुछ अपनी मान्यता स्थापित करते हुए, हिन्दी भाषा की वर्तनी को एक मानक रूप देने का प्रयास किया गया है। जिज्ञासु पाठकों, विद्यार्थियों, प्रकाशकों, सम्पादकों व विद्वानों के लिए यह एक उपयोगी पुस्तक है।

प्रस्तुत शब्दकोश की विशेषताएँ–

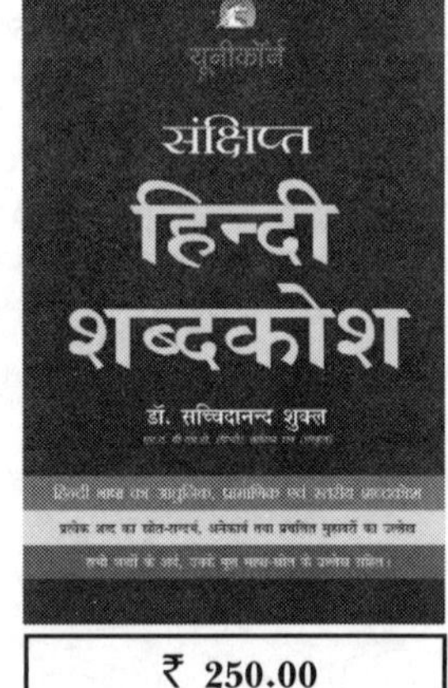

₹ 250.00

- प्रत्येक शब्द का विस्तृत अर्थ, शब्द का सन्दर्भ स्रोत।
- शब्द का विशिष्ट प्रयोग तथा उनसे सम्बन्धित मुहावरे।
- शब्द के प्रत्येक वर्ण के आरम्भ का वर्णमाला में स्थानक्रम तथा उच्चारण स्थान का परिचय।
- अनेक भाषा में प्रयुक्त होकर जिस शब्द के अनेक अर्थ हैं, उनको स्पष्ट करने के लिए 1, 2, 3 आदि चिह्न देकर उनका तत्सम्बन्धी भाषायी अर्थ दिया गया है।
- संस्कृत भाषा से आये तत्सम शब्दों, हिन्दी के तद्भव, देशी, विदेशी शब्दों, जिनका उपयोग हिन्दी में लिखने, बोलने व व्यवहार में बहु-प्रचलित है, जैसे–अँग्रेजी, अरबी, फारसी, फ्रांसीसी आदि भाषाओं के शब्दों का भी समावेश यथास्थान किया गया है।
- विभिन्न विषयों के पारिभाषिक, तकनीकी व सरकारी कार्यालयों में प्रयुक्त होने वाले शब्दों का संकलन किया गया है।
- प्रस्तुत शब्दकोश में वर्तनी के रूप, मात्र कवर्ग और चवर्ग की मात्राओं में ही अनुस्वार (ं) का उपयोग किया गया है। शेष टवर्ग, तवर्ग और पवर्ग में, उस वर्ग के पंचम् वर्ण के हलन्त का उपयोग किया गया है। यथास्थान अनुनासिक (ँ) मात्राओं का भी समावेश किया गया है।